KB203763

혜능 일대기로 읽는

육조단경

육조혜능대사 베풀어 설하심

법진(法眞) · 이원일 공저

마음 깊어지고 밝은
육조단경

The Platform Sutra of the Sixth Patriarch
by the biographical story of Huineng

초판 1쇄 펴낸 날 2015 7. 11

지 은 이 法眞(李進雨) · 이원일

펴 낸 이 이진우
편   집 허조행
교   정 이문수
마 케 팅 조관세 · 이수월
디 자 인 이일지

펴낸 곳 도서출판 블루리본
등록번호 제18-49(98.1.21)
주   소 서울시 강남구 역삼동 837-11 Union Ctr 1305
전   화 (02)3442-0256(대표)
팩   스 (02)512-0256
E-mail brbooks@hanmail.net

블루리본®   BLUE RIBBON®
             B O O K S

값 17,000원

ISBN 978-89-88185-32-2 03220

* 서점에서 책을 사실 수 없는 분들은 전화로 주문(02-3442-0256)하시면 서점에
  가시지 않고도 전국 어디서나 1~2일내 받아 보실 수 있습니다.

        농   협 352-0902-3937-63 (예금주: 허영신)
        국민은행 818502-04-152931
        제일은행 441-20-165120

혜능 일대기로 읽는

육조단경

육조혜능대사 베풀어 설하심

법진(法眞) · 이원일 공저

도서
출판 블루리본

이 책을 내며

《육조단경》을 설하신 육조혜능慧能; Huineng 대사는 불조정맥佛祖正脈을 이은 중국 당 시대의 선승禪僧으로, 석가모니로부터는 33조요, 초조 달마대사로부터는 6조이시다.

그는 돈오頓悟의 선법禪法인 남종선南宗禪, 곧 조계종을 창시한 중국 선禪의 개조開祖로서 '불립문자 직지인심不立文字 直指人心; 문자를 내세우지 않고 곧바로 사람의 마음을 깨우친다'을 종지宗旨로 하고 남중국 전역에 가르침을 편 선불교 역사상 가장 중요한 인물이다.

《육조단경六祖壇經》은 선종 제6조 혜능대사가 설법한 법어를 기록한 법문집 내지는 어록으로, 혜능대사의 주요사상을 모두 담고 있을 뿐만 아니라 많은 대승 경전의 사상을 종합하여 담고 있는 선종 경전의 정수로서 선불교의 금자탑이다!

부처님께서 설하신 것만을 '경經'이라 하고, 불제자들이 설한 것은 '어록語錄'이라 하는데, 조사어록祖師語錄 중에서 유일하게 '경經'이라는 명칭을 붙인 단 하나의 예외가 있으니 그것이 바로 《육조단경》이다.

따라서 선불교와 선을 이해하는데 있어서, 그리고 불교수행을 하는데 있어서 선종 경전 최고의 정수로 존숭되는 《육조단경》의 중요성에 대해서는 새삼 말할 필요조차 없을 것이다.

현재 《육조단경》을 비롯한 선 관련 해설서는 많다. 그러나 일반인들이 이해하기에는 어려움이 많아 마치 고등 철학서적을 대하는 듯한 부담감을 느끼게 한다. 오죽하면 이해하기 어려운 내용을 두고 '선 문답하듯 한다'라는 표현까지 생겼겠는가!

저자는 오래 전부터 일반인 누구나 쉽고 재미있게 선을 이해할 수 있는 '시대에 맞는 육조단경'을 써 달라는 독자들의 요청을 수없이 받아왔다.

그리하여 어떻게 하면 좀더 쉽고 가슴에 와 닿는 육조단경을 쓸 수 있을 것인가를 고심하던 중, 어느 순간부터인가 육조스님께서 계시하시는 듯 저절로 글이 써지기 시작하였다.

처음에는 수행의 한 방편으로, 그리고 육조스님을 보다 가까이에서 느끼며 배우려는 일념으로 시작한 것인데, 육조스님의 삶의 족적 하나하나를 좇아가며 생애와 수행의 단편들을 조명하다 보니 어느덧 자연스럽게 일대기가 완성되었다.

생애를 알면 그 분의 사상이 보이고, 그것이 《육조단경》 이해의 첩경이 되기 때문에 더욱 의의가 깊었다.

저자는 육조 혜능스님이 태어나신 광동 신흥현에서 출발하여 5조 홍인대사에게서 의법을 전수 받으신 허베이성 황매 오조사를 거쳐, 다시 남하하여 매령, 즉 대유령을 넘어 행화도량 샤오관 보림사현 남화사를 거쳐 열반도량 국은사까지 삼보일배하는 심정으로 순례의 길을 걸었다. 그것은 순례길의 고통마저도 가슴 벅차 오르는 무한한 법열로 느껴지는 길이었다.

육조스님의 가르침에 감읍하며, 온 몸으로 삼보일배하며 진리를 찾아 나아가는 구도자의 심정으로 《혜능 일대기로 읽는 육조단경》을 집필하였다.

이제 마침내 오로지 부처님과 육조 대사님의 가르침을 받들어 널리 펴서 법보시하는 일념으로 이 책을 탈고한다.

부처님과 육조 혜능대사님의 가르침을 찬하며 이 책을 삼가 삼보 전에 바치나이다.

세존 응화 2559년 음력 5월 22일

아버지와 어머니께 사랑과 존경을 드리며!

저자 씀

육조 단경 해제(解題) - 육조단경에 대하여

① 《육조단경》의 설법자 육조혜능대사는 누구이신가?

《육조단경》의 설법자인 육조대사六祖大師 혜능慧能; Huineng, 638~713은 중국 당唐; 618~907 나라 시대의 선승禪僧으로 선종禪宗의 초조初祖 달마대사 이래 전승된 역대 조사祖師의 정맥正脈을 이어 의법을 전수 받은 선종의 제6대 조사이시다.

그는 5조 홍인弘忍, 601~674 문하출신으로 훗날 점오漸悟: Gradual Enlightenment 계통의 선법인 북종선北宗禪을 이룬 신수神秀, 606~706 와 더불어 쌍벽을 이룬 대 선사이셨다.

혜능은 소주韶州 조계산 보림사에 주처하시며 남종선南宗禪, 곧 조계종을 창시한 중국 선禪의 개조開祖이시다.

그는 '불립문자 직지인심不立文字 直指人心; 문자를 내세우지 않고 곧바로 사람의 마음을 깨우친다'을 종지宗旨로 하고 부처님의 가르침을 남중국 전역에 전파하였다.

그가 창시한 돈오頓悟: Sudden Enlightenment 계통의 선법禪法인 남종선은 아시아 선불교의 대표적 계통으로 발전하였으며, 소주 조계산 보림사는 중국 선의 총 본산으로 자리잡게 되었다.

② 《육조단경》은 어떤 경인가?

《육조단경》은 선종의 제6조 혜능대사가 설법한 내용을 기록한 법문집, 즉 어록이다. 육조 혜능대사의 10대 제자 중의 한 사람인 법해法海; Fahai 스님이 혜능대사의 법어를 기록하고 정리한 어록을 책으로 엮은 것인데, 이것이 바로 후세에 전해진 선종의 종경宗經《육조단경》이다.

《육조단경》은 당나라 의봉儀鳳 2년677년에 중국 남종선의 종조인 육조 혜능대사가 대범사大梵寺에서 강단에 올라 설법하는데서 시작하여 열반에 드시는 최후 순간까지의 설법을 수록한 것이다.

여기에는 혜능이 육조의 위치에 이르기까지의 생애와 도정道程, 가르침과 행적, 일화와 전설 등이 모두 담겨있다.

엄밀한 의미에서 부처님께서 설하신 것만을 '경經'이라 하고, 불제자들이 설한 것은 '어록語錄'이라 한다. 그런데 중국에서 선종 조사어록祖師語錄에 '경經'이라는 명칭을 붙인 단 하나의 예외가 있다. 그것이 바로 《육조단경》이다.

또한 불교의 삼장三蔵 십이부十二部의 불경 가운데 중국인에 의해 직접 강술된 경전 역시 《육조단경》하나 뿐이다.

《육조단경》은 남종선의 근본이 되는 최고의 선서禪書로 일컬어져 왔으며 대승불교권의 여러 나라에서 경과 같은 존숭을 받아 오고 있다.
《육조단경》은 불교의 핵심사상과 난해한 선의 묘리妙理를 간명하고 이해하기 쉽게 전달하는 선불교의 금자탑이다!

《육조단경六祖壇經》의 문자 그대로의 뜻은 '육조께서 단에 오르시어 설한 경'이라는 뜻이다.
여기서 단경壇經의 '단壇; platform'이란 선사가 올라앉아 설법하는 시법단施法壇, 즉 법상法床, 사자좌獅子座를 가리킨다.

《육조단경六祖壇經; The Platform Sutra of the Sixth Patriarch》의 원래 명칭은 《南宗頓教最上大乘摩訶般若波羅蜜經六祖惠能大師於韶州大梵寺施法壇經: 一卷, 兼授無相戒弘法弟子法海集記(남종돈교최상대승마하반야바라밀경육조혜능대사어소주대범사시법단경: 일권, 겸수무상계홍법제자법해집기)》이다.
보통은 간단히 '육조단경六祖壇經', '법보단경法寶壇經', '육조법보단경六祖法寶壇經', '육조대사법보단경六祖大師法寶檀經' 또는 간략히 '단경檀經' 등으로 부른다.

3 《육조단경》의 여러 판본들

《육조단경》은 여러 세대에 걸쳐 많은 편집과 가필을 겪으며 편찬되었기 때문에 여러 판본이 있다.

판본으로는 크게 조본祖本, 돈황본敦煌本, 혜흔본恵昕本; 興盛寺本/흥성사본, 설숭본契崇本, 덕이본德異本, 종보본宗寶本; 通行本/통행본 등의 이본이 있다. 이 중에서 덕이본과 종보본은 설숭본에서 파생된 것으로 보인다.

① 조본: 혜능이 소주 대범사에서 설법한 것을 법해가 기록한 원본. 현존하지 않음.

② 돈황본: 돈황석굴에서 출토됨. 품의 분단이 없는 것으로 보아 가장 오래된 것으로 추정되나, 문장에 오자가 많고 내용이 많이 빠져있어 부실함.

③ 혜흔본: 송대 혜흔(恵昕)이 편찬(967년) 것으로 당시 가장 널리 유통됨.

④ '설숭본: 송대 설숭(契崇)이 《조계고본(曹溪古本)》을 얻어 참고하여 3권으로 편찬한 것을 설간이 출간(1056년)한 최초의 인쇄본 《육조단경》.

⑤ 덕이본: 원나라 몽산 덕이(蒙山 德異) 스님이 설숭본을 수정 편찬(1290년). 덕이본은 가장 문장이 세련되고 오류가 없으며 내용이 풍부하여 육조혜능의 가르침을 잘 전하고 있음. 옛날부터 가장 많이 유행 유통되었으며, 우리나라에서는 고려 충렬왕 때 들어온 이래 덕이본만이 유통됨.

⑥ 종보본: 원대 광주 광효사의 종보가 수정 편찬한 것(1291년). 후기에 편찬된 것인 만큼 문장이 논리 정연하고 후기 선종사상이 잘 반영되어 있음.

이들 이본은 각 판본의 주요 종지는 모두 일치하는 등 내용상으로는 큰 차이가 없고, 다만 각 판본에 따라 품品의 구분에 있어서 약간의 차이가 있을 뿐이다.

4 선종의 이론적 토대, 《육조단경》

　중국 선종 초기의 소의경전昭儀經典은 달마대사가 전수한 《능가경》이 었으나 오조 홍인 대사에 이르러 《금강경》으로 바뀌었으며, 육조 혜능 대사 이후 《육조단경》은 선종 역사에서 가장 중요한 경전의 위치를 차지하게 된다.

　《육조단경》은 육조 혜능이 주창한 돈오법문이나 즉심즉불과 같은 선종의 종지宗旨 뿐만 아니라, 많은 대승 경전의 사상을 종합하여 담고 있는 선종 경전의 정수로서 선종의 중요한 이론적 토대가 되었다.

　《육조단경》의 중심내용은 크게 다음과 같은 세 가지이다.
　첫째, 견성見性; 자기 본 성품을 봄이다. 자성自性, 즉 자기 본 성품이 참 부처 真佛/진불; 佛性/불성라는 것으로, '내 안의 불성, 즉 자신의 안에 있는 부처를 보라'는 것이다.
　보통사람과 부처는 차안과 피안으로 동떨어져 있는 별개의 존재가 아니라 개개인 모두가 자성 안에 참 부처를 지닌 존재이며, 따라서 성불成佛이란 자심自心을 관조하고 자성 안에 있는 불성을 발현하는 것이라는 것이다.

　둘째, 돈오頓悟; 한 순간에 깨달음의 수행이다. 이 돈오의 수행법을 선종의 요체要諦; 가장 중요한 점로 주창하고 있다.
　《육조단경》에서부터 좌선수련이라는 점수법漸修法; 수행단계를 밟으면서 점점 깊이 깨달아 가는 방법으로부터 선문답을 통한 돈오로 바뀌었다.
　장좌불와長坐不臥와 같은 좌선법은 '선병禪病'이라 하여, 이를 엄중히 배격하고 오직 견성을 종지宗旨로 하여 생활선生活禪을 주창한다.

　셋째는, 혜능이 석가모니 부처님이래 전수되어온 심인心印; 부처님의 깨달음을 도장으로 비유하여 확고한 불심에 대한 인증을 뜻하는 말의 계승자라는 점으로서, 여기서부터 혜능을 중심으로 선사들의 법맥을 강조하는 전통이 생겨났다.

5 불교의 중국화를 이루어낸 《육조단경》

불교는 인도에서 중국에 전래된 외래종교로서 유교적 · 도교적 풍토의 중국에 뿌리내리는데는 어려움을 겪을 수밖에 없었다. 특히 유교는 불교와 문화적으로, 사상적으로 많은 부분에서 상충되기 때문이었다.

예를 들어, 인도불교의 출가出家관습과 유교의 효제孝悌; 부모에 대한 효도와 형제간의 우애 사상의 충돌, 불조佛祖에의 존숭과 제왕帝王에의 충성과 권위의 충돌 등을 들 수 있다.

불교가 중국에서 뿌리내리기 위해서는 중국의 상황에 맞게 조정과정을 거쳐야 했는데, 이 과정에서 불교는 중국의 문화와 유교, 도교 등의 중국 전통사상을 흡수하고 융합함으로써 중국적 특색을 지닌 불교 사상을 이루어냈다.

당나라 때 출현한 《육조단경》은 조사선이라는 혁신적인 중국화 된 불교사상을 전개함으로써, 불교의 중국 토착화가 이루어졌음을 알린 중요한 책이다.

《육조단경》은 중국의 전통적인 유교의 현실주의 사상을 흡수하여 우리가 살고 있는 현실 생활 속의 수행을 특히 강조하고 있다. 불법은 세간에 있는 것이기 때문에 세간을 떠나서 부처를 구하는 것은 불법에 어긋난다고 인식한다.

'운수반시 무비묘도運水搬柴 無非妙道; 물을 길어 나르고 땔나무를 옮기는 등의 행위가 오묘한 도 아닌 것이 없다'라는 구절은 현실생활과 불교수행을 완전히 하나로 융합하여 인식하고 있음을 나타내주는 대표적인 말이다.

결과적으로, 선종은 불교가 중국문명의 주류로 편입되게 하는데 결정적 역할을 하였으며, 이후 중국 문화의 거의 모든 방면에 깊은 영향을 주게 된다.

6 《육조단경》이 우리나라에 끼친 영향

육조혜능대사는 43인의 제자에게 깨달음을 전하여 남종 돈오선頓悟禪을 널리 펴게 하였다.

그 후 남종선의 법맥은 임제종, 조동종, 운문종, 위앙종, 법안종, 그리고 임제종의 황룡파와 양기파의 5가7종, 한국의 구산선문九山禪門과 조계종曹溪宗, 일본의 조동종과 임제종, 베트남, 타이완으로 이어졌다.

근세에 선종은 아시아를 넘어 유럽과 미국 등지로 전파되어 전 세계적 종교 내지는 문화현상으로 자리잡고 있다.

한국의 선종도 중국 남종선의 맥을 이은 까닭에, 고려 충렬왕 때인 1200년경부터《육조단경》이 널리 유통되어 왔다.

《육조단경》은 한국 불교에서 육조 혜능을 이해하는 프리즘 역할을 해 온 귀중한 선서로서 오늘날까지도 사상적인 면에서뿐만 아니라 실천적 수행 면에서도 우리나라의 불교에 커다란 영향을 끼쳐왔다.

우리나라 불교의 '조계종曹溪宗'이란 명칭 역시 바로 육조 조계 혜능대사에 연원을 두고 있다.

'조계曹溪'는 바로 육조 혜능스님의 근본도량 보림사寶林寺; 오늘날의 남화사/南華寺가 있는 '조계曹溪'라는 지역 명에서 따온 사실이 이 점을 잘 보여주고 있다.

저자 弘法院長 이 원 일

차례

제1부 육조 혜능대사의 생애

▲ 보림 남화선사 육조 혜능대사 탄생 1300주년 기념우표
영조탑과 육조전(Ling Zhao Pagoda & Liu Zu Hall, Nanhua Temple)

제1부

육조 혜능대사의 생애

1장
출생과 빈고의 생활

혜능대사는 638년 중국 당나라 시대 영남嶺南 신주新州; 오늘날의 광동성廣東省 윈푸시云浮市, 신싱현新興縣 동쪽에서 태어났다.

혜능의 속성俗姓은 노盧; Lu씨이고, 본적本籍; 祖籍/조적은 범양范陽; 오늘날 허베이성河北省 취저우시逐州市이다.

▲ 육조 혜능대사

부친의 휘諱; 돌아가신 분의 이름을 높여 부르는 말는 행도行梼로 원래 당 고종 무덕武德연간에 범양에서 관직에 있었으나 620년 좌천당하여 남부 변방 신주로 추방되어 와서 거기서 평민으로 살았다. 혜능의 부친이 있었던 관직은 감옥을 지키는 간수였다고 한다.

모친은 이李씨로 당시 '변방의 오랑캐인들'이라고 멸시받던 신주 원주민으로, 그곳으로 추방되어 온 혜능의 부친을 만났던 것이다.

당시 신주 원주민과 같은 남방 소수민족은 남만南蛮, 즉 '남쪽 변방의 오랑캐獦獠/갈료; Klao; Klau'라고 멸시받고 있었다.

육조단경에서는 혜능을 샤오저우Shaozou; 韶州/소주의 갈료Klau로 표현하고 있는데, 이들은 오늘날 광시 쫭족자치구Guangxi Zhuang Prefecture의 남단南丹에 사는 부족으로 '바이야오白瑶/백요; 흰 바지를 입는 야오(Yao)족이란 뜻' 라고도 불린다.

▲ 혜능대사의 아버지는 베이징 부근의 범양에서 윈푸시 부근의 신주(현 신흥현)으로 왔다. 혜능이 3세 때 아버지가 작고하시자, 어머니는 혜능을 데리고 남해(南海; 현 佛山市/포산시 난하이구)로 옮겨가 살았다.

남방 소수민족 사람들은 대체로 중국 본토인에 비해 체구가 작고 얼굴이나 피부도 가무잡잡하여 볼품 없어 보인다.

　　뒤에 나올 내용이긴 하지만, 오조 홍인은 화북지방 태생으로 말과 행동을 천천히 하며, 키가 훤칠하고 이목구비가 번듯한데다 피부가 흰 중국 본토인의 면모를 지니고 있었던 반면, 남방태생인 혜능은 이와는 큰 대조를 보였다.

　　혜능의 어머니는 키 작고 볼품 없는 남방 소수민족짱족; Zhuang 사람이었는데, 혜능은 그런 어머니를 닮았다고 한다.

　　보림사에 모셔져 있는 혜능의 진신상육신불; 등신불을 보면 그의 색신色身; 몸이 작고 못생겼다는 소문이 허언은 아닌 것 같다.

▲ 소수민족 짱족 여인

　　육조 혜능은 당나라 정관12년 무술년637년 2월 8일 자시에 태어나셨다.

　　혜능의 탄생설화에 따르면, 그의 모친이 꿈에 뜰 앞에 흰 꽃이 만발하고 또 소수민족 짱족 여인 백학白鶴이 쌍으로 날며, 기이한 향기가 온 집안에 가득함을 보고 임신하였다고 한다.

　　혜능이 태어나자, 동이 틀 무렵에 스님 두 분이 와서 말하기를, "아기의 이름을 혜능慧能으로 하라."는 것이었다.

　　부친이 그 까닭을 물으니, "앞으로 이 아기가 혜慧; 지혜로써 많은 중생을 건지고 능能히 크게 불사佛事를 이룩할 분이기 때문이라."고 대답한 후 홀연히 사라지니 간 자취를 알 수 없었다고 한다. 아기 혜능이 젖을 먹지 아니하니 밤이면 신선이 와서 감로를 먹여 주었다고 한다.

　　혜능은 세 살 되던 해640년에 아버지를 여의고 어머니와 함께 남해南海; 현 포산시 난하이구로 옮겨가 살았다. ≪p17 지도 참조≫

혜능은 가정이 몹시 빈궁하여 온갖 고생을 다 하면서 겨우 호구지책을 면할 정도로 어렵게 자랐다.

그러나 천성이 어질고 착한 데다 효성이 지극하여 고향마을에서도 효자라 소문났었다. 혜능은 장터에서 땔나무柴木/시목를 해다 팔아 늙은 어머니를 봉양하며 겨우겨우 생계를 이어갔다.

혜능은 너무나 가난하게 자라나 읽거나 쓰기를 배울 기회 조차 갖지 못하여 평생 문맹이었다.

혜능이 문맹인 점이 훗날 오히려 그를 돈오로 이끌었다. 문자가 깨달음을 얻는데 오히려 방해가 될 수 있기 때문이다.

혜능의 문맹과 돈오 ▶

혜능이 대나무를 베고 있는 장면이다. 대나무는 혜능의 칼날에 의해 단박에 쫙 갈라지는데, 이것은 혜능이 설한 돈오(頓悟)에 비유한 것이다. 기록에는 없지만, 혜능이 대나무를 쪼개다 돈오한 이야기가 야사로 전해지고 있다.

혜능이 문맹인 점이 그를 돈오로 이끌었다. 법은 문자를 넘어서 전달되며, 문자는 깨달음을 얻는데 오히려 방해되기 쉽기 때문이다. 즉 '선은 문자를 내세우지 않고(不立文字), 교설을 떠나 따로 전한다(敎外別傳).

혜능은 깨달음을 얻기 위해 반드시 가부좌를 하고 앉아 참선하거나 경을 읽어야만 하는 것이 아니라 어느 활동 할 때나 가능하다는 것을 저 작죽의 노동수행으로 보여준다.

▲ 육조작죽도(六祖斫竹圖; 裁竹圖/재죽도)
Huineng Cutting the Bamboo
남송, 양해(梁楷, 1140-1210) 작

2장
금강경 독송 소리를 듣고 마음이 열리다

예나 지금이나 가난은 대물림하게 마련이다. 개천에서 용이 나지 않는
한 그렇다.

23세의 혜능은 여전히 땔나무를 해다 팔고 있었다. 당시에는 조혼하
던 풍습이 있던 시대였지만 혜능은 나이 23세의 노총각이 되도록 장가
도 가지 못한 채 땔나무를 해다 팔아 노모를 봉양하며 근근히 살아가고
있었다.

당시에는 나무꾼들이 나무를 한 짐씩 지고 와서 시장 한 켠에 죽 서
있으면 사람들이 와서 마음에 드는 나뭇짐을 보고 흥정하고 산다.

그러면 나무꾼은 나무 산 손님을 따라 가 나무 짐을 부려 놓고 돌아
오는 것이 관례였다.

하루는 한 손님이 혜능에게 객점客店; hotel으로 땔나무를 가져다 달라
하였다.

혜능이 객점에 나무를 져다주고 돈을 받고 막 객점 문 밖으로 나올 때였다.

그는 그곳에 머물고 있는 한 객승客僧이 경經 읽는 소리를 듣게 되었다.

아마도 그 지역엔 절이 없어 여행 중인 스님이 객점에 묵으면서 아침에 경을 읽고 있었던 모양이었다.

열려있는 창에서 낭랑하게 들려오는 객승의 독경 소리를 듣는 순간, 혜능은 문득 마음이 후련히 열리는 듯 하였다.

일자무식의 나무꾼이었지만 혜능이 마음 속에 어떤 깨달음awakening이 있어 자신도 모르는 사이에 발걸음이 독경소리가 흘러나오는 창가로 향하였다.

혜능이 손님에게 읍하고 물었다.

"그 읽고 계시는 것이 무슨 경입니까?"

"아, 이건《금강경金剛經》이라는 불경이라오." 하고 객승이 답하였다.

중생은 누구나 다 자성에 불성佛性; 모든 중생이 본래 지닌 부처가 될 수 있는 성질을 지니고 있다고 한다.

혜능이 깨닫지 못하고 있었을 뿐, 그의 마음 속에 잠재해 있던 불성이 독경소리에 깨어났던 것이리라. 그러기에 비록 문맹인 혜능이었지만 그 경 읽는 소리를 듣는 순간 마음이 열렸던 것이리라.

혜능이 다시 물었다.

"어디서 그런 경을 구하셨습니까?"

"기주蘄州/치저우; 오늘날 황강시/黃岡市 황매현 빙무산黃梅懸 憑茂山 동산선원東山禪院; 동선사/東禪寺; 현 연화사蓮花寺에 주석하고 계신 5조 홍인대사弘忍大師, 601~674를 뵈옵고 얻었다오.

옛날 달마조사께서 천축국天竺國; 인도에서 동토東土; 중국로 오셔서 선을 전하신 이래 홍인대사가 선맥을 이어 5조가 되시는데, 그 절에는 5조 스님의 제자가 천 명이 넘는다오.

대사께서는 늘 말씀하시기를,

'《금강경》을 잘 읽으면 스스로 자성을 볼 수 있으며 단박에 깨달아 견성성불見性成佛; 자성/自性을 보아 바로 부처를 이룸하게 된다 하여 승속僧俗; 출가인과 세속인 간에 항상 금강경 읽기를 권하신다오."

 금강반야바라밀경, 약칭 금강경

5조 홍인대사와 6조 혜능대사, 그리고 우리나라 불교의 많은 종파에서 《금강경》을 소의경전으로 삼고 있는 이유는 무엇인가?

"… 공(空; sunyata)이라는 용어를 사용하지 않으면서도 불교의 핵심인 공 사상의 이치를 유감 없이 설명하는 대승(Mahayana) 경전이다.

특히 5조 홍인조사께서 6조 혜능조사에게 심안으로 전수하였으며 돈오에 바탕을 둔 선의 뿌리가 되고 있다. …"

혜능이 객점에서 우연히 듣고 불성에 처음 눈을 뜨게 된 것도 금강경이었다. 홍인스님이 혜능에게 법을 전하기에 앞서 설한 것도 금강경이었으며, 혜능이 활연대오한 것도 금강경의 '응무소주 이생기심'에 이르러서였다.

▲ 한문·한글·영어로 동시에 읽는 금강경 법진·이원일 공저

홍인스님은 "오직 금강경을 수지독송하면 스스로 자성을 보아 바로 부처를 이룰 수 있다" 하여 제자들에게 금강경을 수지 독송하도록 하였다.

따라서 달마에서 도신까지 이어져 온 소의경전이 홍인 대에 이르러 《능가경》에서 《금강경》으로 바뀌었으며, 《금강경》은 혜능에게 전해진 이후 오늘날까지 선불교의 소의경전으로 자리잡고 있다.

그 말을 들으니, 혜능은 당장이라도 홍인대사께 달려가 배우고 싶었다. 그러나 집에는 노모가 홀로 계시고 봉양할 사람도 없는 처지였다.

그는 자신도 모르는 사이에 깊은 한 숨을 내쉬었다.

'아! 막막하기만 내 처지여!'

"그토록 동선사엘 가고 싶소?" 하고 객승이 자비 어린 목소리로 물었다.

"예, 소원입니다."

"하지만 여기서 동선사까지는 2000리가 넘는 먼 길이라오."

"먼 거야 걱정할 게 아니지만, 집에는 늙으신 어머니가 혼자 계신데 제가 집을 떠나면 봉양할 사람이 없어 그럽니다."

그러자 그의 심정이 전하여졌는지 객승은 딱한 생각이 들어 은 100냥을 주며 말하였다.

"마침 내게 약간의 은자가 있으니 내 이걸 그대에게 보시하리다. 부디 노모 봉양 잘 하시고 성불하시길 바라오."

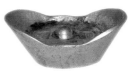

▲ 마제은(馬蹄銀)

(어떤 판본에는 객점 주인이 마제은馬蹄銀; 중국에서 화폐로 쓰이던 말굽모양의 은덩이; sycee을 주었다고도 나와 있다.

또 조당집祖堂集, 952년에서는 나무를 산 안도성安道誠이라는 사람이 주었다고 구체적으로 기술하고 있다.)

혜능은 은 100냥으로 노모의 의량衣糧을 마련할 수 있었다.

이에 혜능은 숙세의 업연業緣이 있음을 느끼고 홍인대사를 찾아 출가할 결심을 하게 되었다. 그는 곧 집으로 돌아와 오늘 일을 어머니께 말씀드리며 출가의 뜻을 비쳤다.

"그래, 애야! 아무 염려말고 떠나거라. 너 잘 되는 것만이 내 소원이다. 가서 열심히 공부하여 부디 성불하거라."

그리하여 662년, 청년 혜능은 어머니께 말씀드려 출가를 허락 받고 당시 명망 높은 선종의 제5대 조사 홍인대사를 찾아 길을 떠났다.

5조 홍인은 중국 불교의 중심지였던 중국 양자강 위 호북성湖北省/허베이성 기주 황매현 빙무산憑茂山 동선원東山禪院; 東禪寺/동선사; 오늘날 五祖寺/오조사에 주석하고 계셨다.

혜능의 고향 광동성에서 황매현까지는 800km서울-부산 간 거리 400km의 2배가 넘는 매우 먼 거리였다. 혜능은 그 먼길을 걸어서 불과 30일만에 황매산에 도착하여 홍인대사에게 예배하였다.

이것만 보아도 당시 혜능이 얼마나 기대에 부풀어 있었는지 알 수 있다.

▲ 5조 홍인대사가 주처하시던 황매산 동선사. 5조사라는 현판이 보인다.
원내는 황매산 일주문. 혜능도 5조를 뵈러 갈 때 이 문을 지났을 것이다.
일주문 사이로 멀리 4조께서 주석하셨던 쌍봉산이 보인다.

혜능은 장강長江; 양자강을 건너 황매 동선사東禪寺에 당도하자, 바로 홍인 대사 뵙기를 청하였다.

 난하이에서 황매까지(from Nanhai to Huangmei)
- 혜능이 걸어간 구법길 2000리(800km)

▲ 난하이에서 황매 동산까지는 800km의 거리로, 서울-부산(400km)의 2배가 넘는 먼 길이다. 멀리 절 오른편으로 쌍봉산이 보인다.

🗂 동산이란? 그리고 동산법문이란?

▲ 4조 도신대사가 주석했던 사조사

장강(長江; 양자강) 중류에서 북쪽으로 30km쯤 떨어진 곳이자, 동정호(洞庭湖) 북쪽에 위치한, 오늘날 호북성 기주 황매현(黃梅縣)에는 2개의 산, 즉 쌍봉산(雙峰山)과 빙무산(憑茂山)이 우뚝 솟아있다. 쌍봉산과 빙무산은 그 위치 때문에 각각 서산(西山)과 동산(東山)으로 불린다.

서산 쌍봉산(雙峰山)의 선원은 4조 도신대사(道信, 580~651)가 30년 간 주석했던 곳이다. 오늘날에는 그 절을 4조사(四祖寺)라 부른다.

4조 도신이 입적한 후, 법을 이어받은 5조 홍인은 654년 쌍봉산에서 동쪽으로 불과 10여km 떨어진 빙무산(憑茂山)으로 옮겨 가 그곳 백련봉에 선정사(禪定寺)를 건립했다. 오늘날에는 오조사(五祖寺)라고도 불린다.

쌍봉산과 빙무산은 그 위치 때문에, 4조 도신이 주석한 쌍봉산을 서산(西山), 5조 홍인이 주석한 빙무산을 동산(東山)이라 부르게 되었다.

▲ 백련봉에 세워진 선정사

서산(西山)-황매현 쌍봉산 서선원, 일명 4조사(四祖寺)-4조 도신(道信) 주석
동산(東山)-황매현 빙무산 동선원, 일명 5조사(五祖寺)-5조 홍인(弘忍) 주석

동산에 세워진 이 선원에서 홍인선사가 10년 간 주석하며 중국 선종의 법문을 본격적으로 행하여졌다. 이로부터 5조의 선을 동산법문(東山法門)이라고 부르게 되었다. 이른바 '동산법문(東山法門)'이 태동한 것이다.

3장
오조 홍인대사를 찾아가 법을 구하다

혜능의 홍인문하 입문은 훗날 혜능이 의법을 계승하여 선종 6조가 되는 인연으로 이어지게 된다.

또한 이 일은 불교의 중국화를 성공적으로 이루게 한 《육조단경》의 출현이라는 중국 선종사상 일대사의 첫 걸음이었다.

▲ 5조 흥인대사

물의 깊이를 알아보는 손쉬운 방법은 물에 돌을 던져보는 것이다.

5조께서도 법을 구하러 오는 이들에게 돌을 던져, 즉 질문을 던져 그들의 그릇됨을 측량하곤 하셨다.

혜능이 5조 홍인대사를 처음 친견하고 예배하는 자리에서 홍인대사는 혜능에게 짓궂은 시험을 하였는데, 그는 혜능이 아직 가다듬어지지는 않았으나 타고난 큰 법기法器; 불법을 담을 그릇, 즉 근기(根機; indrya)가 뛰어난 불교수행자임을 단번에 알아차렸다.

이 자리에서 5조 홍인대사께서 혜능을 시험해보시고자 던진 질문도 질문이려니와 혜능이 응수한 답은 실로 절창이었다.

이에 관하여 오늘날까지도 널리 전하여 오는 문답을 보면 다음과 같다.

"네 어디서 왔으며 무엇을 구하려 하는고?"

"예, 제자는 영남 신주에 사는 백성이온데, 이렇게 멀리서 와서 뵙는 것은 다름이 아니오라 오직 부처가 되기 위해서 이옵니다."

"너는 영남사람이면 남방 오랑캐인데 오랑캐가 어떻게 부처가 될 수 있단 말이냐?" 하고 호통을 치신 즉,

"사람에게야 남북의 차별이 있겠지만, 불성에 어찌 차별이 있겠습니까人雖有南北/인수유남북, 佛性本無南北/불성본무남북?" 하고 답하였다.

당시 중국인들은 자신들을 중원인中原人; 천하와 문화의 중심인 사람들이라 스스로 일컬으며, 신주 원주민과 같은 남방 소수민족은 남만南蠻, 즉 '남쪽 변방의 오랑캐獦獠/갈료; 남부인을 '야만스러운 종족'이라 얕잡아 칭하는 경멸어; 당시 남방은 문명화가 덜 된 곳이었음'라고 멸시하고 있었다.

혜능은 자신을 우습게 여기는 중원인 5조에게 《열반경》의 '일체중생 실유불성一切衆生悉有佛性; 이 세상의 모든 중생은 다 불성을 가지고 있다'에 근거한 불성절대평등론佛性絶代平等論을 들어 '불성에는 남만인과 본토인의 차별이 있을 수 없다'고 일갈하는 기염을 토하였다.

불교에서는 육도에 있는 모든 중생의 불성은 같다. 심지어는 악인이나 축생까지도 불성을 가지고 있으며, 그 불성佛性; 청정 자성을 견성치 못하고 있을 뿐 불성에 있어서는 어떠한 구별도 없다.

5조 홍인화상이 남루한 남방 소수민족 복장을 한 단구短軀; 키가 작은 몸의 노총각 혜능을 시험할 요량으로 우문愚問을 던졌으나, 명민한 혜능의 입에서는 비범한 현답賢畓이 나왔던 것이다.

5조께서는 즉각 이 더벅머리 행자가 비범한 큰 그릇法器/법기; 불법을 담을 그릇임을 알아차렸다. 내심 기대와 관심이 크게 일어 더 이야기를 나누시려다가, 문득 5조께서는 주위의 눈초리를 의식하시고는 더 말씀하시지 않았다.

5조께서 보시니, 주위에 둘러서 있는 제자들이 새로 온 행자와 5조 스님 사이에 오가는 말이 범상치 않자,
'이야! 이 대체 무슨 이야기가 오가고 있는 것인가?'
하고 모두들 상당히 의아해 하고 경계하는 표정으로 지켜보고 있는 게 아닌가!

오조께서는 순간 생각하셨다.
'아! 이 행자하고 지금 여기서 깊이 이야기해선 안 되겠구나. 나중에 다시 조용히 만나서 이야기해야겠다.'

혹여 제자들이 시기하여 혜능이 위해를 당할까 염려되었기 때문이었다.

홍인은 일부러 화난 표정으로 꾸짖으셨다.
"허, 이 오랑캐가 제법 아는 체를 하는구나. 이제 잔소리 그만하고 나가서 방아나 찧어라." 하셨다.

이렇게 하여 나무꾼 혜능은 행자가 되어 오조사 방앗간에서 방아 찧는 일을 하게 되었다.

오조께서 혜능을 후원의 방앗간으로 보내어 일하게 하시니, 혜능은 주야로 디딜방아를 찧고 장작을 패고 잡일을 하였다.

천 명이나 되는 스님들의 공양을 위해 곡식을 찧는 일이란 여간 고달픈 일이 아니었다. 혜능은 디딜방아로 하루 낮 하루 밤 동안에 쌀 열두 섬을 찧어야 했다. 혜능은 새벽부터 밤까지 쉴 틈이 없었다.

그러나 고된 노동 속에서 혜능의 불지견佛知見; 제법실상의 이치를 깨닫고 비추어 보는 부처님의 지혜은 나날이 성숙하고 다듬어지고 있었다.

오조께서 혜능을 방앗간으로 보내 힘든 일을 하도록 한 것은 그로 하여금 일상의 노동 속에서 수행하도록 한 것이었다.

일상생활과 수행은 분리되어 있는 것이 아니다. 모름지기 참다운 수행자는 일상의 일에 몰두하여 온갖 상념과 잡념을 떨쳐내고 본래의 청정무구한 본심으로 돌아가는 것이다.

▲ 혜능행자가 곡식을 찧던 디딜방아

오조사 디딜방아(treadmill)
뒤편 벽에 惠能舂米踏(혜능용미답; 혜능이 쌀을 찧던 곳)이란 글발이 보인다.

한국의 디딜방아가 두 사람이 밟으며 일할 수 있는 효율적인 쌍다리 방식인 것과는 달리, 중국의 디딜방아는 외다리 방식이다.

소위 중원인이 무시하던 오랑캐 출신에 글자도 모르던 무지한 혜능 행자는 방아를 찧으며 낟알에서 껍질이 벗겨나가는 광경을 목도하며 번뇌를 떨쳐내는 수행을 하고 있었으리라.

그는 가만히 앉아서 행하는 좌선수행이 아닌 자신의 일상생활 속에서의 수행의 묘리를 터득하고 있었던 것이다.

훗날 그가 설한 '운수반시 무비묘도運水搬柴 無非妙道; 물을 길어 나르고 땔나무를 옮기는 등의 일상 행위가 오묘한 도 아닌 것이 없다'라는 법문 구절은 일상생활과 불교수행을 완전히 하나로 융합한 것으로, 그러한 인식은 이때의 노동생활에서 연유하였으리라.

인도의 시성이라 일컬어지는 타고르Rabindranath Tagore, 1861~1941; 노벨 문학상 수상자도 그의 시 기탄잘리Gitanjali; '신께 바치는 노래'라는 뜻에서 같은 취지를 다음과 같이 노래한 바 있다.

"… 모든 문 닫혀진 사원 속 쓸쓸하고 어두운 구석자리에서
당신은 누구에게 기도를 하고 있는 것입니까?
두 눈을 뜨고 보십시오. 당신 앞에 신은 보이지 않습니다.
신은 농부가 굳은 땅을 일구고 있는 곳에 계십니다.
구원 말입니까? 구원이 어디에 있다는 말입니까?
당신 이마에 배어있는 땀과 노동 속에서
신을 만나도록 하십시오. …"≪Gitanjali 11≫

혜능이 방아를 찧고 장작을 패며 행자생활을 하는 동안 어느덧 여덟 달이 지나갔다.

그동안 행자 혜능의 존재는 잊혀졌다. 처음에는 낯선 행자의 출현에 '야! 이거 범상치 않은 자가 왔구나!' 하고 다들 긴장했었지만, 8개월이 지나도록 오조께서 한 번도 물어보거나, 오가는 일도 없으매 대중들이 다 잊어버리게 된 것이었다.

이 당시의 혜능에 대해 당대의 대시인이자 화가인 왕유王維; Wang Wei 가 쓴 육조능선사비명六祖能禪師碑銘; Chan Master Neng's Stele Inscription, 761년; ≪全唐文, 권327≫에 나오며, 육조 혜능대사의 전기로는 가장 오래된 기록에서 이렇게 적고 있다.

> "… 5조께서 자리에 오를 때면 학승 무리가 안마당에 가득 찼다每大師登座, 學衆盈庭. 온갖 근기의 사람들 틈에서 혜능은 교설을 들었다中有三乘之根, 共聴一音之法. 그는 묵묵히 듣기만 할 뿐, 한번도 나서서 자신을 드러내는 법이 없었다[자기 의견을 드러내어 말한 적이 없었다]禪師黙然受, 曾不起予.
> … 홍인은 혜능만이 진실로 해탈의 경지에 도달해 있으면서도 겸손하게 내색하지 않음을 알고 있었다."

하루는 5조께서 혼자 조용히 방앗간으로 와서 보시고 혜능에게 말씀하셨다.

"네 소견이 가히 기특하다고 생각하였으나, 혹 악한 무리들이 너를 해칠지 몰라서 짐짓 모른 체 하였다. 네가 이러한 내 속뜻을 알고 있었느냐?"

"예. 저도 스님의 뜻을 짐작하고서, 감히 스님 계신 조실 앞에는 얼씬도 하지 않았습니다." 하고 말씀드렸다.

스승과 제자는 이렇게 그야말로 이심전심以心傳心으로 서로 깊은 속뜻을 주고받고 있었던 것이다.

4장
오조께서 전법(傳法)할 제자를 찾다

혜능이 5조대사를 친견하고 마음을 나눈 뒤, 방앗간에서 곡식을 찧는 소임을 하며 행자생활을 여덟 달 남짓 하던 중, 혜능은 일생일대의 중요한 전기를 맞이하게 된다.

오늘날에도 인구에 회자되는 저 유명한 '본래무일물本來無一物'의 게송을 지어 홍인대사의 선법禪法을 전해 받아 6조가 되는 계기를 맞이하게 되는 것이다.

《육조단경》서분序分; 서론에 해당하는 행유품行由品; 살아온 행적(行蹟); 行狀/행장; 履歷/이력을 설명하는 章/장에는 5조 홍인의 혜능에의 전법에 얽힌 흥미진진한 이야기가 나온다.

거기에는 홍인대사의 의법衣法을 계승받기 위한 게송偈頌; gatha/가타; verse; stanza 짓기 경쟁이 흥미진진하고 사실적으로 펼쳐지며, 마침내는 문맹인 혜능이 5조 홍인 문하의 가장 뛰어난 상좌 신수神秀를 물리치고 의법을 전수 받게 되는 극적인 반전이 박진감 있게 전개된다.

노인이 되면 후계자를 세워두어야 비로소 마음이 놓이게 마련이다. 이것은 비단 한 집안에 있어서나 기업에 있어서나 마찬가지이다.

5조 홍인은 자신의 날이 많이 남지 않았음을 내다보고 이제는 법통을 전해 줄 후계자를 물색하기에 이르렀다.

혜능이 홍인의 문하에 들어와 방아찧으며 행자생활을 해 온 지 8개월 가량 지났을 때였다.

어느 날, 오조께서 모든 문인門人; 제자들을 모으시고 선언하셨다.

"모두 들어라. 사람이 나고 죽는 것보다 더 큰 일이 없다고 일렀다. 그런데도 너희들은 복이나 구할 뿐 삶의 근원적 문제에 대해서는 깊이 고민하지 않는 것 같구나. 자성을 꿰뚫어 알지 못하고는 복인들 무슨 소용이랴!
그러니 너희들은 이제 각자 돌아가서 자성을 간파하고, 그것을 보여주는 게송偈頌; 여기서는 오도송/悟道頌에 해당을 하나씩 지어 오너라.
게송을 보고 불법의 대의를 참으로 깨달은 자가 있으면 그에게 의법衣法; 역대조사 대대로 전하여 온 부처님의 법과 그 전법의 신표인 가사와 발우을 전하여 6대 조사로 삼으리라."

오조께서는 깨달은 바 각자 자기 소리로 써내는 게송으로 자신의 법맥法脈을 이을 견성見性; 자성을 보아 깨달음한 제자를 선택하겠노라 공모한 것이었다.

그런데 당시 오조사에는 학인學人; 도를 공부하는 과정에 있는 스님; 학승/學僧들이 1,000여명이나 있었지만 아무도 게송을 지으려 하지 않는 것이었다.

학식과 덕망이 뛰어나고 경전에 밝아 5조 문하에서 교수사敎授師; 총림에서 경을 강의하는 교수 스님로 있는 신수神秀 스님이 당연히 오조의 법法; Dharma을 이어받아 육조가 되리라 생각하고 있었기 때문이었다.

후계자를 공모한다는 5조 스님의 선언으로 절 전체가 들뜬 분위기였다. 제자들은 여기저기에 삼삼오오 모여 쑥덕거렸다.
한 학인이 말하였다.
"우리는 공부도 시원찮은데 이제 애써서 무엇하겠나? 신수 상좌神秀 上座가 우리를 가르치고 있으니, 틀림없이 그 분이 될 거 아닌가? 우리는 쓸데없이 몸 닳아 할 것 없네."

다른 학인이 맞장구쳤다.
"신수 상좌가 있는데 우리야 괜히 헛수고 할 필요 없지!"

그러자 모두들 따라서 이구동성으로
"맞는 말일세. 어차피 신수상좌가 법을 이어받을 테고, 우리들도 앞으로 신수 상좌에게 의지하게 될 텐데 공연히 애쓰지들 마세." 하는 것이었다.

이렇게 이야기의 대세는 이미 동산법문의 교수사로 있는 수상좌 신수스님이 홍인대사를 이을 후계자가 될 것이 확실하니 자신들은 게송을 지어 올릴 필요 없다는 쪽으로 흘렀다.

 선생, 교수, teacher로 번역되는 아사리(阿闍梨; acarya)

아사리(阿闍梨)는 산스크리트(Sanskrit; 범어/梵語) 아카르야(acarya)의 음역(音譯)으로, 선법(善法)과 계율에 밝고, 지혜와 복덕을 겸비하여 제자를 가르치고 지도할 수 있는 스승에 대한 총칭이다 그래서 학인들은 교수사인 신수스님을 유일한 후계자로 인정하여 게송을 짓지 않기로 하였다.

그들은 게송 짓기를 포기하고 마음 편히 쉬었다.

한편, 신수는 학인들이 게송을 짓지 않는 까닭을 알고는 이제는 막중한 책임감마저 느끼게 되어 마음이 긴장되었다.

학인들의 이런 기대와는 달리 신수스님 본인은 깊은 고민에 빠졌다.

동산선원의 대중들이 모두 자기만 쳐다보고 있는데, 정작 자신은 아직 불법의 대의를 깨닫지 못하고 있었던 것이다.

▲ 신수 스님

"학인들이 모두 다 저렇게 나를 위하여 게송을 짓지 않고 있구나!

나는 불교를 가르치는 교수사가 되어 교학적 지식만을 늘어 놓으며 허명虛名; 헛된 명성이나 얻어왔는데, 이제 만일 깨달음의 게송을 짓지 못한다면 무슨 꼴이 될 것인가!

그러나 내가 게송을 지어 올리는 것은 오직 법을 구함이요, 6조의 지위를 쟁취하고자 함은 아니다.

만일 조사가 되려는 야심을 갖는다면, 그것은 성인의 지위를 빼앗으려드는 범부의 속된 마음과 무엇이 다르랴. 나는 6조의 지위를 다투어 얻고자 하는 생각은 결코 없다.

다만 이제 내가 게송을 지어 올리지 않으면 내가 불법을 깨치지 못한 꼴이 되니 이를 어찌해야 한단 말인가? 참으로 곤란한 처지로구나!"
이런 생각으로 마음을 졸였다.

그런데 그때 마침 5조께서 계시는 조사당 앞 회랑回廊 건물 둘레에 지어놓은 지붕이 있는 복도에는 깨끗하게 다듬어 놓은 3칸의 벽이 있었다.

5조께서는 거기에 능가경楞伽經; Lankavatara Sutra 변상도変相図; 경전의 내용을 그림으로 표현한 것와 오조 혈맥도五祖 血脈図를 그리게 하여 후세 사람들에게 전하여 거기에 향도 피우고, 불공도 드리는 등 공양供養; 부처님에게 음식이나 꽃 등을 바치는 일하게 할 목적이었다.

그리하여 공봉洪奉; 각종 불사에 종사하는 소임 노진盧珍을 청하여 다음날 아침 그림을 그리게 하시려 하던 참이었다.

 왜 능가경 변상도를 그리려 하였나?

능가(楞伽; Lankavatara)는 스리랑카(Sri Lanka)라는 지명의 음역이다. 능가경(楞伽經; Lankavatara Sutra)의 구성은 고타마 붓다께서 나바나왕(羅婆那王)의 권청에 의하여 스리랑카에 건너가 능가산을 배경으로 불제자 중 대표 질문자인 대혜(大慧; Mahamati)보살을 상대로 여래장사상(如來藏思想; 모든 인간은 여래와 같은 본성을 구비하고 있다는 사상)에 입각하여 선의 가르침을 비롯한 거의 모든 불교의 교의를 설하는 형태를 취하고 있다.

능가경은 초조달마께서 전하신 이래, 초기선종의 소의경전으로 전등심인(傳燈心印) 무상보전(無上寶典)으로 이어왔으므로 오조홍인이 능가경 변상도를 그리려 하였던 것이다.

후에 육조 혜능 대에 이르러 남종선에서는 소의경전이 《금강경》으로 대체되었다.《p22 참조》

《능가사자기(楞伽師資記)》에 의하면, 《능가경》은 북종선의 소의경전으로 8대까지 전승되었다고 한다.

▲ 능가경 변상도

오조혈맥도(五祖血脈図)

초조 보리달마(菩提達磨, ?~534)

2조 혜가(慧可, 487~593)

3조 승찬(僧璨, ?~606)

4조 도신(道信, 580~651)

5조 홍인(弘忍, 601~674)

6조 혜능(慧能, 638~713)

인도에서 중국으로 와서 법을 전한 중국 선종의 초조 보리달마(菩提達摩)에서 6조 혜능(慧能)까지의 6분의 조사들을 동토(東土; 중국) 6조라 일컫는다.

오조혈맥도(五祖血脈図)는 중국의 5조사, 즉 초조 달마대사에서 5조 홍인대사에 이르기까지의 동토 불조정맥(佛祖正脈)을 그린 일종의 그림 족보이다.

≪pp207~214 혈맥도 참조≫

⑥ 육조 혜능대사
남종선의 창시자. 속성은 노(盧)씨이며 광동 신주(廣東 新州) 출생. 행자신분으로 홍인의 선법(禪法)을 전법 받음. 신수대사와의 게송경쟁은 유명한 일화.

⑤ 오조 홍인대사
속성은 주(周)씨, 호북 황해(湖北 黃海) 태생. 7세 때 도신에게 귀의 출가함. 황매 빙무산에 주석하며 동산법문(東山法門)을 일으킴. 신수와 혜능의 스승.

④ 사조 도신대사
속성은 사마(司馬)씨로 하남 필양(河南 泌陽) 출생. 그의 선법은 좌선하여 일행삼매(一行三昧)와 수일불이(守一不移)로 요약됨. 황매현 쌍봉산에 주처함.

선종 역대 조사들의 교화활동 중심지역

선종 6대 조사상
명(明)의 대진(戴進, 1388
~1462)작, 장권(長卷; 두
루마리 그림), 견본설색
(絹本設色), 중국 요녕성
(遼寧省) 박물관 소장

❸ 삼조 승찬대사
본명과 출생지 기록이
북주(北周) 무제의 법난
시 소실됨. 나병에 시달
리다 혜가에게 귀의 출
가함. 고금의 명작 선시
(禪詩)《신심명(信心銘)》
을 남김.

❷ 이조 혜가대사
속성은 희(姬)씨, 본명은
신광(神光). 하남 낙양
(河南 洛陽) 출생. 숭산
소림사에서 달마대사에
게 믿음을 보이기 위해
한 팔을 자르고 구법하
였다 함.

❶ 초조 달마대사
남인도 향지국의 왕자
출신. 중국 선종의 초조
로 추존됨. 혜가(慧可)
에게 의발(衣鉢)과 능가
경(楞伽經)을 전하여 법
(法)을 전하니, 능가종
(楞伽宗) 성립.

5장
신수스님이 게송을 짓다

　신수는 고심에 고심을 거듭한 끝에 마침내 게송을 지었다. 그러나 그는 그것을 바치려고 5조께서 계시는 조실 앞에까지는 갔으나 온몸에 땀을 흘리며 망설이다 감히 바치지 못하고 돌아섰다.

　그는 이렇게 갔다가는 그냥 돌아서기를 4일 동안에 열 세 번이나 되풀이하다가 끝내 바치지 못하였다.

　제1좌인 교수사 신수스님은 본래 성품이 점잖고 겸손하기도 하였지만, 워낙 신중한 탓도 있었다.

　신수가 게송을 바치지 못하고 돌아서며 다시 생각하기를,
　'차라리 저 회랑 벽에 게송을 써놓고 큰스님께서 지나시다가 보시도록 하는 것이 좋겠다.

큰스님께서 보시고 만일 잘 되었다 하시면 그때 나아가서 '이것은 신수, 제가 지은 것입니다' 하고 밝히자.

아! 그러나 만일 안 되었다 하시면 내 그 동안 오조 문하에 들어와 수년간을 헛되이 남의 대우만 받아 온 셈이니, 앞으로 다시 무슨 도를 닦는다 할 것인가?' 하고 번민하였다.

그 날 밤 삼경三更; 子時/자시; 밤 11시에서 오전 1시 사이.

신수가 아무도 모르게 몸소 등불을 들고 남쪽 복도 벽에 가만히 게송을 써놓으니, 바로 저 유명한 '신시보리수身是菩提樹'라는 게송이다.

이로써 혜능이 5조 홍인의 전법제자 자리를 놓고 깨달음의 깊이를 겨루면서 지었다는 저 유명한 두 시법게송示法偈頌이 전개된다.

지금도 황매 오조사에는 이 게송이 쓰여졌던 복도벽이 조당祖堂 옆 요사채에 있다.

▲ 법당을 지나 6조전으로 가는 긴 회랑과 회랑 벽
옛날에 오조께서 능가변상도를 그리게 하시려 했던 그 복도의 벽이 있다. 깨달은바 각자 자기 소리를 써내라는 5조의 말씀에 제1좌인 교수사 신수가 '신시보리수'라는 게송을 써놓았으며, 또 혜능 행자가 이에 대해 '본래무일물'이라는 게송을 지었던 역사적 현장이다.

빈 벽을 마주하고 서서보니 '본래 한 물건도 없는데 어디에 먼지가 낄 것이냐'는 마음의 실체를 꿰뚫어보는 듯한 혜능의 음성이 들려오는 듯 하다.

당대 오조 홍인대사의 가장 뛰어난 제자로 꼽히던 수상좌首上座이자 교수사教授師인 신수神秀; Shenxiu, 605~706는 저 유명한 '신시보리수身是菩提樹'라는 점오漸悟의 게송을 짓는다.

身是菩提樹 신시보리수　몸은 깨달음(보리)의 나무요,
心如明鏡臺 심여명경대　마음은 밝은 거울과 같네.
時時勤拂拭 시시근불식　때때로 부지런히 털고 닦아서
勿使惹塵埃 물사야진애　먼지와 티끌이 앉지 않도록 하리.

신수가 이렇게 게송을 써놓고 가만히 자기 방으로 돌아가니 아는 이가 없었다.

 ## 우리 마음은 명경인가? 명경대인가?

사실 이 부분은 번역을 하는 사람들이 적지아니 고심하는 부분이다. 마음을 밝은 '거울'로 해야하지 '거울 틀'로 해야할지 고심하게 된다.

결론부터 말하자면 신수대사의 게송에서 '명경대'는 '거울'로 해석하는 것이 원뜻에 가깝다. '거울 틀' 또는 '거울 받침대'는 모두 부적절하다.

그 이유는 옛날 생활방식을 알면 쉽게 이해되는 부분이다. 엄밀히 구분하자면 명경은 거울, 명경대는 직역하면 거울 받침대란 뜻이 되지만, 실제로는 옛날 사람들은 동경(銅鏡; 구리거울)을 받침대 위에 놓고 동경과 받침대를 한 세트로 사용하였다. 따라서 거울을 그냥 통틀어 명경대라 하였다.

구리거울은 청동의 특성상 수시로 먼지를 털고 습기를 닦아주지 않으면 쉽게 때가 끼고(惹; 낄 야) 퍼렇게 녹이 슬어 상이 흐려져 보이지 않게 된다. 신수스님의 명문장 '시시근불식(時時勤拂拭), 물사야진애(勿使惹塵埃)'는 바로 여기서 나온 것이다.

따라서 '거울, 즉 우리 마음을 부지런히 털고 닦자'라고 신수스님은 말씀하신 것이다.

신수스님이 방에 돌아와 다시 생각하기를,

'5조께서 게송을 보고 기뻐하시면 내가 법을 이어받을 인연이 있는 것이거니와, 만일 그렇지 않으면 숙세의 업장이 너무 무거운 탓이니, 성인의 뜻은 헤아리기 어려운 것이다.'

신수가 이런 생각 저런 생각으로 앉았다 누웠다 하며 밤새도록 잠을 못 이루는 사이에 어느새 날이 환히 새었다.

새벽에 5조께서 노 공봉洪奉; 각종 불사에 종사하는 소임을 불러 남쪽 복도 벽 사이에 능가경 변상도와 오조 혈맥도를 그리게 하시려다가, 문득 게송이 쓰여져 있는 것을 보시게 되었다.

5조께서는 이 게송을 읽으시고 누가 지은 것인지 아셨다. 그는 신수가 아직 견성하지 못하였음을 이미 알고 계셨다. 그러나 교수사 신수의 체면을 생각해서 내색하지 않으셨다.

5조께서 다 읽으시고 나서 공봉에게 말씀하시기를,

"아, 이제 그림이 필요 없게 되었네. 경經; 여기서는 금강경에도 이르시기를 '무릇 형상 있는 것은 다 허망하다凡所有相 皆是虛妄/범소유상 개시허망'하셨으니, 이 게송만 여기 그대로 두고 그림은 그만 두겠네." 하시고, 돈 삼만 냥을 주시어 그가 멀리서 온 것을 위로하셨다.

第5分 如理實見分 여리실견분
Genuine Principle of Perceiving the Tathagata

불고수보리　범소유상　개시허망
佛告須菩提하사되 凡所有相이 皆是虛妄이니

약견제상비상　즉견여래
若見諸相非相이면 卽見如來니라

❖ 제5분 진리대로 참 모습을 봄
부처님께서 수보리에게 이르셨다.
"무릇 있는 바 형상이 모두 다 허망하니, 만약 모든 형상을 보되 형상이 아님을 본다면, 곧 여래를 보리라."

Buddha said: Subhuti, whatsoever has bodily characteristics is empty and delusive. If you perceive all characteristics to be in fact no-characteristics, then you perceive the Tathagata.

금강경 사구게

… 凡所有相 皆是虛妄 범소유상 개시허망
若見諸相非相 卽見如來 약견제상비상 즉견여래

무릇 있는 바 상은 다 허망하니
만약 모든 상이 상 아님을 본다면
곧 여래를 보리라.
- 금강경 제5분

◀《법진(法眞) · 이원일 공저,
도서출판 블루리본, 금강경 p26 참조》

5조께서 또 말씀하시기를,
"이 게송대로 마음을 계속 갈고 닦으며 수행할 것 같으면 삼악도三惡
道; three evil ways; 畜生, 餓鬼, 地獄에 떨어지지 아니하고 큰 이익이 있다."하
셨다.

이윽고 5조 홍인대사께서 문인들을 다 불러모으시고 이 게송을 칭찬
하시며 게송 앞에 향을 피워 예경禮敬케 하셨다. 사람들이 읽어보고 모
두 공경하는 마음을 내므로, 오조께서는 제자들 모두 이 게송을 외우도록
하셨다.

오조께서 이르시기를,
"모두들 이 게송을 열심히 외우라. 열심히 외우면 바야흐로 견성見性;
자성을 봄 할 수 있느니라."하시니

 오조께서 능가경 변상도를 그리지 않게 된 숨은 사연

오조 홍인대사는 신수스님이 벽에 써 놓은 게송을 보고는 능가변상도(楞伽変
相図) 그리려던 것을 그만두게 하며, 그 이유로 '범소유상 개시허망 약견제상비
상 즉견여래(凡所有相 皆是虛妄 若見諸相非相 即見如來)'라는 《금강경》 사구게
를 들어 말하였다. 그리고 하근기에게 그림으로 전하는 방편 대신 게송의 글을
외우고 의지하게 하였다.

사실 오조(五祖)가 반야사상이 담긴 《금강경》 사구게를 언급하는 부분은 《육
조단경》을 편집한 후학들이 첨가한 것이다. 이것은 금강경을 인용함으로써 선종
지침서가 《능가경(楞伽經)》에서 《금강경(金剛經)》으로 대체되고 있음을, 즉 남종
의 종지가 《능가경》의 여래장사상에서 《금강경》의 반야공사상으로 대체되는 분
기점에 있음을 나타내기 위한 것이었다.

달마 이래의 소의경전(所依經典)이었던 《능가경》을 《금강경》으로 바꾸어 육조
에게 전법하여 선종(禪宗)의 뼈대를 세운 오조 홍인대사의 탁견은 후세에 길이
남을 것이다.

문인(門人; 제자)들이 다들 이 게송을 외우면서,
"참 좋은 게송이다!"
"훌륭하다!" 하고 찬탄하였다.

그 날 밤 삼경.

5조께서 가만히 신수를 불러서 물으셨다.
"게송은 네가 지은 것이지?"

 육도윤회(六道輪廻)의 삼선도(三善道)와 삼악도(三惡道)

   깨달음을 얻지 못한 무지한 중생은 윤회(輪廻; samsara; reincarnation)에서 벗어나지 못하고 쳇바퀴가 돌아가듯 천상계-인간계-수라계-축생계-아귀계-지옥계의 6도(六道)를 돌며 태어나고 죽는 윤회전생(輪廻轉生)을 계속하게 된다.
   여기서 천상계 · 인간계 · 수라계를 삼선도(三善道)라 하고, 축생계 · 아귀계 · 지옥계를 삼악도(三惡道)라 한다.
   불교의 이상은 이 윤회의 굴레에서 벗어나는 일로 이것이 해탈이다.

◀ 육도윤회(六道輪廻)
《상세한 내용은 『법화경과 신약성서』, pp171-173 참조》

신수가 대답하기를,

"그 게송은 실로 신수가 지었사오나 감히 조사의 지위를 바라지 않나이다. 원컨대 스님께서는 자비慈悲로 한 번 잘 살펴보아 주소서.

제자에게 조그마한 지혜라도 있나이까?"하였다.

"네가 지은 이 게송은 본성을 못 본 것이다. 다만 문 앞에 이르렀을 뿐, 아직 문안에는 들어오지 못하였다未見本性/미견 본성이니 只到門外/지도문외요, 未入門内/미입문외라.

이러한 견해로는 무상보리無上菩提; 위 없는 보리; 無上正等正覚/무상정등정각를 찾는다 하더라도 얻지 못하리라.

무상보리는 모름지기 말이 떨어지자마자 바로 제 본 마음을 깨달아 버리는 것이지, 그렇게 점차로 닦는 것이 아니다.

너는 다시 가서 하루나 이틀 동안 더 생각하여 다시 게송을 지어 오도록 하여라. 내가 네 게송을 보아서 만일 문안에 들어왔으면자성/自性을 보았다면 네게 의법衣法; 역대조사 대대로 전하여 온 부처님의 법과 그 전법의 신표인 가사와 발우을 전하리라."하셨다.

신수가 절하고 물러 나와 다시 며칠이 지났으되 아무리 게송을 지으려해도 도무지 지어지질 않았다. 게송은 지어지지 않고 시간만 흐르고 마음만 점점 초조해질 뿐이었다.

본디 오도송이란 제대로 깨달았을 때는, 솟구쳐 오르는 깨달음의 환희심을 주체할 수 없어 한 밤중에 벌거벗고 춤춘다 하였다.

그야말로 샘물이 확 터져 나오듯 저절로 용솟음쳐 흘러나오는 것이다. 억지로 쥐어짠다고 되는 것이 아니다.

신수 상좌는 며칠이 지나도록 끝내 새로 게송을 짓지 못하였다.

6장
행자 혜능, 게송을 짓다

그때 이틀이 지난 뒤, 한 동자가 흥얼흥얼 게송을 외우면서 방앗간 앞을 지나가고 있었다.

혜능이 비록 글을 배우지는 못하였으나 그 게송을 듣고 견성한 사람의 글이 아님을 바로 알았다.

혜능이 그 동자에게 묻기를,
"지금 외우는 게 무슨 게송인가?" 하니, 동자가 신이 나서
"너, 이 오랑캐야, 아직도 모르는가?" 하고는,
5조께서 문인들로 하여금 각기 게송을 한 수씩 지어 오라 하시며 게송을 보아 깨친 자가 있으면 곧 그에게 가사와 법을 전하여 6조로 삼으리라 하셨다는 말을 하였다.
또한 동자는 5조께서 신수상좌가 남쪽 복도 벽에 써 놓은 이 게송, 무상계無相偈를 5조께서 보시고 칭찬하시며 이 게송에 의지하여 수행하면 악도에 떨어질 것을 면할 수 있으며, 바야흐로 견성見性; 자성을 봄 할 수 있다 하셨다고 덧붙였다.

지금 이렇게 큰 사건이 벌어져 초미의 관심사가 되어 절 전체가 아주 떠들썩한데, 이 오랑캐, 저 멀리 남쪽에서 온 촌놈 그대만 여태 모르고 있느냐? 는 것이다.

혜능이 듣고 다시 동자에게,
"이보시게, 내가 여기 와서 여덟 달 동안 방아만 찧었으니 무엇을 알겠는가. 어디에 무슨 건물이 있는지조차 알지 못하고, 게송을 적어놓았다는 조실 앞에는 아직까지 가 본 적도 없네.
그러니 그대는 나를 좀 인도하여 나도 그 게송을 보고 예배하게 하여 주게." 하고 청하였다.

혜능이 이 절의 구조를 잘 모르는 게 당연한 것이, 본디 중국의 절은 워낙 대규모인 데다가 전각 등 건물들도 많고 다닥다닥 붙여 지어놓아 미로처럼 연결되어 있어 길을 잃어버리기 쉽다.
더구나 혜능이 있는 이곳은 천명에 이르는 대중이 수행하고 있는 큰 절이어서 안내를 받아 가야 했던 것이다.

혜능이 동자가 길을 인도하는 대로 따라가 게송 앞에 가서 예배하고 나서, 동자에게 다시 청하였다.
"내가 무식하여 글자를 모르니 나를 위해 좀 읽어주시게."

◀ **빽빽한 건물들이 미로를 형성하고 있는 중국절**
한국의 절은 전각들이 충분한 거리를 두고 있어 여유가 있는 반면, 중국 절들은 이처럼 많은 전각들이 빽빽이 들어차 있어 미로가 많으며 길을 잃기 쉽다.

그때 동자가 읽기도 전, 누군가가 큰 소리로 게송을 읽기 시작하였다.

거기 모인 사람 중에 강주江州; 오늘날의 重慶/충칭에서 별가別駕; 관리의 말단 수행원라고 하는 시원찮은 벼슬살이를 하는 장일용張日用이란 자가 마침 그 절에 와 있었다.

그는 안 그래도 먹물깨나 먹었음을 드러낼 겸 읽고 싶어서 입이 근질근질 하던 차에 누가 한 번 읽어달라고 하자, 소리 높여 읽어 주었던 것이다.

혜능이 듣고서 곧 대강의 뜻을 알았다. 그는 신수가 선의 핵심을 꿰뚫어 간파하지 못하고 있음을 알았다.

혜능이 말하였다.

"나도 게송을 하나 지어 볼 터이니 별가는 좀 써주오."

이에 별가는 하도 뜻밖이라 같잖게 여기고,

"너 같은 게 다 게송을 짓겠다니 참 별일이다"하고 비웃어 조롱하였다.

혜능이 엄숙한 태도로 다시 말하였다.

"무상보리최상의 깨달음를 배우려거든 초학자를 가벼이 여기지 마시라. 아무리 낮고 낮은 사람이라도 높은 지혜가 있을 수 있고, 높고 높은 사람이라도 어리석을 수 있소이다.

 신수스님의 게송 앞에 향을 피워 예경(禮敬)케 하셨다

우리는 불·법·승(佛法僧) 삼보(三寶)에 향을 피우거나 꽃 등을 올리고 찬양하고 예배드린다. 부처님의 가르침을 전파하는 경전은 법보(法寶)인데, 변상도나 게송 등도 역시 형태만 달리한 것일 뿐 모두 부처님의 가르침을 전하는 것이므로 법보(法寶)에 해당된다. 그러므로 변상도나 훌륭한 게송에 향을 피우고 예경하는 것은 부처님께 예배드리는 것과 같은 것이다.

또한 주련, 액자 등에 쓰여있는 불경 구절이나 사경한 글 등 모든 형태의 부처님의 가르침을 전달하는 것은 모두 법보로서 예경의 대상이 된다.

더구나 불문에서는 '사람을 업신여기는 것은 곧 부처님을 업신여기는 것'으로, 그것은 큰 죄가 되오이다."

별가는 이 말에 눌리는 힘을 느끼고는,
"그렇다, 네 말이 옳다. 그렇다면 내가 써 줄 터이니 너는 다만 게송을 부르라. 네가 만일 5조스님한테서 법을 전해 받거든, 부디 나부터 제도하여다오."하고 붓을 들었다.

그가 혜능이 부르는 대로 게송을 벽에 받아 적기를,

菩提本無樹 보리본무수　깨달음에는 본래 나무가 없고,
明鏡亦非臺 명경역비대　밝은 거울 또한 대가 아닐세.
本來無一物 본래무일물　본래 한 물건도 없거늘,
何處惹塵埃 하처야진애　어느 곳에 먼지와 티끌이 앉으리오.

이것이 바로 저 유명한 이른바 '본래무일물本來無一物; 이 세상의 모든 사물은 실재하지 않으므로 하나도 집착할 것이 없음'이라는 돈오頓悟의 게송이다. 선을 말할 때면 언제나 빠지지 않고 회자되는 유명한 게송들 중의 하나이다.

별가가 이렇게 받아 써 놓으매, 거기 모였던 대중이 모두 놀래어 서로를 쳐다보면서 웅성거렸다.

"정말 희한한 일이다! 참으로 사람은 겉만 보고는 모를 일이다!"(혜능스님은 어지간히 볼품 없게 생기셨던 모양이다.)
"저 사람이야말로 육신보살肉身菩薩; 보통 사람의 모습으로 화현한 보살인 것을 우리가 그동안 모르고 부려먹었나 보다!"

혜능은 대중들이 새삼 놀라고 경탄하는 소리를 뒤로한 채 방앗간으로 돌아가 여전히 방아를 찧었다.

밖이 이렇게 소란스러움에 5조께서도 나와 보시고, 회랑 벽 게송 앞에 대중이 모여있는 상황을 아시게 되었다.

5조께서도 신수의 게송 옆에 새로 쓰여진 게송을 읽어보시고 곧 큰 뜻을 아셨으나, 내색하지 않으셨다. 주위를 둘러보니 절 안의 대중들이 혜능이 지은 게송을 보고 모두 놀라고 괴이하게 여기며 수군거리고 있었기 때문이었다.

"이야! 이 사람이 의법을 받겠다!"
"저 신수대사가 지은 게송보다 더 나은 것 같은데!"

 身是菩提樹(신시보리수) VS. 菩提本無樹(보리본무수)

菩提(보리)는 本無樹(본무수)요,
신수스님 게송의 첫 구절인 身是菩提樹(신시보리수)에 빗대어 한 말이다. 신수스님은 보리를 나무에 비유를 했지만, 혜능은 보리, 즉 깨달음은 본래 아무런 실체가 없는 것으로, 나무에 비유하는 것은 적절치 않다고 보았다.

明鏡(명경)이 亦非台(역비대)라.
신수스님은 마음을 명경대(心如明鏡台/심여명경대)라 하였지만, 혜능은 거울과 받침대는 상관이 없다고 보았다. 명경, 즉 마음 그 자체만을 보아야 할 뿐, 마음을 받히는 받침대 같은 본질에서 먼 부차적 존재는 필요치 않다.

本來無一物(본래무일물)이어니,
우리 마음, 깨달음의 세계에서는 본래 한 물건도 없는 것이어니,

何處(하처)에 惹塵埃(야진애)랴.
신수스님은 '時時勤拂拭(시시근불식)하야, 勿使惹塵埃(물사야진애)', 즉 '때때로 부지런히 털고 닦아서 먼지와 티끌이 앉지 않도록 하리(惹/야; 낄 야, 塵埃/진애; 먼지, 때).' 라고 끊임없는 수행을 말하였지만, 혜능은 본래 한 물건도 없는 것이 마음의 실체인데, 하처에, 즉 어디에 먼지나 때가 낀단 말인가? 하고 수행을 부정하고 있다. 때도 없고, 낄 곳도 없다는 것이다.

5조께서는 대중이 하는 소리를 들으시고 혹여 나쁜 사람이 혜능을 해칠까 염려되었다.

그래서 짐짓 신짝을 들어 혜능의 게송을 문질러 지우시면서,

"이것도 또한 견성치 못한 글이로다!" 하시니 대중이 다 그렇게 알았다.

신수는 마음을 거울에 비유하고 거기에 낀 먼지를 부지런히 닦고 수행하면 깨달음에 이를 수 있다고 보았다.

반면에 혜능은 거울로 비유한 마음 자체도 형상이 없기 때문에 바로 깨우쳐야 할 대상, 즉 본 성품 역시 단박에 깨우쳐야 한다고 본 것이다.

혜능은 사람의 본래 마음이 바로 보리심心卽菩提心이며 집착해야 할 그 어느 것도 없는 절대적인 무本來無一物라고 유심과 철저한 공을 노래한 것이다.

혜능은 신수의 게송이 드러내는 문제점을 분별한다는데 있다고 보았다. 마음이라는 존재를 인정함도 분별이다. 마음을 털고 닦아서, 티끌과 먼지가 끼지 않게 한다는 것은 그 분별의 결과이다. 그러므로 신수는 아직 분별심에서 벗어나지 못하고 있는 경지라는 것이다.

결정적으로 '때때로 부지런히 털고 닦아서, 티끌과 먼지가 끼지 않게 하리'라는 대목은 깨끗함과 더러움을 분별하고 하나하나 닦아 나아가는 점수漸修를 보여주는 것으로 보았다.

반면에 혜능 자신은 애초에 마음의 존재를 인정하지 않으니 분별도 없고, 먼지가 끼고 자시고 할 것도 없다고 보았다.

분별에서 벗어나 있으니 무엇을 따로 닦을 필요도 없이 곧장 부처의 덕상과 지혜를 모두 구족하고 있는 우리의 자성自性; 본 성품; 불성을 본다는 것이다. 이것이 혜능의 돈오頓悟이다.

이 게송을 보시고, 5조께서는 혜능의 견처見處: 깨달음의 정도가 이미 문안에 들어섰음을 아셨다.

이 게송 대결 당시, 일찍이 홍인이 "동산법문東山法問은 다 신수에게 있다"라고 했을 정도로 찬탄했던 신수는 56세의 원숙기의 노인이었으며 일자무식의 행자 혜능은 24세의 청년이었다.

노력하는 수재와 타고난 천재의 대결이랄까.
마치 음악가 살리에리Antonio Salieri와 모차르트Wolfgang Amadeus Mozart 같은 필생의 숙적 관계를 보는 듯 하다.
평생에 걸쳐 힘들게 노력하며 자신의 역량을 키워 온 성실함 그 자체인 살리에리. 그리고 별다른 노력 없이 천부적 재능만으로 그 살리에리를 단숨에 뛰어넘은 타고난 천재 모차르트를 연상케 한다.

오늘날까지도 이 두 게송이 널리 인구에 회자膾炙되고 있는 이유는 시법게송示法偈頌: 게송시합에서 일자무식인 혜능이 박학다식한 신수를 꺾었다는 의외성이 주는 놀라움과 흥미 이외에도, 이 두 게송이 불교사에 있어서 중대한 의미를 갖기 때문이다. 즉 신수대사의 북종선北宗禪과 혜능대사의 남종선南宗禪으로 나누어지는 분수령을 의미하기 때문이다.

신수의 선풍이 점수漸修, 즉 점진적인 수행을 쌓아 나아가 깨달음의 경지에 드는 점오漸悟: Gradual Enlightenment라면 혜능의 선풍은 단번에 깨닫는 돈오頓悟: Sudden Enlightenment이다.

이 두 게송으로 시작되는 돈점의 대립된 관점은 오늘날까지도 '남돈북점南頓北漸', '남능북수南能北秀'로 일컬어지며 분분하게 논쟁으로 지속되고 있는 것이다.

7장
법을 깨닫고 의법을 전수받다

다음날

오조께서 다른 대중들이 보지 않을 때 가만히 방앗간에 오셔서 보시니, 혜능은 혼자 허리에 돌을 차고 방아를 밟고 있었다. 몸이 가벼우면 디딜방아가 제대로 올라가지 않기 때문이었다.

오조께서 보시고 칭찬하여 말씀하시되,
"법을 구하는 사람은 몸을 잊어버림이 마땅히 이와 같아야 하느니라." 하시고, 또 물으시되,

◀ **디딜방아를 찧고 있는 혜능**
간혹 어떤 절 벽화에는 혜능이 머리 깍은 것으로 그려져 있는 경우도 있는데, 그것은 오류이다. 혜능은 아직 머리를 깍지 않은 행자였다.

"쌀은 다 찧었느냐?"

"예, 쌀 찧은 지는 오래이나 아직 키질을 못했습니다."

하고 대답하니, 오조께서는 주장자柱杖子;선승이 쓰는 지팡이로 방아 확(어떤 판본에는 방아)을 세 번 탁! 탁! 탁! 치고는 조실로 돌아가셨다.

혜능은 즉각 그 뜻을 알아차렸다.

여기서 "쌀은 다 찧었느냐?"는 "공부견성을 위한 수행는 다 되었느냐?"라는 뜻이며, 키질은 쌀과 겨를 분리하는 일, 즉 점검 또는 인가認可를 의미하는 것이었다.

그러므로, "쌀 찧은 지는 오래이나 아직 키질을 못했습니다."에는 "공부는 다 되었는데 스승님께서 점검하고 인가해주시면 좋겠습니다"라는 속뜻이 담겨 있는 것이다.

오조께서 주장자로 방아 확을 세 번 치신 것은 물론 혜능에게 아무도 모르게 삼경三更에 오라고 뜻하신 것이었다.

추요석의 명문내용:
龍朔元年鐫
師墜腰石盧居士誌年鐫
(용삭원년전
 사추요석노거사지)
(용삭원년(661년) 새김
 대사께서 거사(행자)시절
 방아찧을 때 허리에 매셨
 던 돌로서 기록하여 둠)

▲ 추요석(墜腰石)
혜능이 황매 동산사 방앗간에서 디딜방아로 곡식을 찧을 때 몸무게를 무겁게 하기 위해 허리에 매었던 돌. 현 남화사 소장

디딜방아의 구조와 명칭

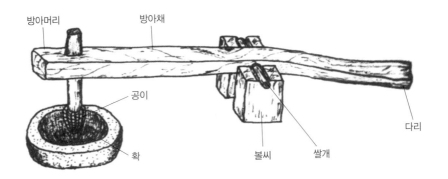

방아머리　방아채　공이　확　볼씨　쌀개　다리

　이렇게 성인聖人; 五祖 弘仁과 그의 비범한 제자惠能/혜능는 이심전심以心傳心으로 서로의 깊은 속뜻을 주고받고 있었으니, 이 어찌 석가모니 부처님과 마하가섭존자의 염화미소廉華微笑; 廉華示衆/염화시중와 다를 바 있겠는가.

　이윽고 북 소리가 삼경三更을 가리켰다.
　혜능이 은밀하게 조실祖室; 종법사가 거처하는 방에 들어가니, 오조께서 기다리고 계셨다.
　5조 홍인대사께서는 남들이 알지 못하도록 불빛이 새어나가지 않게 가사로 문을 둘러쳐 가리고 나서, 혜능을 위해 정식으로 《금강경》을 설하셨다.

　오조께서 금강경의 심오한 뜻을 해설하여 내려가시는데,

　'응무소주 이생기심応無所住而生其心; 마땅히 머무는 바 없이 마음을 낼지니라; use the mind yet be free from any attachment'

　이라는 대목에 이르러서, 혜능은 말끝에 문득 크게 깨달았다言下便悟/언하경오.

그는 '온갖 법이 제 성품을 떠나지 않음—切萬法 不離自性/일체만법 불리자성; 일체 만법이 자성에서 벗어나지 않음', 즉 '이 세상에 존재하는 모든 것들이 다 자성을 떠나지 않고 있다는 사실'을 크게 깨달았다.

이렇게 하여 일자무식인 나뭇꾼 출신의 행자 혜능은 머리도 깍지 않은 채 행자생활 8개월만에 《금강경》을 듣고 활연대오하여 성불하였다. 바로 부처가 된 것이다.

혜능이 뜨거운 법열法悅;불도를 깨달았을 때 마음속에서 일어나는 기쁨에 휩싸여 오도송悟道頌; 선승이 자신의 깨달음의 소감을 읊는 게송을 스승께 열어 말씀드리니,

"何期自性 本自清淨 하기자성 본자청정
何期自性 本不生滅 하기자성 본불생멸
何期自性 本自具足 하기자성 본자구족
何期自性 本無動搖 하기자성 본무동요
何期自性 能生萬法 하기자성 능생만법

 応無所住 而生其心 (응무소주 이생기심)

문자 그대로 직역하면, 응당 머무는 바 없이 마음을 내라(give rise to your thoughts with your mind free from any attachment). [제10 荘嚴淨土分/장엄정토분] 이다.

그 뜻을 살펴보면, '마음이란 한 순간도 머물지 않고 흘러가는 존재이니, 마음을 어느 한 곳에 집착하여 머물러 두지 말고 생각하라.'로 해석된다. 마음이 어느 한 곳에 집착하게 되면 정견, 즉 올바로 볼 수 없기 때문이다.

또한 마음은 고정된 존재가 아니라 부단히 살아 움직이는 것이다. 어느 하나에 집착하여 머물지 않을 때, 집착을 떨어버릴 때, 마음은 자유로이 작용하여 흐르며, 비로소 참 마음이 나는 것이다.

어찌 제 성품이 본래 청정함을 알았으리잇까?

어찌 제 성품이 본래 나고 죽지 않음을 알았으리잇까?

어찌 제 성품이 본래 구족함을 알았으리까?

어찌 제 성품이 본래 흔들림 없음을 알았으리까?

어찌 제 성품이 능히 만법을 냄을 알았으리까?

(=一切唯心造/일체유심조; 일체를 오직 마음이 만들어 냄)"

  혜능은 이렇게 자기 자성에 대한 깨달음의 소감을 스승인 5조 홍인대사에게 피력하였다.

  혜능의 이러한 철저한 자성에 대한 깨달음은 훗날 《육조단경》의 기본정신이 된다.

  이 게송은 열 구절로 되어있다.

  이러한 파격보통 시가詩歌는 1연聯을 4구절句節로 하여 2연 8구절, 3연 12구절로 하는 것이 일반적은 과연 격식에 얽매이지 않고 본질을 중시하는, 또는 글을 몰랐던 육조 혜능스님다운 질박質樸한 표현이 아닐까 하는 생각이 든다.

  나무꾼 출신으로 방아를 찧던 일자무식의 행자가 방금 참마음자기 본 성품에 눈을 뜬 것이다. 깨달음을 얻은 것이다. 부처를 이룬 것이다. 성불成佛한 것이다. 부처가 된 것이다.

  혜능이 본 성품을 깨달은 것을 아시고 5조께서 말씀하셨다.

  "제 본 마음을 터득하지 못하면 부처님의 어떤 가르침을 배우더라도 아무 쓸모가 없다.

  제 본 마음을 알고 제 본 성품을 보면, 그것이 곧 대장부大丈夫; 견성한 사람; 부처이며, 천상천하의 스승이며, 부처, 즉 깨달은 사람인 것이니라."

이렇게 인가認可; 법을 제대로 깨달았다고 인정하는 것의 말씀을 내리셨다. 이는 다시 말해, "네가 이미 불佛; buddha이다. 네가 부처가 되었다."라고 확인하여 밝히신 것이다.

이렇게 하여 혜능이 삼경에 법을 받으니 아는 이가 없었다.

5조께서는 법法; Skt. Dharma을 전하시고, 더불어 전법의 상징이자 신표信標로 달마대사보리달마; Bodhidharma가 천축天竺; 인도에서 가져와 2조 혜가에게 전하여 3조 승찬과 4조 도신을 거쳐 받아 간직하고 있던 의발衣鉢; 가사袈裟(Skt. kasya/카샤; 승려가 입는 법의)와 발우鉢盂(Skt. patra/파트라; 승려가 쓰는 공양그릇; 바리때)을 혜능에게 전하셨다.

5조께서는 혜능에게 전법을 하시고 나서 그의 이름을 '혜능惠能'에서 '혜능慧能'으로 바꾸어 주시면서,

"이제 너는 제6대조가 되었다. 잘 지키어 나아가며, 널리 중생을 제도하여 앞으로 법의 등불이 끊어지지 않도록 하여라.

 대장부(大丈夫)가 원래는 붓다(佛陀)를 가리키는 말이었다고?

부처의 공덕을 기리고 위대함을 나타내는 열 가지 칭호를 여래십호(如來十号)라 한다. 이 열 가지 모두 부처님을 가리키는 칭호이다.
① 여래(如來)　　② 응공(応供; 阿羅漢)　③ 정변지(正遍知; 正等覚者)
④ 명행족(明行足)　⑤ 선서(善逝)　　⑥ 세간해(世間解)　⑦ 무상사(無上士)
⑧ 조어장부(調御丈夫)⑨ 천인사(天人師)　⑩ 불·세존(佛·世尊; 薄伽梵)
특히 대장부는 본래 부처님을 가리키는 것이었는데, 오늘날 세간에서는 건장하고 씩씩한 남자로 와전되어 쓰이고 있다.
붓다의 공덕과 위대함을 기리는 존호(尊号)는 경전에 따라 60가지, 108가지, 270가지 또는 그 이상으로 무량하다.
상세한 설명은 ≪법화경과 신약성서, pp278~279, or 금강경 p85 참조≫

이제 내 게송傳法偈/전법게; 스승이 제자에게 법을 전하는 게송을 들으라."

有情이 來下種하니　　　유정래하종
因地에 果還生이로다.　　인지과환생
無情이 旣無種이라　　　무정개무종
無性하야 亦無生이로다.　무성역무생

중생이 와서 종자를 심으니
원인의 씨앗 있는 그 땅에 열매가 맺혔도다.
뜻이 없으면 씨도 없나니
성품 없으므로 남도 없느니라.

이 게송을 쉽게 풀이해보면,
'그대, 유정, 즉 중생여기서는 혜능이 멀리서 법을 구하여 나5조홍인대사
에게 와서 부처가 되고자 하는 법을 배우려는 뜻의 씨앗을 심었다. 그
리하여 지금 이렇게 그대와 같은 성불의 결과가 생기게 되었느니라.

만일 부처가 되는 법을 배우려는 뜻도 없었더라면, 5조와 6조 사제
의 만남이라는 인연의 씨앗도 뿌려지지 않았을 것이며 대오의 견성도
없고 따라서 그대와 같은 부처의 탄생도 없었을 것이다.'로 이해할 수
있다.

이리하여 혜능은 법통을 이어 선종의 제6조가 되었다. 이때가 661
년, 혜능의 나이 24세 때였다.

고장난명孤掌難鳴이라 하였다.
홍인의 혜안이 없었더라면 혜능의 감추어져 있던 천재성도 빛을 발
하기 어려웠을 것이며 그만큼 선불교의 발전도 더디었을 것이다.

▲ **법통이 전하여 진 역사의 현장, 육조전**
5조 홍인대사에게서 6조 혜능대사에게 법통이 전하여 진 것을 기념하여 지어진 육조전의 내부. 의발친전(衣鉢親傳; 의발을 직접 전하여 줌)이라는 편액이 있고, 그 양편으로는 시법게송을 의미하는 두 게송, 즉 혜능의 보리본무수(왼쪽)와 신수의 심여명경대(오른 쪽)가 적혀 있는 글발이 길게 늘여져 있다.

홍인의 유력한 후계자로 점쳐져왔던 상수제자 신수는 학식과 인품이 훌륭하고 인물마저 훤칠하고 위풍이 있어 오조 휘하의 700여 대중의 신망을 받고 있던 교수사였다.

그에 비해 혜능은 남부 오랑캐라 불리는 일자무식의 나무꾼 출신인 데다 아직 계도 받지 않은 행자에 불과하였다.

그러나 홍인 조사는 혜안의 선택을 하였다. 그는 법法을 볼 뿐 사람은 보지 않았던 것이다.

그는 혜능에게 돈오의 선법을 전하면서 돈교頓敎; the Doctrine of Sudden Enlightenment의 선풍을 확립하는 등 선불교 역사에 있어서 중대한 이정표를 세웠다.

5조 홍인이 신수가 아닌 혜능을 6조로 선택한 이유는 물론 당연히 게송 하나 때문만은 아니었다.

5조께서 앞서 능가경 변상도를 그리려다 그만둔 일화≪p43 금강경 사구게 참조≫에서도 언급하셨듯이, 형상에 집착하지 않고 본질법신; 진리; 금강경에서는 여래로 표현을 보았던 것이다. 즉 오직 법, 진리만을 볼 뿐 사람相/상;形象/형상은 보지 않았던 것이다.

서역에서 온 털북숭이 괴승 초조 달마는 외팔이인 2조 혜가에게서 부처를 보았고, 혜가는 나병으로 일그러진 3조 승찬에게서 부처를 보았다. 4조 도신은 아버지도 모르는 미혼모의 자식인 5조 홍인에게서 부처를 보고 법을 전하였다.

이처럼 역대 조사들은 제자의 형상이 아닌 법신을 본 것이었다.

홍인은 아버지 없이 태어난 인물로 알려져 있다. 홍인의 어머니 주씨周氏는 처녀의 몸으로 홍인을 낳았다.

직지심경直指心經이나 임간록林間録; 북송/北宋의 혜홍각범/(慧洪覚範이 찬술에는 도신대사와 홍인대사의 이야기가 실려있다.

여기에는 한 노승이 다시 어린아이로 태어나 동진출가童真出家하기를 소원하였는데, 마침 만나게 된 빨래하던 주씨 동정녀의 몸에 입태入胎하여 홍인으로 환생하였다는 설화가 전해지고 있다.

중국의 기주 황매현 파두산破頭山; 쌍봉산은 소나무로 유명한데, 일찍이 바로 그 노승이 심어 놓은 것들이다.

그는 틈만 나면 열심히 소나무를 심었기 때문에 사람들은 그를 일러 재송도자栽松道者; '소나무를 심는 도인'이라는 뜻으로, 5조 홍인대사의 전생의 별칭라 불렀다.

4조 도신대사道信大医禪師, 580-651; 서천31조, 동토4조는 기주 황매현 쌍봉산破頭山/파두산에서 선법을 펴고 있었는데, 팔십에 가깝도록 견성한 제자를 두지 못하여 고심하고 있었다.

그러던 차에, 하루는 그 재송도자 노승이 찾아와 예배를 올리고는 법을 구하며 제자 되기를 청하였다.

그래서 4조께서 여러 가지로 법을 물어 보시니, 그 노승은 막힘이 없으며 말이 서로 잘 계합契合하였다.

그러나 그는 4조 자신보다도 더 연로하였다.

▲ 제4조 도신(道信) 대사

4조께서 말씀하시기를,

"안타깝게도 그대는 너무 늙었도다. 설사 법을 부촉付囑한다 한들 어찌 중생을 위해 법을 널리 펼 수 있겠는가?

다시 몸을 바꾸어 세상에 오게. 그러면 그때 제자로 삼아 법을 전하겠노라." 하셨다.

노승은 '그러면 다시 몸을 바꾸어 세상에 오겠노라'면서 '방 앞에 소나무를 심어 그 증거로 남기노라' 하고는 절하고 일어섰다.

재송도자 노승은 곧 산을 내려가 탁항濁港이라는 마을에 이르렀는데, 마침 한 처녀가 빨래하고 있는 것을 보았다. 그녀는 주씨 집안의 막내딸이었다.

노승이 물었다.

"내가 그대의 집을 빌려서 하룻밤을 묵고자 하노라."

"저의 부모에게 물어보소서." 하고 처녀가 대답하였다.

"그대는 허락하는가?"

"집에 가서 저의 부모에게 물어보겠습니다."

여기서 재송도자가 말한 '그대의 집'이란 '그 처녀의 자궁'을 의미하는 것으로, '내가 그대의 집을 빌려서 하룻밤을 묵고자 한다.'라는 말은 '내가 그대의 자궁을 빌려서 새로 태어나고 싶다.' 라는 뜻이었다.

물론 그 처녀가 그 뜻을 알 리가 없었다.

◀ **오조하서도(五祖河鋤図)**
그림 제목은 '5조가 괭이를 멘 그림'이라는 뜻이다.
河/하는 물 하로 많이 쓰이지만 멜 하, 짊어질 하로
도 쓰이며, 鋤/서는 호미 서 또는 괭이 서로 쓰인다.

이 그림은 5조 홍인이 전세에 파두산(破頭山; 쌍봉
산)의 재송도자(裁松道者)였다는 설화를 나타낸 것
이다.
재송도자(裁松道者)란 '소나무를 심는 도인'이라는
뜻으로, 5조 홍인대사의 전생의 별칭이다.
이 노승은 평생 열심히 소나무를 심은 공덕으로 홍
인으로 태어나 부처님의 정법안장을 부촉 받아 5조
가 되기에 이른다.
그림 속의 노인은 짚신을 신고 어깨에 맨 괭이 끝에
는 소나무 묘목을 매어 걸고, 나무를 심으러 가는 길
인 듯 하다.

남송의 화승(画僧) 법상 목계(法常 牧溪) 작, 13세기 초

　　잠시 후 재송도자가 멀리가지 아니하
고 근처의 한 나무 밑에 앉더니 그대로
입적해버리는 것이 아닌가!
　　그 처녀가 놀란 가슴으로 집으로 돌아오자마자, 곧 태기가 있더니 마
침내 달이 차 아들을 낳게 되었다.

　　한편, 아비도 모르는 애를 낳은 주씨 처녀의 처지는 오죽하였겠는가.
집에서는 쫓겨나고 세상 사람들로부터는 손가락질을 당해도 변명조차 할
수 없는 상황이었다.
　　그녀는 부모의 꾸짖음과 수치심을 견딜 수 없어 핏덩이인 아이를 강
가에 내다 버렸다.

그래도 모성애에서 뜬눈으로 밤을 새운 주씨 처녀가 다음날 새벽 다시 가보니, 물새들이 모여들어 아기를 감싸서 보호하고 있었다. 처녀는 아이를 차마 버릴 수 없어서 다시 거두어 기르게 되었다.

주씨 처녀는 아들을 데리고 연명하기 위해 날마다 이 마을 저 마을 떠돌며 삯일이든 길쌈이든 가리지 않았다. 그야말로 동가식서가숙東家食西家宿하였다. 그마저도 여의치 않을 때는 걸식하며 아들을 길렀다.

태어날 때부터 처한 모진 환경에 던져졌지만, 어린 홍인은 어머니의 지극 정성으로 살아남아 끝내는 부처님의 정법안장正法眼藏; 석가모니불이 깨친 진리을 부촉 받기에 이른다.

아들을 성인, 즉 훌륭한 조사로 키워낸 동정녀 주씨는 그 공덕을 기리고 존경을 표하기 위해 오늘날 오조사 성모전聖母殿에 모셔져 있다.

혼전 처녀의 몸으로 로마 병사 판델라와의 사이에서 사생아 예수를 낳았다는 영원한 처녀 성모 마리아 이야기를 연상케 한다.

≪예수의 마지막 오딧세이, 성서의 뿌리 참조≫

▲ 비로전 좌측에 있는 성모전
5조 홍인을 낳아 기른 동정녀 주씨의 공덕을 기리기 위하여 모신 곳

▲ 성모전에 봉안되어 있는 동정녀 주씨의 상

홍인이 환생한 어린 아이의 몸으로 다시 파두산破頭山; 쌍봉산을 찾아왔을 때(홍인은 일곱 살에 출가함), 4조께서 물었다.

"그대는 누구인고?"

"재송도자裁松道者이옵니다."

"무엇으로 그대가 그 사람임을 인정할꼬?"

"저것으로 증명하옵니다." 하며 아이는 방 앞에 서있는 소나무를 가리켰다.

"제가 바로 저기에 서있는 저 소나무를 심은 사람입니다."라고 하였다.

이러한 기묘한 전세의 인연으로 이 아이가 훗날 제4조 도신 선사로부터 법을 이어 받게되니, 이 분이 바로 서천32조, 동토전등傳燈 제5조 홍인弘忍 선사이시다.

이에 대한 게송이 있어서 이 사연이 더욱 신묘하게 들린다.

蕭蕭白髮下靑山 소소백발하청산
八十年來換舊顔 팔십년내환구안
人忽小年松自老 인홀소년송자로
始知從此落人間 시지종차낙인간

쓸쓸히 백발로 청산을 내려가서
팔십 먹은 늙은 얼굴을 바꾸고 돌아오니
사람은 홀연히 소년 되었으나 소나무는 절로 늙었네.
이로부터 세상에 다시 옴을 알겠도다.

이처럼 도신과 홍인의 만남에 대해서 《조당집祖堂集; 석가모니불을 비롯한 과거칠불로부터 당나라 말 오대(五代)까지의 선사(禪師) 253명의 행적과 법어·게송·선문답을 담고 있으며 선종의 역사를 기록한 고서》에서는 신묘한 인연을 전하고 있다.

어쨌든 홍인은 아버지 없이 미혼모의 자식으로 태어났다. 그러니 그는 자신의 성性조차 알 길이 없었다.

그런 그가 일곱 살 때 홍인 모자가 황매에서 우연히 길을 가던 4조 도신대사道信, 580~651를 만나게 되었다.

이때 4조 도신대사는 스승 3조 승찬대사의 심인을 계승하고법을 이어받고 기주蘄州/치저우; 오늘날 黃岡市/황강시 황매현으로 돌아가는 길이었다.

그가 황매의 길에서 일곱 살짜리 아이를 만나게 되었는데, 말하는 것이 매우 비범하였다.

도신 대사가 물었다.

"동자는 성姓이 무엇인가?"

"성은 있으나 예사로운 성이 아닙니다." 하고 동자가 대답하였다.

◀ **오조재래도(弘忍再來図)**
정식명칭은 선종오조(禪宗五祖) 홍인재래도(弘忍再來図)이다.

이 그림은 동자 홍인(弘忍)이 7살 때 4조 도신(道信) 대사와 만나 만고에 절창으로 일컬어지는 비범한 문답을 하였다는 일화를 나타낸 것이다.

선종 4조(禪宗四祖) 도신대사께서 그 동자 홍인의 어머니와 상의하고 청원하여 이 동자를 출가시키는 장면이다. 오른쪽에서 서 있는 분이 5조의 어머니인 주씨 동정녀이다.

원나라 화승(画僧) 인타라(因陀羅)의 명작, 13세기

"그래, 그게 무슨 성인고?"

"불성佛性입니다."

"비록 불성은 있으나 너는 아직 알지 못하리라."

"비단 저만 알지 못하는 것이 아니라 삼세제불三世諸佛; 과거·현재·미래의 삼세에 존재하는 모든 부처도 알지 못합니다."

"무엇 때문에 알지 못하는가?"

"불성은 공空하기 때문입니다."

불과 일곱 살짜리가 "불성은 비단 저만 알지 못할 뿐 아니라 삼세제불도 알지 못합니다." "그 까닭은 불성이 공성空性이기 때문입니다."라고 대답한 것은 만고의 절창이라 아니 할 수 없다. 이 이치는 불성뿐 아니라 모든 존재의 진실한 실상이기 때문이다.

이에 4조 도신대사는 좌우의 사람들에게 말하였다.

"이 아이는 예사롭지 않으니 내가 멸도한 지 20년 뒤에 크게 불사佛事를 이루리라."

4조 대사는 그가 큰 법기法器; 법의 그릇임을 한 눈에 아시고 곧 아이의 어머니 주씨에게 청하여 홍인을 출가를 시켰다. 홍인이 불연佛緣; 부처나 불교와 관련되는 인연이 있음을 알고 제자로 받아들여, 후에 가사를 전하고 법을 부촉하였다. 그 아이가 바로 훗날의 5조 홍인대사이다.

4조께서 '성씨'를 묻자, 망설이지 않고 '불성佛性'이라고 답했던 7세의 동자 홍인. 그는 오직 법을 볼 뿐 사람은 보지 않았던 것이다.

만일 홍인대사가 형상에 집착하여 출신지역이나 민족, 외모, 또는 학식의 유무 따위에 연연하여 제자를 보는데 차별이 있었더라면, 그가 어찌 선禪; 禪學과 교教; 教理를 겸비한 신수를 비롯한 쟁쟁한 스님들과 700

여명의 대중들을 제쳐놓고 소수민족출신의 볼품 없고, 출가도 하지 않은 일자무식의 행자에게 법통을 전할 수 있었을 것인가.

그는 혜능이 숨겨져 있는 천부적인 큰 법기, 타고난 상근기임을 한눈에 꿰뚫어 보았으며 혜능에 의해 불교가 크게 중흥하리라는 것까지도 내다본 실로 놀라운 혜안의 소유자였다.

실로 그러하였다! 초조 달마대사에서부터 5조 홍인대사에 이르기까지는 선법禪法이 미미하게 소수의 제자들에게만 선맥이 이어져 내려왔는데, 6조 이후 기라성 같은 선사들이 배출되면서 당, 송, 명에 이르도록 번성하여 오가칠종五家七宗으로 선종이 꽃피워 이른바 오화칠엽五花七葉으로 발전한다.

달마대사가 선종의 시조라고는 하나 실제로는 6조 혜능대사를 선종의 시조라고 보는 것은 이런 이유에서이다.

혜능은 타고난 상근기上根機이자 희대의 천재였다.

그는 일찍이 객점 손님이 읽는 경 한 구절을 듣고 개오開悟: 지혜가 열리어 진리를 깨달음하였으며, 5조에게 처음 예배하는 자리에서 불성을 두고 응구첩대応口輒対: 물음에 거침없이 잘 대답함할 때 이미 비범한 큰 법기임을 드러냈다.

방앗간을 찾아오신 5조와의 선문답, 그리고 5조께서 지팡이로 방아확을 3번 치자 그 의미를 즉각 알아듣고 삼경에 스승의 처소에 찾아 들어가 의법을 전수 받은 일화는 가히 석가모니 부처님의 염화시중廉華示衆의 이심전심을 연상케 한다.

또한 스승 5조께서 은밀히 설하여 주시는 《금강경》 한 구절에 단박에 깨달음을 얻었으며, 훗날 《열반경》 읽는 소리를 한 번 듣고는 그 심오한 뜻을 깨닫고 강설해줄 만큼, 그는 천부적인 상근기 천재였다.

8장
의발이 남으로 가다

혜능이 5조 홍인대사로부터 의법을 전해 받기는 하였으나 신수를 따르는 무리들의 시기로 인하여 아직 법을 펼 때가 아니었다.

5조께서 다시 말씀하시기를,

"옛날 달마대사께서 처음으로 이 땅에 오셔서 법法을 전하실 때는, 사람들이 '이 사람이 진짜로 법을 받았을까' 하고, 믿지 않을 것을 염려하여 천축天竺; 인도에서 가져 온 이 의발을 전하여 그 신표信標; the robe and the bowl as a token of faith로 삼았던 것이 이렇게 대대로 전해 내려와 네게 이른 것이다.

하근기의 사람들에게 본심은 눈에 드러나지 않고 말은 순간적이어서 본심을 담아 전해 줄 상징적 그릇이 필요했던 것이며, 그것이 가사袈裟; Skt. kasya/카샤와 발우鉢盂; Skt. patra/파트라였느니라.

그리하여 33조西天二十八祖, 東土六祖/서천28조, 동토6조를 대대로 이어오면서 이렇게 의발을 받들어 전해 내려온 것이다.

그러나 법을 전하는 일이 어찌 의발에 달렸겠는가. 원래 마음에서 마음으로 전하여 모두 스스로 깨닫고 스스로 이해하게 하는 것이니, 예전부터 석가모니 부처님으로부터 다른 부처님들깨달은 조사스님들에게 오직 깨달음의 본체만 전하시고 조사마다 비밀스럽게 본심만 주셨던 것이다法即以心傳心/법즉이심전심, 傳法即以心傳心/전법즉이심전심.

그런데 이 의발은 자칫하면 서로 다투는 빌미가 되기 쉬우니 네게서 그치고 더 이상 후대에는 전하지 말아라.

만일 이 의발을 계속 전해 주기로 한다면, 목숨이 실에 달린 것과 같이 위태하게 될까 걱정이다. 왜냐하면 한 조사 밑에 깨달은 사람들이 여럿 나오게 되면, 그러면 그들을 중심으로 제자 후학들이 종파나 학파 또는 계파를 이루어 서로 의발을 차지하려고 다툼이 일 수 있기 때문이다."

 역대 불조정맥(佛祖正脈)
   : 서천28조, 동토6조(西天28祖, 東土6祖)

전등(傳燈)이란 등불이 꺼지지 않고 계속 이어진다는 뜻이다. 여기서 등불은 중생의 어리석음을 비추어 깨우쳐 주시는 부처님의 교법을 상징하는 것이다. 그러므로 전등이란, 마치 등불이 계속 이어지듯이, 부처님의 교법이 스승에서 제자로 전해져 부처님의 법맥이 이어지는 것을 비유하는 것이다.

역대 불조정맥(佛祖正脈), 즉 서천28조, 동토6조(西天28祖, 東土6祖)는 우리가 예불문에서 '역대전등 제대조사'라 일컬으며 기리고 찬송하는 바로 그 분들이시다.

일찍이 석가모니 부처님께서 가섭존자에게 법을 전하신 이래, 보리달마(菩提達磨) 존자까지 인도에서 선불교의 맥을 이은 28분의 조사들을 서천(西天; 인도) 28조라 일컬으며, 중국 선종의 초조 보리달마(菩提達摩)에서 6조 혜능(慧能)까지의 6분의 조사들을 동토(東土; 중국) 육조라 일컫는다.

≪예수와 붓다, 도서출판 블루리본, pp 92-95 참조≫

5조께서는 이제 6조가 된 혜능에게 말씀하셨다.

"이제 너는 빨리 떠나도록 하여라. 나쁜 자들이 너를 해칠지도 모른다."

5조 홍인은 사람 사이의 일을 우려하였다. 신수를 따르는 무리들의 시기로 인하여 대중이 혜능을 해치려 들까 걱정되었던 것이다.

여기에는 700여 학인들이 떠받드는 오조의 상수제자이자 교수사인 신수라고 하는 걸출한 인물이 있어 모두들 그를 따르고 의지하고 있었다. 모두들 그 사람이 오조의 법을 받을 유력한 후계자로 확신하고 있었기 때문이었다.

그런데 난데없이 입문한 지 아직 채 1년도 안되었고, 절에서 허드렛일이나 하던 일자무식의 행자, 그것도 불경 하나 제대로 읽을 줄 모르는 오랑캐 야만인이 5조 대사의 법맥을 이어받고 의발을 전수하였다는 것을 알게되면, 그때 닥칠 파장은 예측할 수 없는 것이었다.

또한 당시는 의발을 빼앗으려고 노리는 자들이 많아 혜능의 목숨은 매우 위태로운 상황이 된 것이었다.

혜능이 여쭙기를,
"어디로 가면 좋으리까?" 하니
"회懷;품을 회자 들어있는 고장을 만나거든 머무르고, 회會;모일 회자 들어있는 고장을 만나거든 거기서 몸을 감추어라" 하셨다.

이것은 5조께서 혜능의 앞날을 미리 내다보고 예언予言을 하신 것인데, 훗날 쇳소리가 나도록 들어맞는다.

실제로 혜능은 악인들이 그를 해치려하자, 의발을 가지고 남쪽으로 달아나 5조의 예언대로 '회懷'자가 든 고장, 즉 회집懷集;현 광동성 회집현과

'회會'자 든 고장, 즉 사회四會; 현 광동성 사회현에서 모두 4년 동안 사람들 무리 속에 섞여 숨어살아 목숨을 보전할 수 있었다.

깨달음의 경지에 이르면 6신통六神通; 6가지 초자연적 신통력을 얻게 된다. 그 중의 하나가 천안통天眼通인데, 이것은 미래까지 내다볼 수 있는 능력 이다.

 왜 의발을 차지하려 하는가?

1.전법의 신표로서의 의발

전법(傳法)은 자성을 깨닫는 도리(道理)이기 때문에 이심전심으로 전하는 것이다.

그러나 하근기의 사람들은 깨달음에 대한 눈에 보이는 신표를 필요로 하였으 므로 옛날 달마대사께서 천축(天竺; 인도)에서 가져 온 이 의발을 대대로 전하여 그 신표(信標)로 삼았다.

후세에 하근기의 사람들이 이 의발을 전법 정통성 주장을 위한 도구로 여긴 것 은 실로 딱한 노릇이다.

2.예배대상으로서의 의발

불교가 널리 전파되며 사람들은 부처님의 진신사리만으로는 절대적으로 많은 신자들의 요구를 충족시키기 어렵게 되었다. 그리하여 석가의 머리카락, 손톱, 치아, 석가모니의 옷이나 의자 등의 유물 또는 석가의 가르침을 기록한 경전 등 을 부처님을 상징하는 본존(本尊)으로 봉안· 예배하였다.

부처님의 가르침에 대한 신앙심에서 무불 상 시대에 비롯된 이러 한 종교의례는 불상이 출현한 후에도 계속되 었다.

부처님께서 가섭존자

▲ 석존의 의자에 예배하는 사람들

▲ 석존의 터번에 예배하는 사람들

에게 법을 전하신 이래, 전하여 온 의발 역시 예배 공경의 대상이었다.
≪법화경과 신약성서, 블루리본, PP410-415 참조≫

도가 통한 5조 홍인에게는 혜능이 가야 할 인연지因緣地; 인연 있는 곳가 눈에 훤히 들어왔던 것이다.

이날 밤은 실로 긴박한 밤이었다.

이렇게 한 밤중에 오조께서 금강경의 요지를 설명해 주시고 거기서 깨닫고, 혜능이 오도송을 읊고, 그 다음 오조께서 혜능에게 육조로 법맥을 전하며 전법게를 주고 그리고 의발을 전수하고, 이제 서둘러 떠나는 것이다.

이런 모든 과정이 하룻밤 사이 삼경을 전후로 하여 일어났던 것이다.

밤은 깊어가 어느 덧 삼경三更; 21:00시~01:00시이 지나고 있었다. 산문 안의 대중들이 모두 깊이 잠든 그 밤, 혜능은 의발을 지니고 황매산을 빠져나와 남쪽으로 피신 길에 올랐다.

스승 홍인은 그를 장강長江; 양자강의 구강역九江驛; 현 호북성 양자강 중류의 구강시 나루터까지 배웅해 주기 위해 동행하였다. 그곳 지리에 어두운 혜능이 염려되었던 것이다.

 중국인들이 양자강을 장강(長江)이라 부르는 이유는?

양자강은 길이 5800km로, 세계에서 4번째로 긴 강이며 중국에서는 가장 긴 강이다. 그러므로 중국인들은 보통 양자강을 장강(長江)이라 부른다.

양자강은 강(江)으로 쓰며, 황하(黃河)는 하(河)로 쓰는데, 그 차이는?

'강(江)'이란 글자는 氵(물水변)+工이다. 즉 항상 물이 많아 사람이 인공적으로 관리할 필요가 있는 곳을 보통 강(江)으로 표기한다. 양자강, 주강(珠江), 전당강(錢塘江) 등이 그 예이다.

하(河)는 氵(물水변)+可이다. 즉 물이 가히 있을 정도이다. 물이 풍부하지 않고 여름에는 물이 많지만, 여름이 지나면 물이 부족한 곳이 된다. 황하, 회하(淮河), 요하(遼河) 등이 그 예이다.

오조께서는 길 떠나는 제자를 안심시키며 말씀하셨다.
"걱정하지 말아라. 길 아는데 까지 내가 안내해 주리라."

혜능은 사실 멀리 남방에서 온데다 이 절에 온 후 8개월 동안 줄곧 방
앗간에서 방아만 찧었을 뿐 한 번도 산문 밖으로 나가본 적이 없어 길에
어두웠다.
게다가 절에서 구강 나루터까지는 30여 킬로미터나 떨어져 있어 족히
너 댓 시간을 걸어야 하는 쉽지 않은 거리였다.

잠시 후 정적에 쌓인 황매산 산기슭에 한 스님과 더벅머리의 행자가 나
타났다. 행자 6조 혜능은 달아나는 길이고 오조께서는 그를 도와 밤길을 안
내하는 중이다.

밤이슬이 내려 옷자락이 나뭇잎과 풀 섶에 스칠 때마다 촉촉이 젖어들
었다. 두 사람은 산길을 말없이 걸어내려 갔다. 그들은 비장한 심정으로
말없는 대화를 나누며 걸었다.
71세의 노인이지만 스승 홍인은 청년 제자보다 더 건장한 체격이었
다. 노 스승의 발걸음은 달빛 받으며 걷는 산길에서도 조금도 흐트러지지
않았다.

먼동이 터 올 무렵 혜능을 안내하여 구강 나루터에 이르시자, 5조께서는 잔교桟橋; 배가 접안할 수 있도록 물가에 다리 모양으로 만들어 놓은 시설 아래에 사공이 매어놓은 나룻배 하나를 찾아 이끌어 오셨다.

5조 스님은 그 지역에 오래 살아 그 강을 수없이 건너 다니셨고, 나룻배 다루는데도 익숙하셨던 것이다.

두 사람이 나룻배에 오르자, 5조께서 손수 노를 저으려 하셨다.

혜능이 황송한 마음에 다급히 다가가 말하였다.

"노를 제가 저으오리다. 청컨대 스승님은 앉아 계십시오."

"아니다, 내가 그대를 건네어 주리라."

장도長途에 오르는 젊은 제자에 대한 노 스승의 애틋한 마음이 진하게 전하여지는 대목이다.

혜능이 다시 말씀드리기를,

"아니올시다, 제자가 깨닫지 못했을 때는 스승께서 건네어 주시지만, 제자가 깨달은 이상 지금은 스스로의 힘으로 건느옴이 옳은가 하나이다."

혜능은 여기서 '건넌다'는 말로 '지금 강을 건너는 상황'을 의미할 뿐 아니라 동시에 '미혹의 바다를 건너는 것'을 의미하는 절묘한 중의적 표현을 한 것이다.

다시 말해, 혜능의 속뜻은 "제가 깨닫지 못하였을 때는, 즉 미혹할 때는 스승께서 저를 제도하여 주시지만, 제가 깨닫고 난 연후에는 제 스스로 제 자성을 제도합니다."라는 뜻이다.

실로 멋진 표현이 아닐 수 없다! 혜능이 얼마나 큰 타고난 선기禪器인가를 보여주는 또 하나의 사례일 것이다.

사실 그렇다. 미혹으로 둘러 쌓인 삶이라는 고해를 건너는 데 있어서 길잡이 역할을 해주는 스승의 역할은 대단히 중요하다.
그러나 거기까지이다. 결국 궁극적으로 깨닫는 것은, 즉 고해를 건너는 것은 자기 자신이 스스로 할 수밖에 없는 것이다.

이렇게 서로가 헤어지는 순간까지도 두 분 조사님들이 주고받는 법담法談; 法擧量/법거량에서도 깨달음에 대한 인식이 철두철미하다.

장강長江; 양쯔강/揚子江; 중국인들은 보통 양자강을 장강이라 부른다을 다 건너고 나서 사제는 마지막 석별의 정을 나누었다.

"그대가 입산 한 후 깊은 관심을 기울여 보아왔노라. 그대는 참으로 대단한 사람이다.
평생 많은 제자들을 길러오다가 마지막에 이렇게 정말 큰 법기法器; 법의 그릇를 만나 기뻤노라."

5조께서는 잠시 눈을 들어 멀리 산맥 쪽을 바라보시다가 다시 말씀하셨다.

"나는 삼 년 후 열반에 들 것이다. 이제 헤어지면 그대를 다시는 보지 못하리라.

그러나 앞으로의 세상에서는 불법이 그대 혜능으로 말미암아 크게 융성하고 번창할 것이로다. 이를 알기에 내 마음은 오히려 기쁘기 한량 없다."

제자의 앞날에 대한 간절한 기대와 바람이 실려 있는 예언이다. 이어서 당부하시기를,

"그대는 부디 잘 가되 되도록 남방으로 향해 가라.

그리고 불법을 일으키는 일이 쉽지 않으리니, 좀 더 충분히 다듬어지고 시기가 무르익을 때, 비로소 그대가 세상에 불법을 펴게 되는 그런 때가 오는 것이다. 깨달았다고 해도 때가 되기 전에 서둘러 불법을 펴려 하지 말 것이니라." 하셨다.

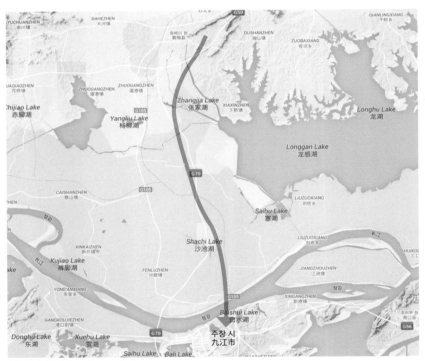

"… 황매현 빙무산 동선사에서 구강 나루터까지는 30여km나 떨어져 있어 족히 너 댓 시간을 걸어야 하는 쉽지 않은 거리였다. …"《본문 중에서》

▲ 5조대사와 행자 혜능이 이런 어두운 강을 건넜으리라. 말없이 흐르고 있는 강물을 보고 있노라면 당시 상황이 생생하게 그려진다.

"스승님, 언제 다시 뵙게 되올런지 …"
"불연佛緣; 부처나 불교와 관련되는 인연이로다. 자, 어서 지체말고 멀리 떠나거라."

혜능은 눈물을 흩뿌리며 스승과 헤어져 돌아서서는 몇 번이나 뒤돌아보며 남쪽으로 길을 잡아 걷기 시작하였다.

▲ **오늘날의 구강 나루터와 구강시의 모습**
구강은 강(江)이 아니라, 장강(長江; 양자강) 중류에 있는 도시이다.

9장
오조 홍인의 또 다른 계승자 신수

한편, 5조께서는 혜능을 떠나보내고 돌아오신 후, 며칠 간 당堂; 法堂; 법당의 법좌에 오르지 않으셨다. 혜능이 안전하게 몸을 피신할 충분한 시간을 벌게 하기 위해서였다.

그러나 누가 의법을 전수 받을 것인가에 촉각을 곤두세우고 있던 학인 대중들은 혹시나 하는 의심이 들어 수군거렸다.

"왜 당에 오르시지 않지? 이런 일은 없었는데 …"
"설마하니 다른 사람에게 의발을 전하신 건 아니겠지?"
"여기서 이럴 게 아니라 다들 스승님께 가보자."

"스승님, 어디 편치 않으십니까?"
"어찌 수 일째 당에 오르지 않으십니까?"

"아니다. 의법依法이 이미 남쪽으로 갔느니라. 그러니 내가 당에 오를 일은 없어졌다."하고 5조께서는 그제야 사실을 밝히시는 것이었다. 여러 날이 지나 혜능이 이미 황매를 벗어났을 것이기에.

당황한 대중이 다급히 물었다.
"예에엣? 그게 무슨 말씀이신가요?
그러면 누가 의법을 받았습니까?"

"능한 사람이 얻었느니라."

5조께서는 '능자득지能者得之', 즉 '능력 있는 사람이 얻었느니라.'라고 대답하셨다. 이것은 혜능慧能의 능能자를 이용한 '혜능이 얻었느니라.'라는 중의적 뜻도 있는 5조의 절묘한 대답이었다.

그제야 대중들이 분분하게 의법을 받은 '그 능력 있는 자'가 누구인지를 짚어가며 파악하기 시작하였다. 절에 상주하는 인원이 자그마치 천여 명이나 되어 일일이 대조하는데는 꽤 긴 시간이 소요되었다.

그들은 한바탕 야단법석野壇法席; 법당 밖에 설법단을 차리고 크게 베푸는 설법의 자리; 매우 떠들썩하고 소란스러움으로 와전되어 쓰임을 떨고 나서야, 게송을 지었던 그 방앗간 행자가 없어진 것을 알아냈다.

"그 방아찧던 오랑캐 촌놈이었구나!"

5조 홍인대사께서 혜능에게 의법을 전수하신 후 당에 오르지 않은 이유는 종단 수장이 이원화 될 경우 일어날 수 있는 혼란을 막고 통일성과 효율성을 높이기 위한 것이었다.
일단 전법傳法이 이루어지고 나면, 이때부터는 의법을 전수 받은 새로운 조사가 일체의 설법과 종단의 운영을 총괄하는 것이 부처님께서 교단을 설립하신 이래로의 원칙이어 왔다.

방앗간에서 일하던 행자 혜능이 의법을 전수받았으며, 의발이 남쪽으로 가고 있다는 소식은 순식간에 경내에 퍼졌다.

신수상좌에게는 실로 청천벽력이었다.

그는 망연자실하였다. 비록 당장은 아니더라도, 적어도 언젠가는 자신에게 의법이 전수될 것으로 알고 있었다.

그런데 느닷없이 오조께서 교수사인 자신을 완전히 제쳐놓고 저 일자무식의 방아쟁이에게 의법을 전수하셨다는 사실에 기가 막히고 수치심에 어찌 할 바를 몰랐다.

"세상에, 어찌 이럴 수가! 대체 내 체면은 뭐가 되나!"
"대중들 앞에 이제 내가 어떻게 얼굴을 들 수 있단 말인가!"

학인 대중들은 여기저기서 벌떼같이 들고일어나는 어수선한 분위기였고 신수를 따르며 보필하던 수좌들도 분개하였다.

"신수스님이 있는데 도대체 스님도 아니고, 명색도 없는 더벅머리 행자가 의법을 전수한다는 게 말이 되느냔 말이다."
"절에 들어 온지 8개월 밖에 안 된 그 까막눈 행자 놈에게 의발을 전수하시다니 큰스님이 망령이 나셨나?"
"그러나 저러나 대체 그 놈이 의발을 가지고 어디로 달아난 게냐?
"그 엉뚱한 놈이 게송을 지을 때부터 수상쩍더라니 …"하며 야단법석이었다.

한참 들끓던 대중들이 삼삼오오 모여 쑥덕공론을 하더니 '어떻게 가사하고 발우만이라도 (가사와 발우는 신표에 불과하고 정작 중요한 것은 부처님의 법이지만, 그것은 나중 문제고) 도로 빼앗아와야 한다'고 이구동성이 되었다.

곧 그들은 의발을 빼앗으려고 수백 명이 산지사방으로 흩어져 혜능의 뒤를 쫓았다.

5조 스님이 말려서 될 일이 아니었다.

깊은 밤 법당 안.

신수는 홀로 부처님 앞에 앉아있다. 그는 잠을 이룰 수 없었다. 잠자리에 누워 눈을 감기만 하면 실망감, 수치심, 자괴감, 그리고 마구니 떼처럼 몰려오는 이름할 수 없는 원망과 분노 비슷한 감정들, … 이런 것들이 일시에 몰려 와 하룻밤에도 몇 번씩이나 신수를 벌떡 일어나 앉게 하였다.

신수는 도가 높은 스님이었다. 그는 입정入靜; 선정/禪定에 듦에 들었다. 석가모니 부처님이 수행하실 때 몰려오는 번뇌의 마구니 떼를 물리치셨듯이, 그도 용암처럼 치솟아 오르는 번뇌의 불길을 식히고 평정심을 찾으려 하였다.

지긋이 눈을 감으니 자신이 처음 홍인조사에게 법을 구하러 왔을 때가 어제 일처럼 떠오른다.
그때 신수의 나이 이미 지천명知天命; 50을 넘었다. 당시 그는 유불선儒佛仙에 두루 통달한 폭넓은 학식, 불교수행과 교학, 그리고 명망 등에 있어서 이미 일가를 이룬 고승이었다.

그러나 5조 홍인은 신수의 방대한 학식을 오히려 못마땅하게 여겼다. 홍인은 아상我相; 자기의 학문, 지위, 재산 따위를 자부하며 남을 업신여김이 두터우면 견성할 수 없다하여 신수를 처음부터 혹독하게 다루었다.
홍인은 이미 50이 넘은 노인 신수당시의 평균수명으로는 완전한 노인이었다에게 아상을 깨고, 머리 속을 채우고 있는 학식에서 오는 아만심我慢心; 자신이 높다는 생각에 교만하여 남을 업신여김을 없애고, 하심下心; 자신을 낮추는 마음을 갖게 하기 위해서라며 꼬박 3년 간이나 젊은 사미승沙弥僧; sramanera; 출가하여 10계를 받은 수습승려들과 함께 물을 긷고 장작을 패게 하였다.

신수는 홍인의 지시를 달게 받고 지성으로 수행하였다.

본래 신수는 그릇이 크고 관대하면서도 겸손한 인격자였다. 그는 지성으로 스승 홍인의 지시를 따랐다. 그는 실제로 여태껏 쌓아온 모든 방대한 학식과 명성을 다 내려놓았다.

그러기를 삼 년, 마침내 홍인도 신수의 한결같은 성심과 불도에 대한 지성에 감복하여 마음을 열지 않을 수 없었다.

어느 날 홍인은 신수를 일약 수상좌에 앉혔다. 그 지위는 홍인스님 다음의 2인자 반열이었다. 또한 홍인스님 대신 설법을 도맡아 하는 교수사로 임명하였다.

홍인스님은 신수의 설법을 들으시고 마음이 크게 움직여 신수를 칭찬하시기를, "동산법문이 다 신수에게 있다東山之法, 盡在秀矣/ 동산지법, 진재수의 !"라고 했을 정도로 찬탄하였다.

이렇게 신수에게 의법이 전수되는 것은 당연한 일로 알고 있었다. 적어도 혜능이 출현하기 전까지는 그러하였다.

그런데 역사에서 흔히 있는 일이듯이, 저 일자무식의 나무꾼이 어느 날 갑자기 출현하면서 운명의 궤도가 바뀌고 만 것이었다. 운명의 여신이 던져놓는 포석은 이처럼 때로는 마치 심술처럼 보이기도 한다.

방앗간에서 방아찧던 일자무식인 혜능은 신수가 몇 일을 전전긍긍하여 지은 게송을 단 한 번 듣고는 그것을 반박하는 돈오의 게송을 아무런 고뇌도 없이 흘러나오는 대로 읊어 사람들을 놀라게 하였다.

당시 게송을 짓던 현장에 있던 몇몇 학인들은 이미 이때 홍인이 혜능에게 낙점하지 않을까 직감했었다.

지금 신수는 56세 원숙기의 노인이다. 그런데 한낱 나이도 새파란 애송이에다 글도 모르는 나무꾼 출신의 무식쟁이에게 의법을 전수 받을 기회를 빼앗기다니 …

신수는 묻고 또 물었다.

"부처님이시여, 스승이시여, 저에게 부처님의 법을 펴는 유능한 전법사이고 싶은 꿈을 주시고, 그런데 또 다시 타고난 선기禪器인 혜능을 보내어 제게 좌절을 안기시니, 왜입니까?

제가 의법을 전수 받길 원치 않으셨다면 제가 갈 길은 어디입니까?"

실망감과 배신감, 분노, … 이러한 감정들이 자신의 마음을 파고들어 올 때마다 신수는 부처님께 끝없는 절을 올렸다.

"내 어찌 부처님의 깊으신 뜻을, 성인스승 5조 홍인의 뜻을, 헤아릴 수 있으랴. 마음을 비우자. 아니, 마음을 비운다는 마음마저 비우자."

신수는 스승 5조 홍인에 대한 서운한 마음이 한 순간 걷잡을수 없이 일어나기도 하였으나 그마저도 곧 비웠다.

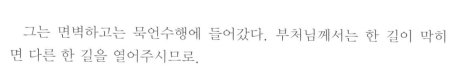

그는 스승 5조에게가 아니라 자기 자신에게 배신감을 느꼈다.

자신이 동선사에 와서 수년 동안 치열하게 쌓아 온 수행 공덕이 실은 스승의 그늘에 안주한 데에 지나지 않았음에 자조하였다.

신수는 도에 이르는 쉬운 길이 쉬운 길이 아니며, 어려운 길이 어려운 길이 아님을 깨달았다.

그는 면벽하고는 묵언수행에 들어갔다. 부처님께서는 한 길이 막히면 다른 한 길을 열어주시므로.

10장
혜능, 대유령을 넘다

한편, 혜능은 스승과 헤어진 후, 남쪽으로 향하여 발걸음을 옮긴지 두 달여 지나 대유령大庾嶺/다위링; Dayuling에 이르렀다.

일찍이 혜능이 열 달 전 집을 떠나 황매산 동선원에 주석하고 계신 5조 스님을 뵈러 갈 때 설렌 마음으로 발걸음을 재촉하여 넘었던 대유령이었다.

혜능은 이 대유령 고개에서 한 차례 위기를 맞게 된다.

의발을 빼앗으려 혜능을 쫓는 무리 중에는 속성俗姓; 출가하기 전 세속에서의 성이 진陳, 이름이 혜명慧名이라는 자가 있었다.
그는 승려이기는 하나 본디 무장출신으로 그 성질과 행동이 여전히 거칠었다.
이 자는 전에 사품장군四品將軍; 1,2품은 대장군, 3,4품은 장군, 5,6품은 교위로, 대략 오늘날의 영관급에 해당을 지냈던 자인데 출가하여 5조 대사 밑에 와서 스님생활을 하고 있었던 것이다.

이 자는 남보다 먼저 혜능을 잡아 공을 세우려는 공명심에 들떠 더 극성스럽게 찾아다니며 혜능을 빠르게 추격해 왔다.

당시 장군이라면 힘이 장사이고 말을 잘 타고 무술에 능한 사람들이었다. 따라서 이 자가 힘도 좋고 걸음도 빠른데다 전략전술도 알고 하므로 혜능이 갔음직한 길을 헤아려 짚어 바짝 추격해 온 것이었다.

혜명은 대유령 고개에서 혜능을 따라잡았다.
그는 턱밑까지 차 오르는 숨을 참으며 끝없이 굽이친 길을 따라 발걸음을 서둘러 올라가다가, 저 앞에서 봇짐을 하나 지고 느릿느릿 고갯마루로 올라가는 더벅머리의 혜능을 발견하였다.
순간 그의 눈이 크게 번쩍 뜨였다.

그는 혜능을 향해 달려가며 외쳤다.
"게 섰거라, 이노옴!"

◀ 대유령(大庾嶺/다위링)

대유령(1000m)은 중국 5령(五嶺) 중의 하나로 중국 남부 장시성(江西省)과 광동성(廣東省)의 경계를 이루는 산맥이고 주강(珠江)과 양자강의 두 갈래가 나뉘지는 분수경계이다.
대유령은 100km가 넘게 길게 쭉 뻗은 산맥을 딛고 우뚝 선 손꼽히는 험난한 지형이다.

그러나 장시성과 광동성을 잇는 교통의 요충지이기 때문에 통로가 열렸으며, 천혜의 요새지이기 때문에 관(關)을 설치하여 메이관(梅關)이라 명명하였다. 대유령 남쪽 광동이 바로 영남이다.

▲ 혜능이 넘어갔던 대유령
겹겹이 연이어 있는 산맥이 무척이나 장관이지만, 굽이굽이 산을 끼고 도는 길고 가파른 고갯길이 무척 힘들어 보인다.
혜능이 넘어갔던 고갯길을 눈으로 죽 따라가다 보면 당장이라도 고갯길 모퉁이 어디에선가 의발을 지고 가는 혜능을 만날 수 있을 것만 같다.

혜능이 놀라 뒤돌아보니 저 언덕 길 아래에서 복색은 승려이나 기골이 장대하고 험상궂게 생긴 자가 쫓아오고 있는 것이었다. 혜능은 목숨이 위태로운 상황임을 알았다.

혜능은 달아나며, '5조께서 의발을 지닌 자는 목숨이 실에 달린 것과 같이 위태하게 되기 쉽다고 하시더니, 지금 내 목숨이 위태롭게 되었구나.' 하고 탄식하였다.

혜능이 마침 길가에 있는 반듯한 큰 바위를 보고는 의발이 든 봇짐을 그 위에 벗어 놓으면서 생각하기를,

'부처님의 의발을 어찌 사람의 힘으로 빼앗으려 하는가? 이 의발은 깨달은 사람에게 전법하였음을 표시하는 것인데 힘으로 빼앗아갈 물건 같으면 내가 가져간들 무엇하겠느냐?"

하고 길 옆 풀 덩굴 우거진 숲 속으로 숨어버렸다.

곧 숨을 헐떡거리며 단걸음에 달려온 혜명은 혜능이 숲 속으로 달아나며 바위 위에 놓아 둔 의발을 발견하였다.

'아, 이게 바로 그 의발이구나! 드디어 내가 손에 넣었구나!'

그는 의발을 덥석 집어 들었다.
그러나 그 순간 그는 당황하였다. 웬일인지 의발이 바위에 딱 붙어서는 꿈쩍도 하지 않는 것이었다.
혜명은 본디 사품장군을 지낸 무부武夫; 武人 출신이어서 힘이 장사이건만 아무리 끙끙거리고 애를 써도 의발은 꿈적도 하지 않는지라 그는 매우 놀랐다.

'어어, 이게 도대체 어찌된 일이냐?'

그때 그는 문득 알아차렸다. 순간 두려움이 엄습하며 제 정신이 들었다.

'아! 이건 부처님의 뜻이나 어떤 법력에 의한 것이지, 사람의 힘으로 할 것이 아니로구나!'

그래서 그는 얼른 생각을 바꿔서, 마음을 가다듬고 숲을 향하여 외쳐 말하기를,
"행자여, 행자여, 나오소서. 저는 법을 구하러 온 것이지, 의발을 탐내어 온 것이 아니옵니다.
어서 나오소서!
바로옵건대 어리석은 이 몸을 위해 법을 설해 주소서!" 하였다.

이미 놀라운 법력을 보고 그만 거기에 감복을 해버린 그는 혜능 행자에게 두려운 마음과 경외심이 일어 이렇게 가르침을 청하는 것이었다.

그제야 혜능이 숨어있던 풀숲에서 나와 의발이 놓여있는 반석 위에 앉으니, 혜명이 옷을 가다듬고는 삼배의 예를 올리고 법문을 청하였다.

(이 장면은 수계한 스님이 머리도 깍지 않은 행자에게 법문을 청하는 보기 드문 장면이다. 그러나 스님들은 법을 구할 때는 어린 아이에게조차 머리 숙이기를 마다하지 않는다.)

"원컨대 행자는 제게 법을 설하여 주소서."

혜능을 행자라고 부른 것은 혜능이 아직 계戒를 받지 못한 행자 신분이었기 때문이다.

혜능은 5조 홍인에게 입문하여 의법을 전수 받아 6조가 된 이후로도 무려 15년 동안이나 여러 지역으로 다니며 피신생활을 하느라 머리도 깍지 못하고 행자신분으로 지냈다.

▲ 의발석(衣鉢石)과 그것을 기념하여 지은 의발정(衣鉢亭)
  혜능이 의발을 올려놓았던 바로 그 바위이자, 혜능이 최초로 설법하였던 바위.
  성지순례 중인 스님 일행이 혜능 의발석에 예경하고 있다.

그는 훗날 광주 법성사에서 삭발하고 수계함으로써 비로소 정식으로 스님이 된다. 물론 이건 다 나중의 이야기이다.

혜능이 말하였다.
"그대가 이미 법을 위하여 왔거든 모든 인연因緣을 쉬고 한 생각도 내지 말라. 내 그대를 위하여 법을 설하리라."

'정말로 그대가 내 법문을 들으려면 우선 머리 속을 백짓장처럼 깨끗하게 비우라'는 것이다. 그래야 법문이 제대로 들어오기 때문이다.

모든 인연이제까지 살아오면서 얻은 지식이나 경험 등과 그 인연을 바탕으로 일어나는 어떤 생각자기 소견, 고정관념, 선입견 등을 내게 되면 아무리 좋은 법문이라 하더라도 제대로 들어오지 않으며, 들어오더라도 자기 식으로 굴절되어 받아들여지고 본질이 왜곡이 되기 마련이다.

혜능이 잠시 생각하고 나서,
"선善도 생각하지 말고 악惡도 생각하지 말라善不思善不思惡/불사선불사악. 바로 이러할 때에 어떤 것이 명상좌明上座; 혜명 상좌의 본래 모습인고?" 하니, 혜명이 그 말에 크게 깨달았다.

대유령 고개에서의 이 설법이 혜능 최초의 설법이었다.
선善도 생각지 말고 악惡도 생각지 말라不思善不思惡/불사선불사악는 분별심을 버리라는 것이다.

선과 악을 분별하는 것은 모든 상대적 개념의 대표적 표현이다. 사람들은 저마다의 생각과 선악의 잣대로 선과 악을 나누는데, 이러한 지극히 주관적 사량 분별에 의한 선과 악의 판단이란 실상은 상대적 개념이라는 한계를 넘지 못하는 허상에 불과한 것이다.

이러한 주관적 분별심에서 벗어났을 때 사람은 비로소 본래면목本來
面目; 사람이 갖춘 본래 심성; 분별의식을 떠난 무심을 상징하는 말로 불성·자성 등으로 표현
되기도 하는 청정한 본래 마음, 즉 본래의 참 모습을 알게 된다.

본래의 청정한 자성은 누구에게나 저절로 갖추어져 있지만 시시비비
의 분별심이라는 먼지에 가려져 보이지 않는 것이다. 그러므로 미망의
집착을 버리고 청정한 본 마음으로 돌아오려는 스스로의 노력, 즉 수행
이 필요한 것이다.

혜능은 혜명에게 분별심에서 벗어나 그대 혜명 상좌의 본래의 참 모
습본래면목; 진면목을 알라고 한 것이다.

혜명이 그 말에 크게 깨닫고 다시 물었다.
"이제 하신 그 비밀한 말씀과 비밀한 뜻宗旨/종지; 한 종교 교의의 근본으로
삼는 가르침; 근본이 되는 가장 중요한 뜻 이외에 또 다른 일러줄 비밀한 뜻이 있
나이까?"
"그대에게 이제 말한 것은 비밀한 것密/밀; 중요한 것이 아니니, 만일 그
대가 돌이켜 자신의 내면을 비추어보면 비밀한 것은 바로 그대 자신 속
에 있느니라汝若返照/여약반조 密在汝邊/밀재여변."

이 세상에서 비밀스러운 것, 즉 가장 중요한 것은 우리들 자신에게
있으며 자신의 내면을 살펴보는 것, 자신을 찾는 일보다 더 중요한 것은
없다는 가르침이다.
역대 조사들께서 자성을 보라고, 자신을 찾으라고 가르치신 법문은 수없
이 많다.

그리스의 역사가 플루타크Plutarchos Gk.; Plutarch: 46~120에 의하면, 그리스
델포이Delphi/델파이에 있는 아폴론의 신전 벽에도 '너 자신을 알라'라는 격언
이 새겨져 있는데, 이 가르침은 본래 인도불교에서 그리스로 유입된 것이라
적고 있다.

고대 그리스의 철학자 소크라테스Socrates, 470~399 BCE의 명언으로 널리 알려져 있는 '너 자신을 알라Gnothi seauton/그노티 세아우톤(Gk.); ; nosce te ipsum/노스체 떼 잎숨(L.); Know thyself'라는 말은 바로 이 신전 벽의 격언을 인용한 것이다.

소크라테스의 가르침도 결국 그 근원을 보면 불교의 가르침에서 온 것임을 알 수 있다.

이처럼 불교의 가르침은 인류전체에 가장 위대한 가르침인 것이다.

≪법화경과 신약성서, pp60~67 참조≫

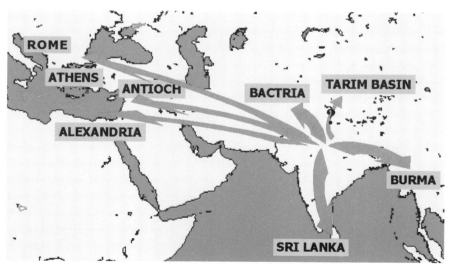

▲ 불교의 고대 서양으로의 전파도

… 그리스의 역사가 플루타크에 의하면, … 고대 그리스의 철학자 소크라테스의 명언으로 널리 알려져 있는 '너 자신을 알라'라는 말도 … 결국 그 근원을 보면 불교의 가르침에서 온 것임을 알 수 있다.…[본문 중에서]

혜명이 또 말하였다.

"제가 그 동안 황매黃梅; 동선사에 있었으나, 실로 제 본래의 참 모습을 알지 못하였습니다.

그러다가 이제 행자의 가르침善不思善不思惡/불사선불사악의 법문을 받게 되오니 마치 물을 마셔보고 차고 더움을 스스로 아는 것과 같나이다."

'여인如人이 음수飮水에 냉난冷暖을 자지自知로소이다마치 물을 마셔보고 차고 더움을 스스로 아는 것과 같나이다.' 이 말은 여기에서 처음 나온 이후로 많이 인용되는 말이다.

여인이 음수에 냉난을 자지라. 뜻을 새기지 않고 음으로만 들으면 자칫 음담패설처럼 들릴 오해의 소지도 있어 종종 익살로 쓰이기도 하는 표현이다.

혜명은 물을 마셔본 사람만이 그 물이 찬지 따뜻한지 아는 것처럼 가르침 역시 자신이 직접 깨달았을 때 얼마나 활연한 심정인지를 밝히고 있는 것이다. 아무리 훌륭한 가르침일지라도 자신이 직접 깨닫지 못한다면 무슨 소용이 있겠는가?

"이제 행자께서는 제 스승이옵니다."

"그대가 만약 그렇게 생각한다면 나와 함께 황매오조 홍인대사의 문인이니 잘 지키어 나아가자."

혜명은 혜능 행자가 깨닫게 해 주었으므로 자기 스승으로 받아들인 것이다.

세속적 잣대로 본다면 이미 수계를 받은 스님이, 그것도 스님생활을 한지도 오래되어 법랍法臘; 스님이 된 후부터 치는 나이이 꽤 되는 스님이 아직 수계도 하지 못한 행자를 스승이라 부르는 어색해 보이는 상황이다.

그러나 세속을 초탈하여 오로지 도를 구하는 이들에게 그러한 외적인

형식이 무슨 의미가 있으랴. 깨달음을 주는 사람은 출가자인든 재가자
이든, 누구나 스승이 될 수 있는 것이다.

그리하여 혜능이 말하기를, '혜명, 그대가 그렇게 생각한다면, 나와
그대가 함께 황매 오조스님을 스승으로 모시자. 즉 나와 그대가 사형사
제가 되면 그것이 좋지 않겠느냐?'라고 한 것이다.

아무래도 혜능이 혜명에게 깨달음을 주었다 하더라도 혜능 행자의
입장에서는 행자의 처지에 나이도 훨씬 더 많은 스님에게 덥석 '그래,
그대는 나의 제자다' 운운하기가 거북스러웠던 것이다.

혜명이 또 다시,
"제가 앞으로 어디로 가면 좋으리까?" 하고 물었다.
"원袁자 든 데서 머무르고 몽蒙자 든 데서 살아라."

도가 통한 혜능에게는 혜명이 가야 할 인연지因緣地; 인연 있는 곳가 눈에
훤히 들어왔던 것이다.
이것은 혜명을 위한 예언으로, 일찍이 5조 홍인대사께서 혜능에게
가야 할 곳을 일러주었듯이 지금은 혜능이 혜명을 위해 인연지를 일러
주고 있는 것이다.

이렇게 하여 혜명이 절하여 하직하고 물러갔다.

혜명이 재 밑으로 되돌아 와보니 거기에도 혜능을 쫓는 무리들이 있
었다.
혜명이 시치미를 뚝 떼고 그들에게 말하였다.
"내가 벌써 저기까지 가보았는데 재가 몹시 높고 험한데다 그 행자가
어디로 갔는지 도무지 종적이 묘연하네 그려. 차라리 다른 데를 찾아보
는 게 좋겠네."

그러자 무리에 있는 여러 사람들이 말하였다.

"저 사형이 무예가 출중한 사람인데, 그가 벌써 앞질러가서 찾아보고 없다고 하니 이 길은 아닐세."

"그래, 그럼 다른 길로 찾아보세!"

무리들은 곧 우루루 몰려 다른 방향으로 출발하였다.

혜명은 이렇게 하여 무리를 다른 곳으로 따돌려 보내 육조스님을 무사히 도망시킬 수 있었다.

그 후 혜명은 혜능을 평생 스승으로 존경하였으며 늘 입버릇처럼 스승을 찬양하여 말하곤 하였다.

▲ **혜명이 육조혜능에게 하직하고 되돌아 내려간 대유령 길**
혜명은 멀리 저 아래 큰길가 객점에서 혜능을 쫓아온 무리를 다른 곳으로 따돌려 보내 혜능을 무사히 도망시켰다. 내려가는 길 오른 쪽의 주황색 지붕을 한 고깔모양의 정자는 6조 혜능스님이 혜명에게 설법한 곳이다.

"육조 혜능께서는 이 혜명을 깨우쳐주신 스승이시오."

또한 혜명은 스스로 이름을 혜명慧明에서 도명道明으로 고쳤다. 이것은 스승의 이름에 든 글자를 제자가 감히 자신의 이름에도 쓸 수 없다 하여 다른 글자로 고쳐 쓴 것으로, 스승에 대한 지극한 존경에서 나온 것이었다.

그리하여 혜명은 그 후로는 "도명 상좌" 또는 명상좌소동파도 그의 시 남화사에서 혜명을 '명상좌'라 부르고 있다로 불렸다.

당시에는 이러한 피사상자避師上字; 스승의 이름에 든 글자를 제자의 이름에 쓰는 것을 피함의 관례가 널리 퍼져 있어, 조부모, 부모와 같은 웃어른이나 왕과 같은 전제군주들의 이름에 들어있는 글자를 피해서 이름짓는 것이 관례였다.

이러한 동아시아의 관례는 '존경하고 사랑하는 이의 이름일수록 많이 불러주는 것이 좋다' 하며 그 이름을 따서 이름짓는 서양인들의 관례와는 정 반대되는 것이었다.

오늘날에는 이러한 피사상자 관습이 위계位階; 계급이나 지위의 등급를 강조하는 케케묵은 유교의 잔재, 전제군주에 대한 굴종이라 하여 동아시아에서도 사라진지 오래이다.

여담이지만, 저자가 미국대학에서 공부하던 시절, 친구 집에 전화하면 가끔 그의 아버지가 전화를 받으셨다.

내가 "Tom 있습니까?" 하면, "SeniorTom 1세?, JuniorTom 2세 or 3rdTom 3세?" 하고 되물으셔서 당황했던 기억이 새롭다.

그의 집안은 할아버지Thomas 1세; Senior, 아버지Thomas 2세; Junior, 손자Thomas 3세; 3rd; 내 친구 Tom 3대가 모두 같은 이름 Thomas이었던 것이다.

▲ 매령에 있던 매관
대유령을 현지인들은 보통 메이링(梅嶺/매령; Meiling)이라고 부르는데, 그 분수령에는 매관
이 설치되어 있었다.

혜명과 헤어진 후, 혜능은 마침내 대유령을 넘었다. 이제 대유령 남
쪽으로는 광동지방이다.

다위링大庾嶺/대유령; Dayuling은 난링南嶺/남령산맥을 이루는 오령五嶺; 5대
준령 중의 하나로 중국 남부 강서성江西省과 광동성廣東省의 경계를 이루
며 해발고도 1,000m에 이르는 준령이다.

난링산맥과 그 주맥인 다위링은 영남과 중원 사이의 교류를 가로막
는 장벽이 되어, 산맥 이남의 영남, 즉 광동지방과 광서지방은 자연히
문화수준이 떨어져 예로부터 남만南蛮; 蛮夷/만이로 불려왔다.
앞서 혜능이 5조 홍인을 처음 뵈었을 때 홍인이 혜능을 영남 오랑캐
라고 불렀던 바로 그 지역이다. 혜능의 출신지 신주는 영남의 광동에
속한다.

대유령은 매령梅嶺, 매관梅關, 등으로도 불린다. 대유령은 지형상의 특성, 오랜 역사 그리고 매화와 결부되어 많은 시인들이 대유령의 매화를 노래해 왔다.

여기서 대유령이 매령이라 불리게 된 연유와 역사적으로 유명한 대유령 매화를 찬하는 시를 살펴보고자 한다.

대유령은 한 무제 때 남월南越을 정벌하고 이 고개를 지킨 유승庾勝 형제의 성을 따서 붙인 이름(큰大+유승의 庾+고개嶺)이다.

당 현종開元 초기에는 재상宰相 장구령張九齡이 지형이 험준하지만 강서성과 광동성을 잇는 교통의 요충지인 이곳에 교통로를 열고 매화나무를 심어 오고 가는 길손으로 하여금 여수旅愁를 달래게 하였다.

이후 대유령에는 매화가 많이 자라게 되어 매화의 명소로 자리잡게 되었다. 이 교통로에 이른 봄 피어나는 매화는 많은 사랑을 받았으며, 이 고개는 메이링梅嶺/매령이라고도 불리게 되었다.

송나라 문종 때는 채정蔡挺이 관關을 설치하여 메이관梅關/매관이라 명명하고 표석을 세웠다.

이 고개를 경계로 북쪽 중원과 영남의 춥고 따뜻한 기후가 확연히 구분된다.

이러한 까닭에, 명나라 때 출간된 백과사전의 일종인 산당사고山堂肆考, 1619에도 대유령 매화를 논하는 성구가 실려있다.

대유령 위의 매화는	大庾嶺上梅花	대유령상매화
남쪽 가지의 꽃은 이미 떨어졌는데	南枝已落	남지기락
북쪽 가지에서는 막 피어나네.	北枝方開	북지방개
(춥고 따뜻한 기후가 다름이라네.)	寒暖之候異也	한난지후이야

빙설 가득한 한겨울에 혹한을 무릅쓰고 피어나 봄을 알려 주는 전령사로서의 매화는 그 고매한 품성 때문에 사대부들의 훌륭한 예술의 주제였다. 따라서 매화에 관한 시가 많은데, 특히 중국에서는 대유령의 매화를 주제로 많은 시가 쓰여졌다.

당唐 시인 이교李嶠, 644~713는 오언율시《매梅》의 첫 연을 "대유령에 겨울 빛 걷히고, 남쪽 가지에 홀로 꽃이 피었네大庾斂寒光, 南枝独早芳。雪含朝瞑色, 風引去來香。妝面回青鏡, 歌塵起梁。若能遥止渴, 何暇泛瓊漿。"로 시작하고 있다.

송宋 나라 정성지鄭性之, 1172~1255가 지은 매화에 관한 칠언율시는《南枝開 北枝未開남지개 북지미개; 남쪽 가지에는 꽃이 피었는데, 북쪽 가지에는 꽃이 피지 않았네》라는 시제詩題만으로도 유명하다.

▲ 성지순례 중인 스님들이 매령을 넘었던 혜능의 발자취를 따라 매령을 오르고 있다. 저 멀리 고개 정상에 설치되어 있는 매관 통로가 보인다.

우리나라에서도 물론 예로부터 많은 시인묵객들이 매화를 예찬하여 시를 짓고 그림을 그려왔다.

그 중 대유령의 매화를 노래한 문인으로는 고려 고종高宗 때의 대문장가인 이규보李奎報, 1168~1241가 유일하여 《동국이상국집東國李相國集》에 실린 「매화梅花」를 소개하고자 한다.

梅花
庚嶺侵寒折凍脣 不將紅粉損天眞
莫教驚落羌兒笛 好待來隨驛使塵
帶雪更粧千点雪 先春偸作一番春
玉肌尙有淸香在 竊藥姮娥月裏身

매화
유령침한절동순 부장홍분손천진
막교경락강아적 호대내수역사진
대설갱장천점설 선춘투작일번춘
옥기상유청향재 절약항아월리신

유령大庾嶺에 몰아친 추위에 언 입술 터져도,
연지와 분을 발라 천진함을 잃지 않네.
오랑캐 아이 피리소리에 놀라 떨어지지 말고,
역에서 오는 전령사 오기만을 기다려다오.

눈을 맞고도 천 송이 눈으로 또 단장하고,
앞질러 봄을 훔쳐 먼저 한번 봄을 꾸미네.
옥 같은 살결엔 맑은 향기 아직 있어,
불사약 훔쳐 달아난 항아가 달 속에 있는 듯.

대유령, 매령, 매관은 모두 험로와 혹한의 고난과 시련을 상징한다.

육조 혜능이 이 매령을 넘은 것은 매화가 혹한을 이겨내고 활짝 꽃피우듯, 혜능 역시 앞으로 닥쳐올 온갖 고난과 시련 속에서도 불법이라는 영원한 진리의 꽃을 피워 남종선이라는 열매를 맺게 됨을 뜻하는 것이 아닐까 생각한다.

II장
스승 5조 홍인, 원적에 드시다

혜능이 홍인의 전법을 받아 남방으로 간 후, 절의 소요도 가라앉고 평정을 찾았다.

그로부터 다시 수년의 세월이 흘렀다.

가을이 깊은 어느 날, 오조 대사께서 학인 대중들을 모두 모으시고 말씀하셨다.

"너희들은 내가 행자에게 법을 물려주었다고 서운하게 생각하지 말거라. 그것은 불연佛緣; 부처나 불교와 관련되는 인연이었다. 그것은 제대로 된 일이었다.

이제, 나는 떠날 때가 되었구나. 다들 열심히 수행하거라."

그리고는 방에 들어가서 단정히 앉아 입적하니 속랍俗臘; 세속 나이 74세였다.

5조 홍인대사께서는 자신이 예언한대로 상원2년675년 10월 원적圓寂; 세상을 떠남; 열반에 들었다.

제자들은 5조 홍인선사께서 입적하기 1년 전에 미리 지어놓은 영탑에 좌탈입망坐脫立亡; 법력이 높은 고승이 앉은 자세나 선 자세로 열반/涅槃하는 것한 대사의 법신을 모셨다.

훗날 대종代宗; 당 제8대 황제이 오조 홍인대사의 묘탑에 대만법우의 탑大滿法雨之塔이라는 탑호를 내렸다.

5조 홍인대사의 문인門人; 제자들은 남종의 혜능南宗 惠能 이외에도 북종의 신수국사北宗 神秀, 숭악의 혜안국사嵩嶽 慧安, 몽산의 도명선사蒙山 道明 등 수천 명에 달하였다.

5조의 입적과 관련하여 5조 홍인선사의 삼환생三還生 이야기가 전해져 내려오고 있다.

삼환생이란 3번 환생하여 새로운 삶을 산 것을 의미하는데, 하나는 앞서 언급한 재송거사로서의 생, 두 번째는 오조 홍인五祖 弘忍으로서의 생, 그리고 세 번째는 오조산 법연五祖山 法演으로서의 생을 말하는 것으로 다음과 같다.

▲ 오조사 진신전(상)과
그 내부에 있는 법우탑(法雨塔)(우측)
법우탑 안의 감실에 5조 홍인대사의 좌탈입망하신 법신이 안치되어 있다. 법우탑 위아래로 염부장해 정법안장이라 쓰여있다.

南無 五祖 大滿弘忍 禪師!
南無 五祖 大滿弘忍 禪師!
南無 五祖 大滿弘忍 禪師!

**(5조 홍인선사님께 경배하오며
백천만번의 절을 올리나이다.)**

◀오조사 진신전 내부에 있는 법우탑 안
의 감실에 봉안되어 있는 5조 대만홍인
선사의 진신상

5조 홍인선사께서 열반에 드실 즈음 제자들에게 이르셨다.

"내가 열반涅槃; nirvana(Skt.)에 들거든 육신을 화장하지 말고 그대로 안
치해 두어라. 내가 다시 몸을 받아올 때에는 그 전생의 몸前生身/전생신,
즉 지금의 이 육신이 한 손을 들 것이다."

이 유언에 따라 5조 홍인선사의 육신은 열반 후에도 화장하지 않고
등신불로 진신전真身殿에 그대로 모셔졌다.

그로부터 3백여 년이 흘러 5조 홍인선사로부터 다시 14대를 내려가
46대째인 백운 수단白雲守端 선사에 이르렀을 때의 일이었다.

하루는 지전知殿; 殿主; 불전에서 향, 촉, 청소 등 일체를 맡아보는 소임스님이 예불
하러 진신전에 들어갔다가 크게 놀랐다.
5조 홍인선사의 등신불의, 딱딱하게 굳어 있는 그 등신불의 한 손이
번쩍 들려 있는 것을 발견하였던 것이다.

그는 즉시 대중에게 달려가 이 놀라운 사실을 알렸다.

그동안 수 백년 동안 수십 세대에 걸쳐 입에서 입으로 전설처럼 전해 내려오던 이야기가 눈앞에 현실로 나타나자, 즉시 절 안의 모든 대중이 들뜨고 흥분되었다.

곧 그들은 새로 환생하여 찾아오실 5조 홍인의 후신을 맞이하기 위해 가사 장삼을 갖추고 기다렸다. 그들이 일제히 마음을 가다듬고 염불 삼매에 들었을 때였다.

사시巳時; 오전 9~11시 경 과연, 한 노승이 찾아 오셨다.

그 노승은 법당으로 먼저 가서 참배하지 않고, 바로 조사전으로 들어가더니 5조 홍인선사의 등신불 앞에 섰다.

"옛날에 이렇게 온 몸으로 갔다가 오늘에 이렇게 다시 왔으니, 그대는 나를 알지 못하지만 나는 그대를 아노라. 무엇으로 증명할꼬?"

하시더니, 향 하나를 꽂으시며,

"이것으로 증명하노라." 하셨다.

이렇게 노승은 자신의 전생의 몸前生身/전생신; 5조 홍인선사의 등신불에게 다시 돌아왔음을 증명하였다.

이 노승이 바로 중국 조사 문중에서 임제종 양기파 백운수단 선사의 법을 이은 제47조 동토東土 20대의 법맥을 이으신 오조 법연五祖 法演, 1024~1104선사이시다. 오조법연선사의 법 어집인 어록 4권이 전해지고 있다.

전신인 오조 홍인과 후신인 오조 법연의 '오조五祖'라는 호칭까지 같아 더욱 혼란을 주므로 '오조산 법연五祖山 法演'으로 구분하여 부르기도 한다.

우리는 어떤 일이 놀랍게 잘 될 때 신통하다고 한다.

이 '신통神通'이라는 말은 육신통六神通을 가리키는 것으로, 베다Veda와 소승불교의 논서인 구사론倶舍論 권27에 ≪법화경과 신약성서 p81 참조≫ 나오는 말이다.

깨달음을 얻은 경지에서 얻게되는 6가지 초자연적 신통력을 6신통이라 한다. 그 중 하나가 숙명통宿命通으로, 이것은 전생의 일을 알고 과거에 더듬어 온 운명을 아는 능력이다.

이렇듯 5조 홍인선사는 놀라운 신통력으로 3생三生을 몸을 바꿔 오셨던 것이다.

홍인 스님이 열반에 드실 때 좌탈입망하신 그대로 보존되던 본래의 5조 육신불은 여러 차례 수난을 겪으며 상당부분 훼손을 겪었다.

1927년 이후 10여 년 간 장제스將介石/장개석; Chiang Kai-shek의 중국국민당과 마오쩌둥毛澤東/모택동; Mao Zedong의 중국공산당이 무장투쟁을 할 때 병화로 육신불은 일부 훼손되었다.

◀5조 대만(홍인)보탑(五祖大満弘忍寶塔)
황매현 오조사 홍인 조사 사리탑이다.
홍인스님의 진신상이 파괴된 후, 사리를 수습하여 1932년 새로 조성한 이 탑에 봉안하였다.

중국대륙이 공산화된 후에는 마을 주민들이 육신불을 일시 마을로 내려 모시기도 하였다. 5조 육신불에 소원을 빌면 잘 이루어진다는 소문 때문이었다.

또한 문화대혁명文化大革命; 마오쩌둥에 의해 주도된 극좌 사회주의운동. 1966년~1976년이라는 미명 하에 중국 대륙을 휩쓴 광기로 5조 육신불은 더 많은 훼손을 입었다. 문화혁명 때 스님들은 모두 쫓겨나고 전각은 소실되었다.

마오쩌뚱은 사리판단이 미숙한 청소년들로 조직된 소위 홍위병紅衛兵; Red Guards을 부추겨 수 천년을 내려온 귀중한 문화유산을 닥치는 대로 파괴하는, 그야말로 문화혁명이 아닌 밴덜리즘vandalism; 야만적 문화파괴을 저질렀던 것이다.

현존하는 진신상은 1985년 훼손된 상을 복원한 것으로 본래의 상이 지니고 있던 실제의 리얼한 감은 잃었다는 평이다.

그러나 금강경에서도 이르시기를, '무릇 형상 있는 것은 다 허망하다凡所有相 皆是虛妄/범소유상 개시허망'이라 하셨다.
어찌 참다운 불법을 구함에 있어 진신상 형상의 일점의 가감에 의해 불법을 구하는 자세에 한치라도 흔들림이 있으랴!

육신보살[등신불]이란 무엇인가?

1 육신보살[등신불]이 숭배되는 이유는?

고승이 원적한 후 육신이 썩지 않는 경우가 있다. 수행이 높은 경지에 도달하면 정신이 육신을 썩지 않도록 지배할 수 있다고 하는데, 그 때문에 이러한 유체를 육신보살(肉身菩薩; incarnate Bodhisattva)이라 한다.

그러므로 육신보살[등신불]은 고도의 수행을 통해 높은 경지에 도달한 수도승의 상징이며 깨달음을 얻고자 하는 사람들에게는 존숭의 대상이다.

불교용어로 이런 육신보살을 전신사리(全身舍利)라고 한다.

2 사리의 분류

사리(舍利)는 산스크리트 sarira/사리라를 한자로 음역한 것으로, 원 뜻은 단지 '유골'이라는 뜻이다. 사리는 전신사리(全身舍利), 쇄신사리(碎身舍利), 법신사리(法身舍利)로 나누어진다.

전신사리는 다비(茶毘; jhapita/자피타; 火葬)하기 전의 고승(高僧)의 육신 전체를 하나의 사리로 보는 것이다.

쇄신사리는 불도를 성취한 수행자들의 열반 후 행해지는 다비에서 얻어지는 구슬 모양의 유골이다. 사람들이 보통 사리라고 하는 것이 이것이다.

그리고 법신사리는 석가모니 부처님의 가르침을 기록한 경전을 말한다.

≪법화경과 신약성서 pp410~415 스투파와 사리 참조≫

전신사리를 중국에서는 육신불(肉身佛) 또는 육신보살(肉身菩薩)이라 부르고, 한국에서는 등신불(等身佛) , 일본에서는 즉신불(即身佛)이라고 한다.

등신불(等身佛)은 본래 '사람의 크기와 같게 만든 불상'이라는 뜻이다. 전신사리를 모시면 당연히 같은 사람의 크기가 되므로 등신불이라 할 수도 있으나, 목불이나 석불도 사람크기는 모두 등신불이다. 따라서 전신사리를 등신불이라 부르는 것은 정확한 표현은 아니다.

3 육신보살[등신불] 처리과정

불교에서는 다비를 원칙으로 한다. 고의로 신체를 썩지 않게 미이라로 만드는 행위는 신체의 무상(無常)을 믿는 불교의 믿음에 위배되는 것이다.

그러나 좌탈 한 후 저절로 색신불산(色身不散; 신체가 부패하지 않고 남음)하는 경우에는 일련의 미이라 처리과정을 거쳐 육신불이 된다.

좌탈 입적 후, 먼저 베로 몸을 꼭꼭 감싼 다음, 큰 항아리 속에 넣고 석회석과 숯 같은 건조용제를 항아리 안쪽 벽면에 둘러놓는다.

몸, 특히 장기에서 흘러나오는 수분이 석회석에 흡수되어 열을 방출하여 마르게 하는 과정을 계속하여 시일이 지나면서 자연스럽게 미이라가 된다. 유체의 목은 머리가 아래로 숙여지지 않게 쇠로 고정한다. 육신불은 보통 사람보다 작은데, 이것은 수분이 빠져나가 몸이 수축되어 그런 것이다.

일본에서는 고승들이 토굴에 들어가 오랫동안 단식하거나 소금, 견과류, 씨앗, 뿌리, 소나무 껍질 등 수분이 없는 음식을 먹으며 몸의 수분을 최대한 빼낸 상태로 선정에 든 상태로 열반에 들어 미이라가 되기도 한다.

미이라는 영어로는 mummy(머미)인데, 한국에서는 포르투갈어 mirra에서 온 '미라' 또는 '미이라'라고 하며, 중국에서는 '木乃伊(목내이)'라고 한다.

그리고 나서 삼 년 후, 썩지 않았으면 다시 꺼내서 금칠이나 옻칠을 하여 불상으로 모셔놓고 예배를 올린다.

육조혜능선사의 진신은 '선사답게' 금칠이 아니라, 별다른 과장 없이 있는 그대로 소박하게 옻칠을 하였다. 얼굴 표정도 생생하게 살아있다.

옻칠은 백단유 반죽(sandalwood paste)인데, 이것은 본래 인도에서 화상을 치유하는 데 쓰던 민간 치료제다.

④ 육신보살[등신불]의 분포 현황

이러한 육신불은 중국에서는 흔하다. 특히 당송 이후, 많은 육신보살이 나왔다. 중국 선종의 4조 도신, 5조 홍인, 6조 혜능 모두 육신불로 남아있다.

그 후 설봉의존, 운문구언, 석두희천, 선무외삼장, 안휘성 구화산의 신라출신 지장보살의 화신이라고 하는 김교각, 단전사진, 감산덕청 등이 육신불로 남아있다. 근년에는 타이완의 자항법사(1895~1954)가 육신불이 되었다.

중국, 일본, 태국, 티베트 등지에는 육신불이 많다. 그러나 유교사상이 강한 한국에서는 시체는 썩어서 없어져야 좋다는 사고가 지배적이기 때문에 미라 또는 육신불은 있을 수 없다. 그러므로 한국에도 등신불을 소재로 한 소설이 있긴 하지만 그 무대는 한국이 아닌 중국이다.

중국의 육신불들은 안타깝게도 문화대혁명 때 문화재와 함께 거의 대부분의 파괴되거나 소실되어 현재 10여 구 정도밖에 남아있지 않다.

12장
고향으로 돌아오다

다시 혜능으로 돌아가자.

혜능은 호북성 황매현 동선사에서 한 밤중에 의발을 전수 받고 곧 바로 남방으로 피신해 내려간다. 그는 대유령을 오르다 거기까지 추적해온 혜명에게 거의 붙잡힐 뻔하였으나 설법으로 그를 감화시켜 위기를 넘긴다.

혜능은 마침내 대유령을 넘었다.

저 아래에 고향 광동 신주가 있다. 혜능은 어머니가 계신 고향 쪽을 바라보았다.

젊은 혜능의 두 다리에는 힘이 불끈 솟았다. 자신이 태어난 고향으로 가는 길인데다 내리막길이어서 힘도 덜 들었다.

'아! 어머니는 지금 어떻게 지내고 계실까?'

터벅터벅 걸어가는 길이지만 고향집에 홀로 계신 늙으신 어머니 생각을 하며 걷다보면 어느새 산자락 몇 구비를 지나와 있었다.

스승님 생각도 줄곧 머리에서 떠나지 않는다.

노구에 밤새 그 먼 길을 걸어 혜능을 구강 나루까지 데려다 주시고 강을 건너 배웅해 주시던 스승님!

헤어지는 순간까지도 제자의 장도를 축원해 주시고 염려해주시던 스승님의 깊은 정이 이심전심으로 전하여져 지금까지도 혜능의 가슴을 저리게 한다.

'사부님은 지금 무엇하고 계시려나?'
'나 때문에 입지가 곤란해지시는 건 아닌가?'

대유령 산맥 준봉들 위로 구름은 쉴새없이 모양을 달리하며 흘러가고, 혜능의 머릿속에는 생각에 생각이 꼬리를 물고 일어났다가는 사라져갔다.

혜능은 대유령을 뒤로하고 끝없이 뻗어있는 길을 걸었다.

어느덧 훈풍이 불어왔다.

고향이 가까워진 것이다. 어머니 품과 같은 고향, 고향에서 불어오는 바람은 내음도 달랐다.

고향집이 가까워지자 혜능의 가슴은 벅차 오르고 발걸음은 빨라졌다. 산자락을 지나 언덕 아래로 고향집이 보였다.

허리 굽으신 어머니, 지팡이를 짚고 고향집 마당 옆 텃밭을 서성이시는 어머니가 보였다.

혜능은 달음박질하다시피 한 걸음에 내달았다.

"어머니!"
"이게 누구냐? 내 아들이 아니냐!"

혜능 모자는 얼싸안았다.

그 날 실로 오랜만에 어머니와 혜능은 단 둘이서 평화로운 저녁을 먹었다.

잠자리를 펴고 나서, 혜능 모자는 그 동안의 밀린 이야기 보따리를 풀어놓느라 하얗게 밤을 지새웠다.

혜능은 어머니께 자신이 5조 홍인 조사님을 처음 뵈었을 때의 이야기, 방아찧다가 게송을 짓게 된 이야기, 그리고 마침내 한 밤중에 5조 스님에게서 의법을 전수 받고 6조가 된 이야기를 말씀드렸다.

어머니는 혜능이 들려드리는 그 간의 이야기에 놀라기도 하시고, 마음을 졸였다, 눈물을 적셨다 하셨다.

어머니는 혜능이 마침내 득도하여 6조가 되었다는 부분에 이르러서는 감격의 눈물을 흘리시며 합장을 하시고는 '나무 관세음보살!'을 쉬지 않고 염송하셨다.

혜능은 황매 동산에서 한 밤중에 도망쳐 나온 일이나 자신이 지금도 의발을 빼앗으려 추적하는 무리에게 쫓기고 있다는 사실은 어머니에게 말씀드리지 않았다.

원래 효성이 지극하였던 혜능이 어머니께서 걱정하시지 않도록 그 이야기는 하지 않았던 것이다.

혜능이 지난 이야기를 다 들려드리고 나서 말하였다.
"어머니, 소자가 오늘에 이르기까지는 모두 어머니의 은덕입니다. 소자가 어머니께 올리는 감사의 큰절을 받으소서!"

어머니가 혜능의 절을 받으시고 나서 말씀하셨다.
"내 아드님 스님, 이번에는 이 어미의 절을 받으시오."

"어머니, 이 무슨 황당한 말씀이십니까?"
"내 아드님 스님이 성불하셨소. 부처가 되셨소. 이 어미는 지금 아들

혜능에게 절하는 것이 아니라, 성불하시어 돌아온 부처님께, 6조 스님께 불법승 삼보를 예경하는 3배를 올리는 것이오."

혜능은 눈물을 왈칵 쏟았다. 아들을 아들 이전에 부처님으로 보시는 어머니의 지극한 모성에서 불성을 보았기 때문이었다.

혜능은 실로 긴 구도의 여정을 끝내고 돌아와, 오랜만에 몸과 마음을 편히 쉬고 깊은 잠에 빠져들었다.

고향에 돌아온 지 달포한 달 남짓한 동안가 지났다. 혜능이 휴식을 취하고 있던 어느 날 저녁 무렵이었다.

"노행자 형님, 노행자 형님, 계시오?"

대나무 사립문을 열고 나가보니, 마을 객점에서 일하는 사환아이 왕소이가 숨을 헐떡이며 달려와 있었다.

그가 전해 준 소식은 혜능의 가슴을 덜컥 내려앉게 하는 것이었다. 한 시진쯤 전, 객점에 타지에서 온 듯한 낯선 이들이 나타났는데, 그들이 혜능의 거처를 수소문하더라는 것이었다.

왕소이는 그들의 옷차림이 평범해 보이지 않았고 말투도 광동어廣東語; Cantonese가 아니었다고 귀띔해 주었다.

◀ 객점에서 일하고 있는 점소이
성이 왕씨라서 왕소이라고도 부른다.

혜능은 저절로 한 숨이 나왔다.

"아! 고향에 온지 한 달도 채 안되어 또 다시 쫓기는 신세가 되었구나! 이를 어찌한다!"

혜능은 원래 어머니에게 지극 정성을 다하기로 이름난 효자였다. 그는 또 다시 어머니를 홀로 계시게 하고 떠날 수는 없었다.
그렇다고 어머니를 모시고 이리저리 도망 다니는 피신생활을 할 수도 없는 노릇이었다.

혜능은 어머니가 걱정하실까봐 며칠 간이나 전전긍긍하며 혼자 생각해 보았으나 마땅한 수가 떠오르질 않았다.

밤새도록 몸을 뒤척이며 잠 못 이루는 그를 보고, 어머니께서 말씀하셨다.
"스님, 무슨 일인지 이 어미에게 말씀해 보시오. 부모와 자식간에 말하지 못할 것이 무엇이 있겠소."

혜능은 더는 감출 수 없어서, 어머니에게 황매 동산에서 한 밤중에 의발을 전수 받고 피신해 온 일과 자신이 지금도 의발을 빼앗으려 추적하는 무리에게 쫓기고 있다는 사실을 말씀드렸다.

어머니께서 말씀하셨다.
"스님, 이제 스님은 6조가 되시었으니 더 이상 혼자의 몸이 아니시오. 불법을 펴야하는 막중한 의무가 있는 몸이시오.
그런데 이제 만일 스님이 여기 머물다가 저들에게 무슨 일이라도 당한다면 그건 이 어미에 대한 효가 아닐 뿐 더러, 5조 스님의 뜻을 저버리는 것이기도 하오.

그러니 무사히 피신하여 스님의 옥체를 보전하고 있다가 때가 되면 부디 법을 펴시기 바라오.

어서 달아나시오. 일단 산 사람에게는 언젠가는 기회가 오게 마련이오. 이 어미에게는 틈틈이 소식을 전해주면 그것으로 족하오."

다행히도 산자락 끝 장원의 호상豪商; 대부호 상인 이부李府는 불법승 삼보를 숭상하는 가문인데, 마침 그곳에서 혜능이 불도를 이루고 돌아왔다는 소문을 듣고 공양물로 은자를 보내왔다.
혜능이 불법수행에만 전념하도록 어머니를 잘 공양하여 드리겠노라는 전갈도 있었다.

혜능이 산 밑 이부의 장원을 바라보니, 호수를 앞고 있는 장원 성채 주위로 푸른 깃발들이 힘차게 바람에 휘날리고 있었다. 이부 장원으로 들어가고 나오는 상단 종사자들과 수많은 짐 실은 상단 우마차들로 도로가 비좁을 지경이었다.

혜능은 고마운 마음에 눈물이 어려 이부에 진심어린 축원을 하였다.
"영원히 인간과 천상의 복전이 될지어다!"

혜능은 또 다시 기약 없는 피신길에 올랐다.
혜능은 늙으신 어머니를 두고 납덩어리처럼 무거운 발걸음을 움직여 맨발로 돌밭 길을 가듯 갔다.

13장
유지략과 결의형제가 되다

혜능이 의발을 전수 받고 곧 바로 남방으로 피신해 내려간 이후 광주 법성사에 나타나기까지의 15년 간은, 숨어살며 조사로서 세상에 출현하여 활동할 때가 오기를 기다린 인고의 세월이었다.

이미 깨달음을 얻어 의법을 전수 받은 6조가 되었으므로 즉시 법을 펴야함이 마땅하였지만, 아직 신수를 추종하는 세력이 압도적이었고, 게다가 그들이 가사와 발우를 빼앗으려고 전국에 흩어져 혜능을 추적하는 그런 상황이었기 때문에 섣불리 세상에 나올 수도 없었다.
혜능은 장장 15년 간이라는 길고 긴 세월을 참고 기다린 것이다.

그는 세상에 나와 법을 펴기 전까지의 이 15년 간의 잠행기간 동안에도 의발을 빼앗으려는 나쁜 사람들에게 이리저리 쫓기며 숨어산다.

그는 하층의 노동자들이나 사냥꾼들 틈에 섞여 숨어 지내며, 그런 와중에도 포교에 힘썼다.

비록 혜능이 이미 깨달음을 얻었지만 이 15년 간의 잠행기간 동안 그의 정신세계는 한층 숙성되었을 것으로 보인다.

　피신길에 오른 혜능은 자기 신분을 감추고 이리저리 떠돌며 날품팔이 노동을 하며 연명하였다. 농번기에는 일손을 거들며 동가식서가숙하였다.

　667년 28세의 혜능은 소주 조계산韶州 曹溪山 밑의 조후촌曹侯村≪曹口村(조구촌; 조계 입구의 마을)의 오기(誤記)≫; 조조(曹操)의 후손들이 많이 모여 살았던 집성촌으로 흘러 들어오게 되었다. 이곳에는 혜능을 알아보는 이가 없어 그냥 그곳에 머물렀다.

　그러나 그는 가지고 있던 은자도 바닥나고 일손을 구하는 곳도 없어 이리저리 떠돌며 그야말로 유리걸식을 하였다.

"이보게, 저기 길에 또 한 사람 쓰러져 있네!"
"아, 굶어죽는 사람이 어디 한 둘인가? 어서 가세!"

　혜능이 조계 길거리에서 굶주림에 정신을 잃고 쓰러지고 말았다. 당시는 굶어죽는 사람들이 워낙 많은 때여서 누구하나 혜능을 도와주거나 거들떠보지도 않았다.

　마침 그때, 혜능은 천행으로 한 후덕한 유교 선비의 도움으로 목숨을 건지게 되었다. 그는 혜능에게 음식을 먹여 구해주고 자기 집으로 데려가 머물게 해 주었다.

　그 유생은 유지략劉志略; 劉至略; Liu Zhilue이라는 관후장자의 품격과 풍모를 갖춘 인물이었다.

그는 그 후로도 혜능에게 줄곧 많은 도움을 아낌없이 베풀어준 실로 가뭄에 단비와도 같은 의롭고 고마운 대인이었다.

유지략은 혜능의 그릇이 비상함을 알아보고는 더욱 그를 아끼고 존중하는 마음이 생겨 혜능에 대한 예우가 극진하였다.

두 사람은 서로 의기투합하여 시간 가는 줄 모르고 대화를 나누었다. 그들의 대화는 밤이 깊도록 하여도 다하지 못하였다. 그들은 어느 새 관포지교管鮑之交를 나누는 사이로 깊어갔다.

어느 날 유지략이 혜능에게 말하였다.

"이보시게, 우리의 의기가 이토록 서로 일치하니 이제야 자네를 만난 것이 한스럽네. 인생은 고해이고 짧기만 하네.

이렇게 서로를 알아주는 사람을 만나기란 어려우니, 우리 형제의 연을 맺는 것이 어떠한가?"

"고소원이나 불감청이로소이다固所願 不敢請; 원래부터 몹시 바라던 바이나 감히 먼저 청하지 못함.

이 아우가 형님같이 후덕한 분을 만나게 된 것은 실로 부처님의 도우심인가 합니다."

하인으로부터 길에 젊은 사람[혜능]이 굶어서 ▶ 쓰러져 죽어가고 있다는 말을 전해듣고 놀라는 유지략

혜능은 그에게 감복하여 결의형제를 맺기로 한 것이었다.

이리하여 혜능이 유지략과 더불어 천지에 절을 올리고, 또 서로 절하니 결의형제가 되었다. 나이가 네댓 살 위인 유지략이 형, 혜능이 아우가 되었다.

유지략에게는 불심이 아주 깊은 고모가 한 분 계셨는데, 지금은 출가하여 멀리 백천동에 있는 비구니 사찰의 주지스님으로 계셨다.

하루는 유지략이 말하였다.

"내가 알기로 아우는 늘 불법 펴기를 갈망하는데, 이 형에게는 고모가 한 분 계신다네.

그 고모님은 여기서 멀지 않은 절의 주지스님이신데 법명을 무진장無盡蔵 스님이라 하지.

내일 내가 자네를 거기에 데려다 줌세!"

다음 날 아침 일찍 유지략은 혜능을 데리고 산윤사山潤寺로 그의 고모를 찾아뵈러 출발하였다.

절에 다다라 포석을 밟으며 대전으로 향하자, 어린 사미니 스님이 나와 반갑게 맞이하며 유지략에게 말하였다.

"유시주, 어찌하여 한참 동안이나 우리를 찾아보지 않으셨소? 스승님여기서는 지략의 고모이자 주지인 무진장스님께서는 조카님을 무척이나 보고싶어 하셨거늘!"

목어 우는 소리가 드드드드듯 들리고 운판의 구름 부딪는 소리가 쟁쟁쟁 바람에 실려왔다.

대전에는 비구니bhikkhuni/비쿠니(Skt.); 여스님 스님들의 경 읽는 소리가 청아하고 낭랑하게 울려 퍼지고 있었다.

유지략은 혜능을 데리고 대전에 들어가 부처님께 삼배를 올렸다. 유지략이 주지스님께 합장하고 말하였다.

"주지스님, 오래 못 뵈었습니다. 잘 지내셨지요?"
"그래. 조카야, 모두 평안하다. 그런데, 너와 함께 오신 시주는 처음 뵙는 분이로구나."

혜능이 주지스님께 합장하고 머리 숙여 말하였다.
"저는 혜능이라 하옵고 의형義兄; 유지략의 호의로 이곳에 오게 되었습니다."
"어서 오소서. 이것도 다 부처님의 뜻이지요. 내 조카의 의형제시라니 시주께서는 자주 절에 들르시어 차도 드시고 이 늙은이와 법담도 나누어주시지요."

절에 다녀온 후 혜능은 마음이 어두웠다.
이미 의법을 전수 받아 6조가 된 자신이다. 자신에게는 법을 펴야 할 막중한 의무가 있음에도, 아무것도 할 수 없는 작금의 상황이 답답하였던 것이다.
얼마나 긴 세월을 참고 기다려야 하는 지 알 수 없었던 것이다.

혜능이 28세 되던 해667년였다.

어느 날 백천동白天洞 유지략의 장원에서 일하고 있었는데 갑자기 까닭 없이 혜능의 가슴이 마구 뛰는 것이었다.
그 날 오후 고향 신주에서 인편으로 혜능의 어머니가 별세하셨다는 소식이 왔다.

혜능은 하늘이 무너지는 것을 느꼈다. 너무나 큰 슬픔과 충격에 혜능은 쓰러졌다.

생각해 볼수록 어머니는 참으로 가여운 인생을 사셨다.

젊은 시절 남편을 잃고, 어머니는 오로지 혜능만을 바라보며 사셨다. 어머니의 인생은 자식에 대한 기도와 기다림의 인생이었다.

그런데 혜능 자신은 지금 쫓기는 몸이 되어 어머니를 모시지도 못하고 이렇게 타지에서 떠돌고 있지 않은가?

효도 한 번 제대로 못한 자식의 한이 가슴을 저미고 애를 끊는 아픔으로 닥쳐왔다.

혜능은 밤낮 없이 신주 고향집으로 달려갔다. 그는 발바닥이 부르트고 피가 흐르는 것도 알지 못하였다.

어머니의 얼굴은 주무시는 듯 편안하고 평화로워 보였다. 혜능은 말없는 어머니를 부둥켜안고 오열하였다.

▲ **국은사 경내에 모셔져 있는 혜능 부모님의 합장묘**
원래는 혜능의 집 뒤에 묘가 있었으나 혜능이 살던 집과 그 일대가 국은사로 바뀌면서 지금은 국은사 경내에 위치하게 되었다.

그 때 어머니 손에 쥐어져 있는 염주가 혜능의 눈에 들어왔다. 가시는 순간까지도 자식이 염려되어 염주를 손에 쥐고 자식의 안위를 빌고 또 비셨을 어머니! 어머니의 자애가 관세음보살님의 자애가 아니고 무엇이랴!

의형 유지략은 역시 관후장자였다.

그는 의형제 혜능 어머니의 장례를 자신의 어머니의 장례로 여기고 참례하였다. 그 자신도 상복을 입고 시종일관 정성을 다하여 장례를 주관하였다.

그는 장례에 비용도 주위의 촌민들이 놀랄 만큼 후하게 베풀었다. 그는 어머니의 관곽棺槨; 고인을 넣는 속 널과 겉 널도 옻칠을 무려 9번이나 한 오동나무 관으로 마련하였다.

혜능은 어머니를 일찍이 돌아가셔서 집 뒤에 모신 아버지와 합장하여 모셨다.

어머니가 가신 후, 공허한 가슴을 메우기라도 하듯 혜능은 더욱 불도에 정진하였다. 노동에도 더욱 혼신을 다하였다.

14장
오묘한 이치는 문자와 상관이 없다

　혜능은 낮에는 자신의 후원자이자 의형인 유지략劉至略을 도와 그의 장원에서 일하거나 지략의 고모 무진장無盡蔵; Boundless Store 스님을 도왔다.
　그는 때로는 무진장 스님에게 그가 이해할 때까지 법문을 설명해 달라고 청하기도 하였다.
　밤에는 지략의 장원에 있는 암자에서 예불을 하였다.

　혜능은 의형 유지략의 백천동白天洞 장원에 머무르고 있었다. 지략의 고모 무진장 비구니가 조카 지략의 집을 가끔 찾아 올 때면 무진장과 혜능은 가끔 법담을 나누곤 하였다.

　무진장 비구니는 늘 《열반경涅槃經; 大般涅槃經; 석존의 입멸에 대해 설한 경전, 40권》을 열심히 외우고 공부하였다.
　어느 날 한 번은 무진장이 열반경의 일부 대목에 뜻이 막혔다. 무진장 스님이 혜능에게 여담 삼아 이야기를 하였더니, 혜능은 그 부분을 읽어보시라 하였다.

혜능이 가만히 무진장 비구니가 《열반경》 읽는 소리를 듣고 나서는 곧 그 미묘한 뜻을 깨우쳤다.

그리고 그는 너무도 명쾌하게 그 뜻을 풀어 설명해 주었다.

무진장 비구니가 보니, 혜능이 뜻 해석은 잘 하는데 글자를 모르는 듯하여 이상하다 싶어 책을 들고 글자를 물었다.

혜능이 말하였다.
"나는 글자를 알지 못하오.
그렇지만 뜻을 모르는 것이 있거든 물으시오."

◀지월(指月; 달을 가리키다)

"진리가
마치 하늘의 달과 같은 것이라면,
문자란
그 달을 가리키는 손가락이나 다름 없소.

손가락은 달을 가리킬 수는 있어도
달 자체는 아니오.
달을 보고자 함에
반드시 손가락을 거칠 필요는 없지 않소?"

무진장 비구니가 물었다.

"글자도 모르면서 어찌 그 뜻을 이해할 수 있단 말이오?"

"부처님의 묘한 이치는 문자에 매여있지 않소."하고 답했다.

이 일화의 의미는 '문자는 단지 진리로 향하는 하나의 수단일 뿐, 문자가 곧 진리 자체는 아니다'라는 것이다. 바로 선종의 유명한 '불립문자'의 의미이다.

물론 상식적으로 보면 글자를 알아야 뜻을 새겨 알 수 있다. 그러나 글이 뜻을 이해하는데 방해가 될 수도 있다.

무진장 비구니가 크게 놀라 온 마을을 다니면서 말하였다.

"큰 도인이 출현하셨으니 꼭 한 번씩 친견해야 할 것이오."

 ### 지월(指月): 달을 가리키다

지월(指月)은 《능엄경(楞嚴經)》과 《능가경(楞伽徑)》에 나오는 말이다. 여기서 달은 진리를 비유한 것이다.

그러므로 지월(指月)은 달[진리]을 가리키는데 손가락[문자·방편]만 보아서는 안 된다. 즉, 진리를 깨닫는데 문자·방편에 집착해서는 안 된다라는 뜻이다.

如人以手 指月示人	어떤 이가 손으로 달을 가리켜 다른 이에게 보여준다면
彼人因指 當応看月	그 사람은 손가락을 따라 의당 달을 보아야 한다.
若復観指 以為月体	만약 그가 손가락을 보고 달의 본체로 여긴다면
此人豈唯 亡失月輪	그 사람이 어찌 달만 잃은 것이겠는가?
亦亡其指.	손가락도 잃어버린 것이다.《능엄경(楞嚴經)》卷二

如愚見指月 여우견지월	어리석은 사람이 달을 가리키는 손가락을 보고
観指不見月 관지불견월	그 손가락만 살펴볼 뿐 달은 보지 않는구나.
計著名字者 계착명자자	이름과 글자의 개념에 집착하여
不見我真実 불견아진실	정작 나의 실상은 못 보는구나.《능가경(楞伽徑)》

이 말을 듣고 조계산 아래 조후촌曹侯村; 廣東省 曲江縣 동남 쪽의 주민들이 앞다투어 몰려와서 스님을 뵙고 예를 올렸다.

그리고 조후촌의 위무제魏武帝 조조曹操; Cao Cao, 150~212의 현손인 조숙량曹叔良; Cao Shuliang이라고 하는 사람이 혜능의 공양을 맡게 된다.

마침 근처에 옛날에 보림사寶林寺라는 절이 있었는데, 수나라 말에 병화로 타버리고 터만 남아 있었다.

혜능이 열반경 설법으로 사람들의 존경을 받게되자, 신심信心을 일으킨 사람들이 십시일반 힘을 합쳐 옛 터에 다시 법당을 세우고 스님에게 그곳에 머물러 달라고 간청하였다.

▲ 멀리 절 현판에 조계(曺溪)라는 글이 보인다.
조계 보림사 앞에는 위무제(魏武帝) 조조(曹操)의 후손들이 집성촌을 이루고 살았는데, 이 마을을 조후촌(曹候村)이라 불렀다.
조계(曺溪)라는 명칭은 바로 이 조후촌을 흐르는 계곡, 즉 조후촌 계곡이라는 뜻이다. 사진에 보이는 절 바로 앞을 흐르는 계곡이 조계(曺溪)이며, 뒤로 보이는 산이 바로 조계산(曺溪山)이다.
한국불교의 조계종(曺溪宗)이라는 명칭은 바로 이곳 조계(曺溪)에 그 연원을 두고 있는 것이다.

이에 혜능은 유지략의 집을 떠나 새 보림사에 머물게 되었다. 그곳은 지략의 장원에서 멀리 않은 곳이었다.

보림사는 잠깐 사이에 아주 좋은 절이 되었다.
여기에 머물면서 혜능은 3년 동안 역량을 갈고 닦으면서 설법하였다.

여기서 잠시 옛 보림사의 기원을 알아보기로 하자.

원래 이 보림사는 인도 지약삼장智樂三蔵; Jnanabhaishajya/즈냐나바이샤즈야 이 이름을 붙인 것이다.
그가 조계에 이르러 물을 마셔보고는 상류에 필시 절터가 될 만한 승지勝地; 경치가 좋은 곳가 있을 것이라 짐작하고 계곡의 근원을 따라 올라와 보았다.

◀ **보림문(寶林門)**
조계(曺溪)라 쓰인 문을 통과하고 나면 보림
도량(寶林道場)이란 글자가 선명하게 새겨진
편액이 걸려있는 불이문이 나온다.

그는 그곳 산수의 절묘함이 마치 인도 보림산寶林山과 같다고 감탄하면서, 조계산 밑 조후촌曹候村≪曹口村(조구촌; 조계 입구의 마을)의 오기(誤記)≫ 주민들에게 다음과 같이 말하였다.

"여기에 절을 세우면 백 칠십 년 후에 육신보살肉身菩薩; 육신 그대로 보살의 지위에 이른 사람; 고승대덕에 대한 존칭이 출현하여 여기서 교화할 것인데, 득도하는 사람들이 숲처럼 많이 나오리니 마땅히 '보림寶林; Baolin'이라고 이름하는 것이 좋겠다."

(지약삼장이 예언한 후, 정확히 170년 후에 혜능보살이 보림에 온 것이다.)

이 말을 당시 소주목韶州牧 후경중候敬中이 듣고 양 무제梁武帝에게 상주上奏; 임금에게 아룀하여 '보림사寶林寺; Precious Forest Abbey'라는 사액을 받아 천감원년天監元年; 양 무제의 연호; 502년에 불사를 시작하여 3년만인 504년 완성하였다.

15장
'회(會)'자 든 고장에서 몸을 감추어라

　　육조스님이 옛 절터에 재건한 보림사에서 9개월 남짓 머물렀을 때, 또 악인들이 수소문하여 거기까지 찾아 쫓아왔다.

　　혜능이 가지고 있는 의발이란 오조께서 전한 법의 상징적 신표에 불과한 것이다.
　　그런데도 무지몽매한 사람들은 육조스님한테서 가사와 발우만 빼앗으면 그것으로 5조스님이 전한 법을 빼앗을 수 있기나 한 것처럼 여겨, 그것을 빼앗으려고 혜능스님을 찾아서 쫓아 온 것이다.

　　혜능은 앞산 조계산曹溪山으로 몸을 피하여 숨었다.
　　그러자 악인들은 혜능이 산에 숨어있다는 소리를 듣고는 산에 불을 질렀다. 불길이 무섭게 번져나가 초목이 온통 다 불이 붙어 맹렬하게 타올랐다.

　　혜능은 바위에 난 작은 굴로 들어가 몸을 피하여 불길로부터 겨우 목숨을 건질 수 있었다.

◀육조 혜능의 피난석
피난석이라 불리는 큰 바위에는 한 사람이 몸을
피할 수 있을 정도의 그리 크지 않은 굴이 있다.

오늘날에도 보림사 앞산에는 피난석이라 불리는 큰 바위 하나가 있다. 거기에는 한 사람이 들어가 몸을 피할 수 있을 정도의 자그마한 굴이 있다. 바로 혜능이 불길로부터 피신하였던 곳이다.

그 바위에는 혜능 스님이 가부좌하고 앉아 있었던 무릎의 흔적과 깔고 앉았던 옷의 문양이 아직도 남아 있다고 한다.

이렇게 하여 혜능은 새로 세운 보림사에 머무른 지 불과 9개월만에 또 다시 나쁜 사람들에게 쫓겨 달아나게 되었다.

그는 광서성으로 달아나 회집懷集; Huaiji; 오늘날 광시좡족자치구과 사회四會; Sihui 두 고장을 전전하며 4년 동안 노동자들이나 사냥꾼들 틈에 섞여 숨어살았다.

이것은 일찍이 5조께서 예언하신 '지명에 회懷자가 들어있는 고장을 만나거든 그치고, 회會자가 들어있는 고장을 만나거든 몸을 감추라'고 말씀하신 그대로 한 것이다.
5조 홍인대사의 예언이 맞아떨어진 것이다.

혜능은 겨우겨우 숨어살았다. 사냥꾼들은 순박한 혜능에게 밥을 짓고 물을 긷게 하는 등 온갖 잡일을 하게 하였다. 그러나 불제자로서 사냥꾼들 무리에 섞여 살며 혜능은 참으로 많은 어려움을 겪었다.

혜능은 때때로 사냥꾼들에게 상황을 보아 살생에 대한 인과응보를 이야기하였다. 이것은 격식을 갖추지는 않았으나 사냥꾼들의 움막생활에 맞춘 일종의 대기설법対機說法; 듣는 사람의 근기[이해력]에 맞추어 진리를 설하는 것이라 할 수 있을 것이다.

"무릇 모든 생명은 똑같이 중한 것입니다. 함부로 살생하면 그 인과가 자신에게 돌아오게 됩니다."

"살생하지 말라니? 그럼 우린 뭘 먹고살라고?"
"저 놈이 꼭 부처님 같은 소릴하고 있네!"
"그래도 사람은 참 착해. 인정도 많고."

사냥꾼들은 짐승몰이에 나설 때면, 혜능에게 그물을 지키도록 하고 그들이 짐승을 몰이해 왔다. 혜능은 그물에 살아있는 짐승이 걸려 있는 것을 보면 남몰래 풀어주곤 하였다.
"이상하다! 분명히 그물에 걸렸을 텐데?"
"어디로 빠져나간 거지?"

끼니때는 사냥꾼들이 솥에 고기를 넣고 삶을 때, 산에서 뜯어온 나물을 그 한 옆에 넣어 익혀 먹으며 연명하였다.

그들은 고기는 먹지 않고 채식만 하는 혜능이 도통 이해가 되질 않았다.
"너는 왜 그렇게 고기는 안 먹고 늘 채소만 먹는 거냐?"
"저는 육변채肉邊菜; 고기 곁에서 익힌 산나물이란 뜻만 먹습니다."하고 애둘러 대답하였다.

그 후 이 육변채라는 말은 불살생不殺生; ahimsa/아힘사(Skt.)의 계율을 지키는 수계의 정신을 상징하는 유명한 말이 되었다.

 스님들끼리만 통하는 산중은어(山中隱語)

어느 집단에나 은어는 다 있게 마련이다. 그 은어들은 재미있고 익살스럽게 들릴 뿐 아니라, 그 나름대로의 풍속과 애환도 엿볼 수 있게 해준다.

· 곡차(穀茶): 술. 곡차가 술이라는 것쯤은 누구나 다 아는 상식이다.
· 부월채(斧鉞菜): 큰 도끼 부(斧)+작은 도끼 월(鉞)+나물 채(菜)
　　　　　　　→큰 도끼와 작은 도끼로 잘 저며서 만든 나물
　　　　　　　: 도끼나물 또는 질긴 나물 →소고기나 돼지고기
· 반야탕(般若湯): 고깃국
· 법당[얼굴]에 단청 불사[울굿불긋]하다: 술 먹으로 가다(경허선사)
· 색색염불(色色念佛): (알아서 해석하시오.)
· 승소(僧笑): 국수 ←스님들이 너무나 좋아해서 보기만 해도 웃는다고 해서.
· 신죽(晨粥): 아침식사　　　· 약석(藥石): 저녁식사
　　　　→부처님 재세 시에는 하루 중 정오에 한끼만 먹는 일종식(一種食)
　　　　을 하였다. 여기서 아침식사는 신죽이라 돌려 말하고, 오후불식
　　　　(午後不食)을 어기고 먹는 저녁식사는 약으로 먹는다는 뜻으로
　　　　약석이라 돌려 말하게 되었다.
· 안과에 다녀오다: 극장에 갔다오다
· 양떡: 피자
· 오처사(吳處士): 오징어
· 와선(臥禪): 누워서 하는 참선? →낮잠
· 운력(運力): 축구
· 천리채(穿籬菜): 뚫을 천(穿)+울타리 리(籬)+나물 채(菜)
　　　　　　　　울타리를 뚫고 다니는 나물 →닭고기
· 찐 감자: 삶은 계란 ←모양이 닮아서
· 차담(茶談): 간식
· 향(香): 담배　　　　　· 향 사르다: 담배 피다
· 화경(華經): 화투; 화경안거(華經安居) 또는 화엄법회하다: 화투놀이하다

16장
혜능, 마침내 세상으로 나오다

어느덧 기나긴 인고의 세월 15년이 흘렀다.

이제는 더 이상 혜능을 쫓는 사람들도 나타나지 않았다. 혜능을 잊어버릴 만큼 긴 세월이 흘렀던 것이다.

한편, 5조 홍인께서 입적하신 후, 신수는 호북성 형주 강릉荊州 江陵의 당양산 옥천사當陽山 玉泉寺로 옮겨 가 선법을 열고 제자들로 일문을 이루었다.

그들은 옥천 신수玉泉神秀; Yuquan Shenxiu를 5조 홍인선사를 계승한 선종 제6조로 삼았으며, 교단이 점점 흥왕하자 자연 혜능을 찾고자하는 마음도 시들해졌다.

이윽고 북종선北宗禪이 크게 번창하며 혜능은 잊혀졌다.

어느덧 때는 의봉원년儀鳳元年; 당 고종의 연호; 676년 정월正月.

혜능의 나이도 이제 어언 39세로 인생의 원숙기였다.

하루는 생각하니, 이제는 법을 펼 때였다.

'이제는 세상에 나갈 때가 되었다. 홍법弘法을 해야겠구나.'

혜능이 사냥꾼들에게 떠나겠노라 인사하자, 모두들 무척 섭섭해하는 것이었다.
"그간 신세 많이 졌습니다. 감사합니다. 건강하십시오."
"무척 서운하이. 이걸 가져가게. 도중에 팔아서 노자라도 하게."하며 짐승 가죽 말린 것을 한 묶음 내주는 것이었다.

살생을 금하는 불제자로서 혜능이 그것을 받을 리 없었다.
"그건 필요치 않습니다. 마음만 감사히 받겠습니다. 다들 안녕히 계십시오."하고는 의발이 든 봇짐만 지고 떠났다.

드디어 혜능은 은둔의 피신생활에서 벗어나 넓은 세상을 향해 걸었다. 그의 가슴은 사명감과 포부로 가득 차 있었다.
혜능이 신주 방향으로 가는 길에 광주廣州 법성사法性寺; 오늘날의 광효사光孝寺; Guangxiaosi에 이르렀다.

 법성사(法性寺) 절 이름의 변천사

오늘날 중국 광동성 광주시(廣州市)에 가서 육조혜능스님의 수계(受戒)도량 법성사를 찾으려 한다면 결코 찾을 수 없다. 왜냐하면 이름이 광효사(光孝寺)로 바뀌어 있기 때문이다.
법성사는 동진(東晋) 년 간에 서역고승 담마야사(曇摩耶舍)스님이 광주에 와서 창건하여 왕원조정사(王苑朝廷寺)라 하였다. 그 후 당나라 때는 서운도궁(西云道宮), 제지사(制止寺, 制旨寺 Zhizhisi), 왕원사(王園寺), 법성사(法性寺) 등으로 불리다가, 남북조시대의 유송대(劉宋代, 420~479)부터 송나라 때까지는 보은광효사(報恩廣孝寺)라고 불렸고, 남송 때 광효사(光孝寺)라고 고친 후, 지금까지 그대로 이어져 오고 있다.
법성사는 담마야사스님 이후에도 보리달마, 구나발마 등 수많은 인도의 고승 대덕들이 다녀가고 설법을 한 광동성 4대 명찰 중의 하나이다.

육조 혜능의 행장行狀; 고인의 삶의 행적을 적은 글에서 혜능의 법성사 출현은 크나큰 전환점이 된다.

그는 여기서 《열반경》의 대가 인종법사印宗法師, 627~713를 만나 계를 받고 정식으로 출가하게 되기 때문이다.

마침 그 절에서는 인종법사가 《열반경涅槃經》을 강하는 중이었다. 이른바 열반경 산림 법회 중이었던 것이다.

사찰에서는 일정한 기간을 정해 놓고 많은 승려와 신도들이 함께 모인 가운데 학식 높은 법사가 경을 강을 하며 불법을 공부하는 법회가 있는데, 이를 경산림 법회經山林 法會, 또는 간단히 경산림經山林, 산림山林이라고 한다.

예를 들어, 열반경을 강한다 하면 열반경 산림, … 이와 같이 법화(경) 산림, 금강(경) 산림, 화엄(경) 산림이라 부른다.

이 경산림 법회는 사찰에서 행하는 중요한 불사佛事로서 다른 사찰의 승려와 일반 신도들도 대거 참석하여 성황을 이룬다.

▲ 육조 혜능대사의 수계도량 법성사(法性寺; 현 광효사廣孝寺) 입구

행사 때는 도량에 당幢과 번幡을 걸어 대중에게 불사가 있음을 알렸다. 전각 안에는 당幢을 걸고, 밖에는 석재로 만든 당간지주幢竿支柱에 당간을 지탱하여 높게 세워 올렸다.

당간의 맨 꼭대기에 있는 청동 용머리에는 깃발, 즉 번을 달아 멀리서도 번이 나부끼는 모습을 볼 수 있도록 하였다.

의봉원년儀鳳元年; 당 제3대 황제 고종의 연호 병자년676년 1월 8일, 혜능이 법성사에 이르렀을 때, 여기에서도 용두보당龍頭寶幢; 당간지주와 그 맨 꼭대기에 용머리 장식을 한 당간에 번을 걸어놓고 불사, 즉 열반경 산림이 진행되고 있었다.

여기에서 바로 오늘날에도 자주 인구에 회자되는 저 유명한 깃발이냐, 바람이냐 하는 일화가 전개된 것이다.

 사찰에서는 왜 당(幢)과 번(幡)을 거나?

사찰에서는 불사[불교행사]가 있을 때 도량장엄을 위해 당(幢)과 번(幡)을 걸어놓는다. 당간지주를 세워 높은 당간에 깃발을 달아 가람의 위치를 알려주고, 불보살의 위덕과 무량한 공덕을 나타내기 위함이었다.

당과 번은 모양에 차이가 있다. 당(幢)은 입체적이고 번(幡)은 평면적이다.

당은 원통, 육면체, 팔면체 등의 입체적 구조물에 좁은 천을 길게 수실처럼 늘어뜨려 장식을 하고 있다. 주로 법당 안에 걸어놓는다.

번은 길게 늘어뜨린 깃발형태이다. 법회가 진행될 때 당간에 매달아 세웠고, 천개나 탑 상륜부에 매달기도 하였다. 멀리서도 번이 나부끼는 모습을 볼 수 있도록 한 것이다.

행사 때는 도량에 오방번(五方幡), 시방번(十方幡) 등을 걸고 부처님이나 신장들께 불사에 '가피를 내리소서', '보호해 주소서' 하는 그런 의미로 걸었다.

▲ 당(幢)

당간

  그때 마침 바람이 불어와 깃발幡/번이 펄럭이는 것을 보
고 한 스님이,
  "아, 깃발이 움직인다." 하니
  "저것은 바람이 움직이는 것이다." 하고 다른 스님이 말
하였다.

  "어, 이 도반道伴; 함께 불도를 닦는 벗 좀 보게. 지금 분명히
깃발이 움직이고 있지 않은가!"
  "바람이 불지 않으면 어찌 깃발이 움직일 수 있다는 말
인가?"

  두 스님이 그걸 가지고 나름대로 일리 있는 주장을 하
며 계속 옳으니 그르니 하자, 나중에는 주위 사람들까지
가세하여 논쟁이 커져 두 패로 갈려 소란스러워졌다.

당간지주

  "깃발이다!"
  "아니다. 바람이다!"

  인종법사는 잠시 강講을 멈추고 그들의 법담 형식의 논
쟁이 어떻게 끝맺을지 관심 있게 지켜보고 있었다.

그때 마침 혜능이 듣고 있다가 나서서 말하였다.

"저것은 바람이 움직이는 것도 아니고, 깃발이 움직이는 것도 아닐 세. 다만 그대들의 마음이 움직이는 것일세不是風動, 不是幡動, 仁者心動/불시 풍동 불시번동 인자심동이라."

이에 온 대중이 놀래었다.

이것이 그 유명한 풍번문답風幡問答이다.

바람이 깃발을 움직이는 물리적 현상은 눈으로 볼 수 있다. 그러나 설령 깃발이 움직인다는 정보가 눈을 통하여 뇌로 전달되더라도, 마음 이 다른 데 가 있으면 그 움직임은 인식되지 않는다. 마음이 눈에서 오 는 정보를 인식할 때 비로소 깃발의 움직임이 보이게 되는 것이다.

이처럼 그 움직임을 인식하는 주체는 결국 마음이다. 깃발이 바람에 움직이는 것을 보고 인식한 바로 그 마음이 움직인 것이다.

깃발의 움직임을 보고 아니 보고는, 바람 소리를 듣고 아니 듣고는 5 근五根; 안眼 · 이耳 · 비鼻 · 설舌 · 신身의 감각기관의 문제가 아니라, 바로 5근 의 작용 뒤에서 움직이는 마음意根/의근의 문제인 것이다.

보는 것에 마음을 두기 때문에 깃발이 펄럭이는 것이 보이고, 듣는 것에 마음을 두기 때문에 바람 부는 소리가 들리는 것이다.

깃발이 펄럭이든 바람이 윙윙거리며 불 던, 거기에 마음을 두지 않으면 보이지도 않고 들리지도 않는 법이다.

풍번문답의 메시지는 간명하다.

움직이는 것은 바로 우리 마음이라는 그 메시지가 여전히 시대를 초월하여 우 리에게 울림을 준다.

저자가 영취산靈鷲山에서 만나 법담을 나누며 토구하였던 한 티베트 선사는 풍번문답을 색계와 공계의 관점에서 보았다.

여기서 깃발은 색계色界; 現象界/현상계를 나타내고, 바람은 공空을 상징하는 것으로, 어느 한 쪽에만 집착하는 것은 분별심 때문이라는 것이다.

불법佛法은 불이不二의 세계이다. 공의 세계는 현상계를 포함하는 것으로, 나뉘거나 대립되지 않는다. 현상계는 공계의 극한으로서, 잠시 나타났다 사라질 뿐이다.

그러므로 육조께서는 색계와 공계의 어느 것도 아닌, 즉 '움직이는 것은 바람도 아니요, 깃발도 아닌, 마음이 움직인 것이다非風非幡 仁者心動/비풍비번 인자심동'라고 설하셨다는 것이다.

마음이 근원이다. 즉 만법유심조萬法唯心造; 一切唯心造/일체유심조; 만법, 일체의 법은 다 마음이 지어냄인 것이다.

그러나 애초에는 설법집에 풍번문답風幡問答 내용이 없었다. 이것은 후학들이 《육조단경》을 편집할 때, 제17조 승가난제僧伽難提 존자와 18조 가야사다伽倻舍多 존자 사이의 풍경문답風磬問答을 가져다 각색하여 삽입한 것이다. 그 내용을 보기로 하자.

어느 날 바람이 불어 절 처마 끝에 달려 있는 풍경이 땡그랑, 땡그랑, 땡땡! 우는 소리가 들렸다.

승가난제 존자가 물었다.

"바람이 우는가, 풍경이 우는가?"

제자 가야사다가 대답하였다.

"바람도 아니요, 풍경도 아닙니다. 제 마음이 울뿐입니다."

"무엇이 네 마음인가?"

"모두가 고요할 뿐이니 이 어찌 삼매가 아니겠습니까?"

"장하다! 네가 부처님의 참된 진리를 깨달았도다."

승가난제 존자는 곧 가야사다에게 정법안장正法眼藏; 淸淨法眼/청정법안, 즉 법을 전하여 선종 제18조로 삼았다.

이 일화는《무문관無門關; The Gateless Gate, 1228년》에는 '비풍비번非風非幡'이라는 공안公案; 참선하는 수행자에게 불도를 깨우치게 하기 위하여 종사가 내는 참구 문제; 화두話頭으로 실려 있다.

비풍비번非風非幡의 공안을 접하면서, 저자는 불현듯 미국대학에서 공부할 때 흥미롭게 생각했던 '칵테일 파티 효과cocktail party effect'라는 것이 떠올랐다.

이 심리학 용어는 칵테일 파티에서와 같이 주위에서 많은 떠들썩한 대화소리가 들려오는 와중에도 자신에게 관심 있는 이야기에만 집중하여 받아들이는 현상을 가리키는 것으로, '선택적 지각selective perception'이라고도 한다.

사람은 들려오는 그대로 듣는 것이 아니라, 듣고 싶은 것만 듣는다는 뜻이다. 이 또한 청각이 아니라 청각의 작용 뒤에서 움직이는 마음의 문제인 것이다.

 무문관(無門關)

문자 그대로의 뜻은 '문이 없는 관문'이란 뜻으로, 보통 다음 2가지 의미로 쓰인다.

첫째, 일정한 기간 동안 밀폐된 집 속에서 외부와의 접촉을 끊고 용맹정진하는 선종 수행의 관문, 또는 장소이다.

둘째, 공안[화두] 모음집인《선종무문관(禪宗無門關), 1권》의 약칭이다. 이 책은 임제종(臨濟宗)에 속하는 남송(南宋)의 선승(禪僧) 무문혜개(無門慧開, 1183~1260)가 지었다(1228년). 이 책은 역대 선사들의 선록(禪錄) 중에서 48개의 공안(公案)을 선별하여 공안[화두]으로 제시하고, 여기에 각각의 해설과 게송을 덧붙여 미연 종소(彌衍宗紹)가 엮은 선서(禪書)이다.《벽암록(碧巖錄)》,《종용록(從容錄)》과 함께 선종의 대표적인 책이다.

◀ 풍번당
법성사(현 광효사)에서의 풍
번문답을 기념하기 위해 당
신종(神宗) 연간(705~707년)
에 세워졌다.
후에, 명 시대에 풍번당은 수
불각과 한 건물로 합쳐졌다.

인종법사印宗法師; upadhyaya Yinzong, 627~713는 범상치 않은 인물이 나타
났다는 소리를 듣고는 그를 모셔오게 하였다.

인종이 혜능을 윗자리로 청하고 나서, 불법에 대하여 여러 가지로 깊
은 뜻을 하나하나 물어 보았다.

그런데 혜능의 대답이 긴 설명 없이 간단명료하면서도 이치에 맞았다.

대개의 경우 불법에 대해 질문을 받으면, 구구절절 경전 구절을 인용
하거나, 다른 선승이 한 이야기를 인용하여 길게 늘어놓는데, 혜능은
그런 것을 인용하지도 않고 문자하고는 관계없으면서도 이치에 맞는 것
이었다.

인종법사는 감탄하였다. 한편 뭔가 느낌이 달랐다.

순간 혹시 이 분이 바로 소문이 떠돌던 육조 혜능이 아닐까 하는 생
각이 번쩍 들어, 행자에게 물었다.

"행자께서는 필시 범상한 분이 아닙니다. 전부터 들리는 말에, 황매
에서 의발이 남방으로 왔다 하는 소문을 들었는데, 혹시 행자가 법을
받으신 그 분이 아니십니까?"

(혜능이 5조 홍인에게서 의법을 전수 받아 선종 제6조가 되었지만,

아직 삭발 수계를 받지 못하고 있어 사람들은 그를 행자라 부르고 있었
다.)

"감히 제가 어떻게 그럴 자격이 있겠습니까? (감히 그렇다고 말하자
니) 부끄럽습니다'그렇습니다'의 겸손한 대답."

혜능이 마침내 자신이 6조임을 인정하고 신분을 드러낸 것이다.

이에 크게 놀란 인종법사는 즉시 예를 갖추고 절을 올렸다.
인종법사를 모시고 있던 수좌들도 모두 일제히 예를 갖추고 절을 올
렸다.

"소승, 6조 스님을 뵈옵니다."
"소승들, 6조께 문안 여쭈옵니다."

그리고 나서 인종법사는 '역대 조사이래 전하여 온 그 의발衣鉢을 대
중에게 좀 보여주소서' 하고 청하였다.

이에 혜능은 뒤에 짊어지고 있던 봇짐을 풀고, 5조 홍인에게서 전해
받은 가사袈裟; kasaya/카사야 Skt.와 발우鉢盂; patra/파트라 Skt.를 대중 앞에 흔
쾌히 내 보였다.

"오늘 우리가 역대조사 전래의 의발을 친견할 줄은 몰랐네!"
"석가여래 전법의 최상의 보물이 우리 남부로 왔구나!"

대중들은 전등의 상징인 의발衣鉢; the robe and the bowl as certification을 친
견하고서 벅차 오르는 감격과 신심에 개대환희皆大歡喜하면서 의발에 무
수히 많은 절을 올리는 것이었다.

법열法悅; 설법을 듣고 불도의 이치를 깨달았을 때 마음속에서 일어나는 기쁨에 잠긴 인종은 즉시 혜능에게 자신의 자리를 양보하고 자신은 그 아랫자리에 물러나 앉았다.

그리고 나서 물었다.

"황매에서 5조께서 법을 부촉咐囑; 부탁하여 맡김 하실 때의 가르침은 어떠하셨습니까?"

혜능이 대답하기를,

"특별한 가르침은 없었습니다. 오직 견성見性; seeing nature, 즉 제 성품을 보도록 가르치셨을 뿐, 선정禪定과 해탈解脫은 논하지 않으셨습니다."

견성, 제 성품을 보는 것, 즉 자성을 깨닫는 것이 불교의 근본 목적이고, 육조단경의 근본 목적이다. 불교의 가르침은 결국 견성에서부터 나온 것이다. 견성성불見性成佛이라고 하듯이 견성은 곧 깨달음이다.

 가사(袈裟)와 발우(鉢盂)

가사(袈裟)는 산스크리트(Sanskrit; 梵語/범어) 'kasaya/카사야'의 음역이다. 그 의미는 수행자가 극복해야 하는 '깨달음에 장애가 되는 세속의 사물에 대한 집착'이란 뜻이 담겨있다.

발우(鉢盂; 바리때)는 승려들이 공양(식사)할 때 사용하는 식기로, 이는 산스크리트 'patra(파트라; 식기/食器라는 뜻)'를 음역한 '발(鉢)'과 그 의역인 '우(盂)'가 겹친 말이다. 어의중첩(tautology)인 것이다.

발우는 네 개가 한 벌을 이루는데, 이것은 경전에 따르면, 부처님이 음식을 공양 받으실 때 사천왕(四天王)이 각기 하나씩 봉헌하여 네 짝을 이룬 것에서 연유하였다고 한다.

큰 것부터 밥그릇, 국그릇, 물그릇, 찬 그릇이며, 가장 큰 밥그릇에 나머지가 크기대로 차곡차곡 들어가도록 만들어져 있다.

일찍이 석가모니 부처님께서는 보리수 아래에서 견성하여 일체만법의 자성을 깨달아 가르침을 펴기 시작하였다.

역대 조사님들 역시 모두 마찬가지로 일체만법의 자성을 깨달아 그것으로 법을 이어 받았던 것이다.

인종이 다시 물었다.
"어찌하여 선정禪定과 해탈解脫을 논하지 않습니까?"

선정을 닦는 문제와 생사를 해탈하는 문제는 불교에서 아주 중요한 문제인데, 왜 그것을 논하지 않았느냐는 물음이다.

"(선정과 해탈을 말하면) 이법二法; 두 가지 법이 되기 때문에 불법佛法이

 불이법(不二法; the Law of Nonduality; 불성은 둘이 아닌 법)

불이(不二)란, 현실세계는 여러 가지 사물이나 현상이 서로 대립되어 존재하는 것처럼 보여도, 사실은 어떤 고정되고 독립된 실체가 있는 것이 아니라 근본은 하나라는 뜻이다.

《유마경》에는 이 유명한 불이법(不二法; 불성은 둘이 아닌 법), 즉 상대적인 이원론이 아니라는 불이사상이 나오는데, 이 둘로 보이지만 둘이 아닌 이치는 결국은 중도(中道)의 가르침이다. 불이중도(不二中道)라고도 한다.

사찰에 들어가면 불이문(不二門)이 있다. 절에 들어올 때, 모든 차별을 적멸해 버리고 불이법인 법성(法性)을 보라는 것이다. 불이(不二)를 깨달아 불이중도(不二中道)의 눈으로 일체 만법을 보라는 것이다.

비유컨대, 지혜를 바다라 한다면 번뇌는 바다의 파도이다. 바다와 파도는 상대적인 둘이 아니다. 즉 지혜의 바다가 없다면 번뇌의 파도도 있을 수 없는 것이다. 번뇌라는 파도가 그대로 지혜라는 바다임을 깨달을 때, 번뇌와 지혜가 둘이 아님을 알게 된다.

불법은 번뇌를 여의려는 것이 아니라 번뇌에서 지혜를 깨닫는 것, 즉 번뇌는 지혜의 상대적 개념이 아니라 지혜의 또 다른 얼굴임을 깨닫는 것이다.

아닙니다. 불법은 불이법不二法입니다."

불법佛法은 불이법不二法이고, 이법二法; 두 가지 법은 불법이 아니다. 모든 법의 자성은 둘이 없는 불이법이며, 온갖 법을 볼 때에 불이법을 보는 것이 견성이다.

그러므로 어떤 사물이나 현상을 분별되는 상相에 따라 다르게 본다면, 그것은 이법二法으로 견성이 아니다.

견성한 자, 즉 깨달은 자에게는 생과 사가 둘이 아니고, 지혜와 번뇌가 차별되지 않고 하나이다. 온갖 차별되는 모습들이 그대로 차별 없는 하나이고, 차별 없는 하나가 그대로 삼라만상의 세계이다. 차별되는 모습에서 벗어나 불이중도를 실현했기 때문이다.

서로 상대적인 둘로 보이는 상에 집착하면, 치우친 소견, 즉 편견에 사로잡히게 된다.

둘로 이루어져 있지만 둘이 아니라는 이치, 즉 상대적인 둘을 초월한 중도의 이치, 그것이 불이중도이다. 불법은 둘이 아닌 불이법이다.

불이이므로 당연히 선정이니 해탈이니, 유위有爲; 인연으로 말미암아 일어나는 모든 현상니 무위無爲; 인위적인 원인이나 인연으로 생기는 것이 아닌 존재니, 유루有漏니 무루無漏; 번뇌가 없음, 그런 경지니, 중생이니 부처니 하는 여러 가지 차별을 말하지 않고 곧장 둘 아닌 불성을 말할 뿐이다.

인종 법사가 다시 물었다.
"어떠한 것이 불법이 둘이 아닌 이치입니까?"

불이법이 무엇이냐고 묻는 인종법사의 질문에 혜능은,
"법사法師; upadhyaya가 《열반경》을 강의하니, 불성佛性이 불이법인 것을 잘 알 것입니다.

불성은 선하지도 않고 선하지 않지도 않으니, 이것을 일컬어 불이不二라고 합니다.”

그러니까 선이니 악이니 하는 것도, 우리의 소견으로 그냥 선이다, 악이다 나눈 것일 뿐, 그 본질에 있어서는 둘이 아니다. 둘이 아닌, 즉 불이의 성품이 곧 불성이다無二之性 即是佛性/무이지성 즉시불성.
불이는 우리가 둘이라고 생각하는 치우친 소견과 그 집착을 깨뜨려 주는 말이다.

혜능이 다시 말하였다.
“범부는 어떤 사물이나 현상을 상대적인 둘로 보지만, 지혜로운 자는 그 본질을 깨달아 그 자성自性에 둘이 없음을 밝게 압니다. 이 둘이 아닌 자성이 곧 불성佛性입니다.”

마침내 인종법사가 가슴이 확 열리는 듯 한 가르침을 듣고 기뻐서 합장하고 찬탄하였다.

“이 보잘 것 없는 내 앞에 보살의 법신이 앉아 계시니 얼마나 놀라운 일인가!”

그리고 나서 혜능에게 말하기를,
“이 사람이 경을 강의한다는 것은 깨어진 기와조각瓦礫/와력과 같은 것이고, 당신의 말씀은 마치 순금과 같사옵니다!”하였다.

17장
혜능행자, 마침내 정식으로 출가하다

혜능이 인종법사를 만난 것은 남쪽 지방에서 은둔생활을 보내고 있던 혜능에게는 일생일대의 큰 전환점이 되었다.

그것은 혜능이 비로소 세상에 출현하여 황매 동산 5조 홍인대사의 계승자임을 공인 받는 자리가 되었으며, 법을 펴는 교화활동의 시기를 맞이하게 되었기 때문이다.

혜능은 5조 홍인五祖 弘忍의 의법을 이어 받아 6조가 되었지만 계도 받지 못하고 도망 나와 아직까지 머리도 깎지 못한 채 절에서는 행자行者; 아직 계를 받지 못한 출가자로, 속세에서는 거사居士; 재가불자; 우바새 등으로 불리며 15년이라는 인고의 세월을 지내 온 것이다.

'거사居士'라는 말은 산스크리트Sanskrit; 梵語/범어 'Kulapati'의 의역어이다. 거사의 원래의 뜻은 '부유한 장자長者', '덕망이 높은 도사' 등의 뜻이었으나, 후에는 재가불자在家佛子를 존칭하는 말로 쓰이게 되었다.

거사라는 존칭은 《유마힐경維摩詰經; Vimalakirtinirdesa Sutra》의 유마힐 거사에서 비롯되었다.

중국에서는 당·송 시대에 불교가 흥성하면서 지식인들 사이에서는 '거사'라는 호칭을 사용하는 것이 유행하였다.

예를 들어, 이백李白은 청련거사清漣居士, 백거이白居易는 향산거사香山居士, 구양수歐陽修는 육일거사六一居士, 소식蘇軾은 동파거사東坡居士로 불리었다.

종종 재가불자를 거사가 아닌 '처사處士'라고 부르는 경우도 있는데, 그것은 옳지 않다. 처사는 '옛날에 관직에 나가지 않고 초야에 묻혀 사는 유교 선비를 이르던 말'이기 때문이다.

이제 비로소 혜능은 사찰에서 정식으로 축발祝髮; 예발/薙髮; 체발/剃髮; tonsure; 출가자가 머리를 깎음하고 수계 의식을 가졌다.

이때 육조 혜능의 그 감회가 어떠하였으랴?

인종법사는 혜능을 위해서 머리를 깎아주고 계를 주고 스스로 그의 제자가 되어 그를 스승으로 모셨다.

이리하여 혜능은 비로소 정식으로 출가한 것이다. 혜능의 나이 39세 때였다.

구족계(具足戒) · 사미십계 · 재가신자 5계

비구(比丘; bhikku/비쿠; 출가승) 비구니(比丘尼; bhikkuni/비쿠니; 출가여승)	비구계 250계(戒)를 지킴 비구니계 348계(戒) 수계
사미(sramanera/슈라마네라;견습수행자) 사미니(sramanerika/슈라마네리카; 견습수행녀)	사미십계(十戒)를 지킴 사미니십계(十戒)
우바새(upasaka; 재가남자신자) 우바이(upasika; 재가여신자)	5계를 지키며, 출가수행자들의 생활을 뒷받침함

혜능대사는 676년 정월 15일의봉원년/儀鳳元年 丙子正月 十五日에 비로소 머리를 깎았고, 다음달 2월 8일에 구족계具足戒; 출가한 승려가 지켜야 할 계율를 받았다.

수계사援戒師에 서경 지광율사西京 智光律師, 갈마揭磨에 소주 혜정율사蘇州 慧静律師, 교수敎援에 형주 통응율사荊州 通応律師, 설계説戒에 중인도 기다라율사中天 耆多羅律師, 증계証戒에 인도 밀다삼장西國 密多三蔵이었다.
(이 당시에는 많은 인도 스님들이 중국에 와서 전법활동을 하고 있었다. 천축天竺, 서국西國은 인도, 중천中天은 중인도의 한자말이다.)

혜능은 구족계를 받아 비로소 비구比丘; bhikku/비쿠 Skt.; 출가승가 되었다. 이때부터 정식으로 그의 선사생활이 시작되었다.

 구족계 수계를 내려주는 아사리(阿闍梨; acarya)

아사리(阿闍梨)는 선법(善法)과 계율에 밝고, 지혜와 복덕을 겸비하여 제자를 가르치고 지도할 수 있는 스승에 대한 총칭이다.
아사리는 산스크리트(Sanskrit; 범어/梵語) 아카르야(acarya)의 음역(音訳)으로, 규칙·규범을 가르치는 모범적인 스승이라는 뜻에서 궤범사(軌範師), 계사(戒師), 또는 바른 행동을 보여준다 하여 정행(正行)으로 의역된다.

구족계 수계를 내려주는 아사리(阿闍梨)에는 5종의 아사리가 있다.
1.수계사(授戒師): 계를 주는 스승.
2.갈마사(揭磨師): 작법사(作法師)라고도 한다. 갈마는 수계자가 계를 받을 수 있는 자격이 갖춰져 있는 지를 점검하는 일을 말한다.
3.교수사(教援師): 수계자에게 예법(礼法)을 가르치는 스님.
4.설계사(説戒師): 계를 설명하는 스승.
5.증계사(証戒師): 증명하는 스승.

혜능이 계를 받은 계단戒壇; 계를 내리는 장소은 원래 남북조시대의 송나
라宋, 420-447; 조광윤이 건국한 송宋나라와 혼동을 피하기 위해 보통 유송/劉宋이라 한다
시대 때 구나발타라求那跋陀羅 삼장이 만든 것이다.

그는 당시 비를 세우면서, "이 뒤에 여기서 육신보살肉身菩薩; 보통 사람
의 모습으로 화현한 보살; 역사적인 인물로서 보살. cf) 관세음보살. 지장보살, 문수보살, 보현
보살 등은 화현보살/化顯菩薩이 계戒를 받을 것이다."라고 예언하였다.

南無　六祖　大鑑慧能　禪師!
南無　六祖　大鑑慧能　禪師!
南無　六祖　大鑑慧能　禪師!

(6조 대감혜능선사께 경배하오며
백천만번의 절을 올리나이다.)

▲ **육조혜능 예발탑**(瘞髮塔)
　지약삼장이 심은 오래된 보리수 옆에 육조 혜능의 삭발수계(676년 1월 15일)를 기념하여 건
립한 예발탑(瘞髮塔; 枳髮塔/축발탑)이 자리하고 있다.
　이 탑은 혜능이 축발수계할 때 깎은 머리카락을 봉안하기 위해 당시 법성사의 법재 스님이
세운 것으로, 높이 7.8미터의 아름다운 분홍빛 8각7층의 전탑(塼塔; 벽돌 탑)이다.
　이 때의 전후사정을 적은 기록이《예발탑기》로 그의 생전의 유일한 기록이자 현존 최고의
자료이다.

그로부터 약 60여 년 후 지약삼장智藥三蔵; Jnanabhaishajya/즈냐나바이샤즈야도 육신보살의 출현을 예언하였다.

지약삼장이 양 천감원년梁 天監元年/양무제 원년(502년)에 서인도서축/西竺에서 뱃길로 들어올 때 보리수를 여러 그루 가져왔는데, 법성사오늘날 광효사에 이르러 그 중 한 그루를 심었다.

그는 이 계단戒壇 옆에 심으면서 예언하였다.

"앞으로 170여 년 후에 육신보살이 나타나 이 보리수 밑에서 계를 받고 최상승법最上乘法을 설하여 수많은 중생을 제도하고 구제할 것이니, 그는 진정 부처님의 불심인佛心印을 전하는 법주法主이니라."

이후 양 무제의 초청으로 서천축에서 온 진제삼장真諦三蔵; Paramartha, 499~569도 같은 예언을 하였다.

"120년 후에 육신보살이 이 나무 밑에서 수계하고 설법하시리라."

그런데 훗날 실제로 혜능대사가 바로 그 보리수나무 아래서 축발수계祝髮受戒하고 동산법문을 열었다.

실로 이 모두가 예언대로 되었던 것이다!

천축승天竺僧들의 육조혜능 출현에 대한 한결같은 예언과 예지력이 놀랍고 신비할 뿐이다.

물론 이러한 내용이 후학들이 육조스님의 일화를 신비화하고 미화하기 위한 종교적 속성 탓이라는 주장도 있다.

어쨌든 혜능대사가 인종법사로부터 구족계를 받는 수계식은 비록 형식에 지나지 않는다 할지라도, 이것은 혜능이 황매에서 전법한 사실을 외부로 알리는 중요한 계기가 되었다.

이처럼 때로는 형식이나 격식은 내용을 담는 중요한 수단이 될 수도 있는 것이다.

인종법사는 혜능의 머리를 깎아주고 계를 주어 정식으로 출가시키고는 스스로 그의 제자가 되어 그를 스승으로 모셨다.
그는 자신의 제자 모두를 이끌고 혜능의 문하에 입문하여 스승으로 섬겼다.

이렇게 하여 육조 혜능이 드디어 보리수 아래서 동산 법문을 열게 되었다.

◀ 육조가 축발수계하고
동산법문을 연 보리수
천축승 지약삼장(智藥三藏)이
육신보살 혜능대사의 출현을
예언하며 심은 보리수이다.
육조의 법을 깨달은 인종법사
가 육조를 축발 수계한 계단
(戒壇)이 이 보리수 옆이었다.
이어 동산법문(東山法門)을
열고 공식적으로 전법을 시작
하신 곳도 바로 이 보리수 아
래서 이었다.

18장
조계를 중심으로 선풍을 크게 일으키다

육조 혜능스님은 광주 법성사현 光孝寺/광효사; Guanxiaosi에서 1년 여 머무르며 설법하였다.

이듬해인 677년40세 봄, 인종법사印宗法師는 스승 혜능을 소주 조계로 돌아가게 하였다. 그는 재가자, 출가자 등 3,000여명을 거느리고 나와 혜능을 환송하였다.

마침내 혜능은 소주韶州/사오저우; Shaozhou; 오늘날 샤오관/韶關 시 조계曹溪; Caoxi/차오치에 있는 보림사寶林寺; 현 남화선사로 돌아왔다. 악인들을 피하여 떠난 지 무려 8년 만에 돌아온 것이다.

혜능은 황폐해진 사찰을 중건하며 교화를 시작하였다.

그로부터 육조스님의 행화行化; 교화를 행함가 36년 간 본격적으로 이루어지게 되었다.

육조스님은 조계曹溪; Cao's Brook를 중심으로 광주, 소주, 신주 일대에서 남종 돈교의 법문을 널리 펴며 중생을 교화하고 선풍禪風을 크게 일으켜 신도들의 귀의를 크게 얻었다.

육조 혜능이 조계 보림寶林으로 돌아온 지 얼마 후, 그 곳 소주자사韶州刺使 위거韋據; Wei Chu가 스님의 훌륭한 설법 소식을 듣고 관료들과 함께 올라와서 대사를 뵈었다.

그는 대중을 위하여 설법하여 주실 것을 청하고 대사를 보림사에서 20여km 떨어져 있는 성안에 있는 대범사大梵寺; Mahabrahman Temple; 현 大鑑禪寺/대감선사 강당으로 모셨다.

대사께서 단壇; platform; 선사가 올라앉아 설법하는 시법단/施法壇; 법상/法床;

▲ 광동성 샤오관

광동성(廣東省) '소주(韶州)'라는 지명은 한글로만 읽으면 강소성(江蘇省; 장쑤성)의 소주(蘇州; 쑤저우)와 혼동하기 쉽다.

보림사가 있던 광동성(廣東省) 소주(韶州; 샤오저우Shao-chou)는 오늘날 샤오관(韶關; Shaoguan) 시(市)로 지명이 바뀌었다. 광동성에는 19개의 시(市)가 있는데, 수도 광주(廣州; 광저우)에 이어 샤오관은 제2의 도시이다.

사자좌/獅子座에 오르시니, 거기 모인 자사관료刺史官僚 30여 인과 유종학
사儒宗學士; 유교의 큰 학자와 선비들 30여 인과 승니도속僧尼道俗; 비구와 비구니,
도인과 속인을 아울러 이르는 말이 일제히 절하며 법문 듣기를 원하였다.

이때 운집한 대중이 무려 1천 명이 넘었는데, 법문을 듣고 모두가 깨
달음을 얻고 감격하며 크게 기뻐하였다.

자사刺史는 중국 한漢·당唐·송宋 왕조에 걸쳐 제후국과 군현郡県을 감
독하기 위해 각 주에 두었던 감찰관이었다.
소주자사 위거韶州刺史 韋璩; Wei Chu는 광동통지廣東通誌, 1822년 판에 의하
면, 당시 법문이 설해질 때의 벼슬은 실제로는 자사가 아니었다.
위거는 6조께서 열반에 든 해인 713년 비로소 자사로 승진하였는데,
《육조단경》 편집 시 예우 상 자사라 부른 것이다.
후에 육조스님의 기념비를 쓸 무렵에는 그의 관직이 대상시승大常寺丞
으로 승진한다.

◀샤오관 시
소관(韶關; Saoguan, 옛 소주(韶州;
샤오저우)은 중국 광동성(廣東省)
북부 베이장(북강) 상류의 도시로
12현을 관할한다.
시내에는 대범사(현 대감선사)가
있고 20km 떨어진 교외에는 보림
사(현 남화선사)가 있다.

혜능이 대범사에서 행한 설법을 혜능 문하의 법해法海; Fahai가 기록한 문헌을 본으로 하여 훗날 편찬한 것이 선종의 경전 《육조단경六祖壇經; the Platform Sutra of the Sixth Patriarch》이다.

 육조단경의 탄생지 대범사(大梵寺; **Mahabrahma Temple**)

대범사(大梵寺), 즉 오늘날의 대감선사(大鑒禪寺)는 광둥성 소관시 구흥융가 32호(廣東省 韶關市 区興隆街 32号)에 위치하고 있다.

대범사는 1300여 년의 역사를 가지고 있다. 대범사는 남북조시대의 양(梁)나라 때 최초로 건립되었다. 육조 입적 후, 당 중종이 대범사를 대감선사(大鑒禪師)라 사액(賜額) 하였다. 송조(宋朝)에 이르러 숭녕사(崇寧寺)로 개명했다가, 소흥3년 (1131年)에 천령사(天寧寺)로 사액하였다.

사액(賜額)이란, 임금이 절, 서원, 누문(樓門) 등에 이름을 지어 편액(扁額)을 내리는 것을 말한다.

대범사가 유명해진 것은 육조단경(六祖壇經)의 설법지이기 때문이다. 육조혜능이 조계 보림사(曹溪寶林寺; 현 곡강현 남화선사/曲江県 南華禪寺)에 주석하며, 여러 차례 대범사에 와서 설법하였는데, 이것을 엮은 것이 바로 육조단경이다. 대감선사는 오늘날 사오관시의 중요한 성지순례의 거점이다.

▲ 대범사(오늘날 대감선사)

▲ 육조혜능의 시호를 딴 대감선사 (大鑑禪寺)라는 현판이 보인다.

육조스님이 광주 법성사에서 조계 보림사로 돌아오자, 형주 통응율사荊州 通応律師와 학인學人; 수도하는 스님; 학승/學僧 수백 명이 추종하여 와서 함께 머물게 되었다.

그런데 당우堂宇가 비좁아 많은 대중을 수용하기 어려웠다. 이에 대사께서는 도량을 넓히고자 하여 땅주인 진아선陣亜仙 거사居士; 재가불자; 우바새를 만나 청하였다.

"시주, 제가 시주님께 수행할 수 있는 땅을 얻으려고 찾아왔습니다. 부디 무량공덕을 쌓으소서!"
"대사께서 수행하시는데 필요한 땅이 얼마나 되는지요?"
"제 좌구坐具; 방석 하나 깔만한 터입니다."

진아선 거사가 대사의 방석을 보니, 그 넓이라야 고작 1/3평도 채 안되는 작은 것이었다.

진거사가 웃으며 말하였다.
"방석 하나 넓이의 땅을 청하시는 것이라면 들어드리지요."

그런데 대사가 접혀 있던 좌구를 법력으로 한 번 펼치니 조계산 사방경계를 다 덮었는데, 거기에 사천왕이 몸을 나투어 네 귀퉁이를 누르는 것이었다.

이에 진거사는 대사의 법력法力; 불법의 위력에 경탄하고 부득불 약속대로 그 땅을 다 시주하였다.

◀ 법력으로 좌구를 펼쳐 조계산을 덮는
  육조 혜능대사

◀**남화사 경내에 있는 진아선 거사의 조상 묘**
사찰 경내에 세속인의 분묘가 있는 것은 특이하고 드문 경우이다. 진아선 거사는 자신의 조계산을 시주하여 무량공덕을 쌓아 오늘날에도 칭송되고 있다.

남화사 사찰 경내에 있는 (사)천왕령(四)天王嶺이라는 지명은 이때의 일로 붙여진 이름인데, 오늘날까지도 전해오고 있다.

그런데 단월檀越; 檀那/단나; danapati/다나파티 Skt.; 施主/시주; 보시/布施를 행하는 사람 진아선이 그의 조상 묘가 조계산에 있으므로 다음과 같이 말하였다.

"대사의 법력이 크신 것은 알겠습니다만, 저의 고조의 분묘가 이 땅에 있습니다.
그러하오니 후일 사찰을 지으시더라도 그곳만은 그대로 남겨두시길 바랍니다. 다른 곳은 모두 시주하지요."

진아선 거사가 덧붙여 말하였다.
"그리고 이 땅은 생룡生龍; 살아있는 용과 백상白象; 흰 코끼리이 뻗어 내린 맥이오니, 높고 낮은 지형 그대로 집을 짓되 땅을 깎아 지형을 훼손치 마십시오."

그리하여 뒤에 절을 지을 때 한결같이 그의 말대로 하였다.

오늘날에도 남화사 경내에는 땅을 시주한 진아선의 조상 묘가 있다. 사찰 경내에 세속인의 분묘가 있는 것은 유례를 찾아보기 힘든 특이하고 드문 경우이다.

그러므로 이와 같은 진아선 거사의 시주공덕에 대한 일화를 알지 못한다면 그 연유를 이해하기 힘들 것이다.

이렇게 하여 대사가 경내를 크게 넓히고, 산수가 뛰어난 곳에 난야蘭若; 아란나/阿蘭那; 阿蘭若/아란야; aranya Skt.의 음역; 조용한 숲에서의 수행 정진, 또는 수행처; 암자를 세운 것이 13개소에 이르렀다. 오늘날 화과원花果院이라 불리는 곳이다.

육조대사가 큰 법력을 보인 일화는 여럿 있다. 대사께서 신통력으로 조계산 전체를 좌구 하나로 덮은 일화 외에도, 보림사 대웅전 앞의 연못에 사는 용을 해탈케 한 이야기도 전해 내려오고 있다.

보림사 대웅전 앞에 못이 하나 있었는데, 용이 자주 출몰하여 숲의 나무를 흔들어 꺾어 놓곤 하였다.

◀施地檀越陳亞仙祖墓
(시지단월진아선조묘)
묘비명이 '땅을 시주한 시주자 진아선의 조상 묘'라고 적혀있다. 단월(檀越)은 시주라는 뜻이다.

진아선 거사는 자신의 조계산을 시주하여 큰 도량을 이루게 하는 무량공덕을 쌓아 오늘날에도 그와 그의 조상을 칭송하는 향화가 끊이지 않고 있다.

어느 날은 아주 큰 형상으로 나타나며, 물결이 솟아오르고 구름과 안개가 자욱하게 덮이어 대중들이 모두 두려워하였다.

대사께서 꾸짖어 말씀하셨다.
"네가 큰 몸으로만 나타낼 수 있지 작은 몸으로는 나타낼 수 없는 모양이구나. 만약 신령스런 용이라면 마땅히 자유자재로 몸을 변화하여 나타낼 수 있을 것이니라."

그러자 그 용이 갑자기 사라졌다가 다시 작은 몸으로 나타나 못 위로 뛰어 나오므로, 대사께서 발우를 펴 보이시면서,
"네가 감히 이 노승의 발우 속에는 들어오지 못할 것이다."

용이 나르다시피 헤엄쳐 앞에 이르므로 대사가 발우에 담으시니 용이 움직이지 못하였다.

대사께서 발우를 법당으로 가지고 가서 용을 위하여 설법을 하시니, 용이 마침내 뼈를 벗고 축생계에서 해탈하여 사라졌다는 이야기가 전해져 오고 있다.

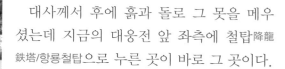

대사께서 후에 흙과 돌로 그 못을 메우셨는데 지금의 대웅전 앞 좌측에 철탑降龍鉄塔/항룡철탑으로 누른 곳이 바로 그 곳이다.

선종의 요람 조계산 보림사(寶林寺)

보림사, 즉 오늘날의 남화선사(南華禪寺)는 중국의 남단 광둥성 사오관시 곡강현 조계(廣東省 韶關市 曲江県 曹溪)에 있다. 광둥성 제2의 도시인 사오관(韶關)시(市)에서 남쪽으로 약 20km 떨어진 곳에 위치하고 있다.

보림사는 선종의 육조혜능(638-713) 대사가 돈오의 법문을 펼쳤던 도량으로 이른바 '남종선법(南宗禪法)'의 발상지이다. 일찍이 지약삼장이 예언한대로 육조혜능대사가 출현하여 이곳에서 36년 간 머물며 행화를 한 곳이라 하여 육조행화도량(六祖行化道場)이라고도 불린다.

오늘날 중국 지도에서는 보림사를 결코 찾아 볼 수 없다. 유서 깊은 절 이름이 시대에 따라 여러 차례 바뀌어 오다가 오늘날에는 남화선사로 바뀌어 있기 때문이다.

남화사는 남조 양무제 천감3년(梁武帝天監三年; 504년)에 처음 세워져 보림사(寶林寺)라 사액(賜額)되었다. 당나라 때는 칙명으로 중흥사(中興寺)·법천사(法泉寺)로 개명되었다가, 송 태조 조광윤이 개보3년(開寶三年; 970년) 남화선사(南華禪寺)로 사액한 이래 현재에 이르고 있다.

1 조계 육조도량 남화선사 성지순례 안내도
 (Map for the Pilgrimage to Nanhua Monastery)

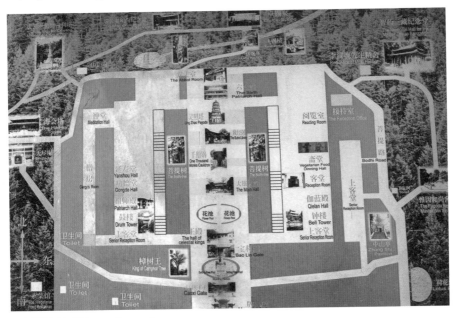

수림(水林; Chinese Cypress)

탁석천(卓錫川; Zhuoxi Spring)

복호정(伏虎停; Fuho Pavilion)

방장실(方丈室; the Abbot Room)

육조전(六祖殿; the Sixth Patriarch's Hall)

영조탑(靈照塔; Ling Zhao Pagoda)

장경각(蔵經閣; the Sutra Library)

천승과(千僧鍋; the Big Caldron for 1,000 Monks)

대웅보전(大雄寶殿; the Main Hall)

화지(花池; Flower Pool)

천왕전(天王殿; the Hall of Celestial Kings)과 발우(鉢盂)

보림문(寶林門; Baolin Gate)

오향정(五香停)과 방생지(放生池) (the 5-scent Pavilion and the Releasing Pond)

조계문(曹溪門; Caoxi Gate)

패방(牌坊; Memorial Arch)

2 남화선사 패방(牌坊)

패방(牌坊; paifang) 또는 패루(牌樓)는 중국 특유의 전통적 건축물로, 일주문(一柱門)의 일종이다. 지붕을 여러 층으로 얹은 것도 있다.

능(陵), 절 또는 도시의 입구에 장식이나 기념으로 세운다. 해외에서는 중국 문화의 상징으로, 차이나타운 입구에 많이 세워졌다.

사진의 남화선사 패방 사이로 남화선사의 정문인 조계문이 보인다.

3 조계문(曹溪門)과 조계산(曹溪山)

남화선사 앞 광장을 지나 다리를 건너면 남화사 정문인 조계문이 보인다. 본래 조계(曹溪)는 '조(曹)씨 집성촌 앞 계곡'이라는 뜻이다. 멀리 사찰 뒤편의 산이 조계산이다. 광장 앞의 다리 아래로는 조계천이 흐른다.

나란히 놓인 3개의 다리는 삼무교(三無橋)라 하는데, 이를 모두 통과하면 무병(無病), 무통(無痛), 무재(無災)의 3무(三無)를 얻는다고 한다.

4 조계문(曹溪門)과 조계 남화선사

조계문은 조계산 남화선사의 정문에 해당한다. 문루에 걸려있는 '조계(曹溪)'라는 현판이 유독 한국순례자들의 눈길을 강하게 사로잡는다. 한국불교 조계종의 이름이 바로 이 조계에서 비롯하였기 때문이다.

이곳이야말로 한국 선종의 시원(始原)이자 고향인 것이다. 조계 보림사는 바로 한국불교로 이어진 선종의 요람이다.

5 남화선사 편액

송 태조 조광윤이 개보3년 (開寶三年; 970년) 남화선사 (南華禪寺)로 사액(賜額)함.

6 문화재지정 표지판

전국중요문물보호단위 (全國重点文物保護單位)

7 오향정(五香停)과 방생지(放生池)

조계문을 통과하면 오향정이라는 정자가 나온다. 정자 좌우로는 방생지인데, 오향정은 방생지 위로 가로지르는 다리 위에 세워져 있다.

더 가면 보림문이 나온다. 오향정 사이로 멀리 보림문이 보인다.

8 보림문(寶林門)

방생지 위의 오향정을 지나면 보림도량(寶林道場)이라는 글자가 선명하게 새겨진 편액이 있는 보림문이 나온다.

보림 불이문(不二門) 양편에있는 '동오제일보찰(東奥第一寶刹)' '남종불이법문(南宗不二法門)'이라는 주련이 알려주듯이 이곳은 남종선의 본산이었다.

이곳은 육조혜능대사가 36년 동안 주석하며 중국 선종의 본격적인 꽃을 피운 곳이다.

따라서 대사의 족적이 많아 오늘날에도 대사를 흠모하는 수행자와 순례자들의 발길이 끊이질 않는다.

보림문 안쪽으로 천왕전과 거대한 황금발우가 보인다.

⑨ 천왕보전과 앞뜰에 있는 거대한 황금발우

남화사 천왕보전 앞뜰에는 거대한 황금 발우가 있다. 이것은 육조혜능대사가 의발을 전수 받은 것을 상징하고 공표(公表)하기 위한 것이다.

⑩ 대웅보전

대웅전은 1000명의 대중이 동시에 참배할 수 있을 정도로 규모가 크다.

▲ 대웅전 처마의 공포   ▲ 용마루의 법륜, 녹색기와   ▲ 대웅전 지붕의 치미

⑪ 장경각(蔵經閣)

각종 경전들을 보관하고 있는 곳이다. 현재 이곳 장경각 2층에는 육조대사의 유물들이 진열장에 보관되어 있다. ≪p158 장경각 내 유물 참조≫

⑫ 천승과(千僧鍋)

장경각 축대 바로 밑에는 천승과(千僧鍋)란 커다란 가마솥이 있다. 이 솥은 높이 160cm, 지름 209cm의 거대한 크기로, 1338년 주조된 것이다.

천승과(千僧鍋)의 '과(鍋)'란 노구솥 과(鍋; 놋쇠로 만든 작은 솥)이다. 즉 천승과는 '스님 천 명 분(分)의 밥을 짓는 솥'이란 뜻이다.

⓭ 장경각(蔵經閣)에 보존되어 있는 육조혜능대사의 유물들

❶ 육조가 행자시절 허리에 매고 방아를 찧었던 추요석(墜腰石)

❷ 육조가 신었던 노란색 버선(袜子)

❸ 방변이 조성한 육조상

❹ 측천무후가 대사에게 하사한 사금석 염주

❺ 측천무후가 하사한 옥도장

❻ 측천무후가 육조혜능 대사에게 내린 성지(696년)

⑭ 영조탑(靈照塔; 육조탑/六祖塔; Ling Zhao Pagoda)

장경각 뒤편에 8각5층으로 조성된 높이 29.9m의 영조탑이 있다. 이 탑의 본래 명칭은 '원화영조
지탑(元和靈照之塔)'으로, 이것은 당 헌종 원화(元和10년; 815년)에 '대감선사(大鑑禪師)'라는 시호
와 함께 하사한 탑호였다.

육조단경에 나오는 육조대사의 머리를 해동(海東; 한반도)으로 가져가는 육조정상탑(六祖頂上
塔) 비화≪p248 참조≫, 즉 신라승(新羅僧) 김대비(金大悲)가 해동에서 공양하기 위해 중국인에게
금 이만 량을 주고 육조대사의 머리를 가져가려다가 소리가 나 발각되는 비화에 나오는 바로 그
탑이다.

원래 영조탑은 육조혜능대사의 진신을 모신 묘탑으로, 이 탑 1층에 육조대사의 진신을 모셨었
다. 당시에는 이 탑이 남종돈교의 신앙적 중심역할을 하였다.

현재 육조대사의 진신은 영조탑 뒤편의 육조전(六祖殿; 祖殿/조전; 사진에서는 탑 왼편으로 보
이는 2층 전각)으로 옮겨 봉안하고 있다.

육조탑은 대사 입적 후 5년 뒤인 당 현종 개원6년(718년)에 처음 목조건물로 건립되었으나 여러
차례의 화재로 훼손되었다가 송대에 전탑(塼塔; 벽돌 탑)으로 재건되어 전형적인 송탑(宋塔) 형식
을 보이고 있다.

"… 밤중에 대사의 진신
을 모신 탑 속에서 쇠줄을
끊는 듯한 이상한 소리가
들렸다.
이에 대중이 쫓아 나가
보니, 한 사람이 탑에서
나와 도망하는 것이었
다.…"≪본문 중에서≫

육조탑 밑의 지궁(地宮)에는 석가여래가 입멸한 후부터 미륵불이 출현할 때까지 대자대비로
써 일체중생을 교화 구제하고 있는 지장보살(地藏菩薩; Ksitigarbha bodhisattva/크시티가르바
보디싸트바)의 여러 모습을 소조하여 모시고 있다.

인도에서의 스투파(stupa; 佛塔/불탑), 즉 탑은 본래 부처님의 사리를 봉안하던 묘이었는데,
중국에서는 옛 조사들을 봉안한 곳이 더 많다.

또한 한국에는 주로 석탑, 일본에는 목탑이 많은데 비해, 중국에는 벽돌로 쌓아 만든 전탑(塼
塔; 벽돌 탑)이 많다.

⑮ 육조전(六祖殿; 祖殿/조전)

▲ 육조 혜능대사의 진신상이 모셔져 있는 육조전

영조탑에 참배하고 육조전에 들어서면 문루에 조인운광남천불지(祖印雲光南天佛地)이라 쓴 편액이 걸려 있다.

육조혜능대사는 714년 8월 3일 고향 신주 국은사에서 76세로 입적하셨으나 대사의 법구는 입적한 지 100일 만에 국은사에서 남화사로 모셔와 봉안하게 되었다.

대사의 법구는 옻칠을 하고 향을 발라 진신육불로 하기로 하였다. 관속에 보존되어 있던 법구는 원적 29년 후인 742년 대웅전 뒤편에 영조탑(육조탑)을 건립하고 관을 해체하여 진신육상으로 원래는 육조탑(六祖塔; 영조탑(靈照塔) 1층에 봉안하여 모셨다가, 나중에 조전(祖殿)을 짓고 옮겨 봉안하여 오고 있다.

문화혁명 때 거의 완전히 파괴되었던 조전 내부도 그 후 지속적이고 대대적인 장엄 불사를 거쳐 현재의 모습을 갖추게 되었다.

현재 육조전 안에는 육조혜능선사를 비롯하여, 명대의 단전선사, 감산선사, 이렇게 세 분의 진신상이 화려한 좌대 위에 모셔져 있으며 유리관이 씌워져 있다.

▲ 남화선사 육조전의 진신상 삼위(三位)

육조혜능선사 진신상의 좌우로 명 시대(明 時代)의 단전선사(丹田; 사진/司進, 1368~1644)와
감산선사(憨山; 덕청/德清, 1546~1623)의 진신상이 시좌하고 있다.

이미 생전에 부처를 이루신 육조혜능선사의 진신상이 화려하게 장엄한 좌대 위에 모셔져 있다.
육조혜능선사의 진신상은 광동지방의 고온 다습한 환경에서도 1300년이란 오랜 세월 동안
완전한 모습을 유지해 왔다. 유리는 근래에 씌운 것이다.

⑱ 육조혜능대사 진신상

南無 六祖 大鑑慧能 禪師!
南無 六祖 大鑑慧能 禪師!
南無 六祖 大鑑慧能 禪師!

(6조 대감혜능선사께 경배하오며
백천만번의 절을 올리나이다.)

▲ 육조 혜능대사 진신상

조전(祖殿)에는 육조혜능대사께서 좌선한 채 열반한 모습 그대로 보존된 진신상이 봉안되어 있다. 좌탈입망하신 법구에 옻칠을 해서 모신 것이다.

불교에서 최고 경지로 수행하면 입적한 후 육신이 썩지 않는다고 하는 데 이를 불교용어로 전신사리(全身舍利)라고 한다. 입적 후 등신불(等身佛)이 된 고승들을 중국에서는 육신보살(肉身菩薩)이라 부른다.

진신은 과연 선사답게 금칠이 아닌, 소박하게 옻칠되어 있다. 옻칠로 새카맣게 보이는 점을 제외하고는 얼굴모습도 별다른 과장 없이 있는 그대로 소박하게 드러내고 있으며 얼굴 표정도 생생하게 살아있다.
그리하여 우리가 육신보살, 인간 부처를 친견하고 예배드리는 순간, 1300년이란 오랜 세월의 시공의 벽을 뛰어넘어 자성(自性)이 곧 부처임을 생전에 깨우치시던 육조혜능대사의 사자후가 생생하게 살아 들려오는 듯 하다.

⑲ 복호정(伏虎亭)

호랑이를 복속시켰다는 복호정.
옛날에는 호랑이가 많았다고 한다.

⑳ 탁석천 앞의 천하보림 패방

방장실 왼편으로 난 길을 통해 우측으로 올
라가면 복호정과 천하보림 패방이 나온다.

㉑ 탁석천(卓錫泉)

뒤쪽으로 울창한 숲 속 오솔길을 따라 올라가다 천하보림 패방을 지나면 산길 끝에 있는 탁
석천에 이른다.

탁석천(卓錫泉)은 글자 그대로, 혜능대사께서 주장자(拄杖子)로 땅을 3번 쳐 샘이 솟게 한 곳
이다. 속칭 구룡천(九龍泉)이다. 육조께서 이 샘물가에서 손수 가사를 빨아 입으셨다.

연중 끊이지 않고 변함 없이 물이 솟아나는데, 지금도 물맛이 좋다.

대사의 고향 신주(新州) 국은사(國恩寺)에도 대사가 같은 방식으로 물길을 연 같은 이름의
탁석천이 있다.

19장
육조 혜능대사, 당 왕조의 초청을 받다

육조스님이 조계 보림사에 주석하며 행화行化; 교화를 행함한 이래로 보림도량은 날로 융성하였다.

세월이 흘러 어느 덧 혜능대사의 세수 58세가 되었다.

당 만세통천원년唐 萬歲通天元年; 696년에 무측천武則天; 則天武后/측천무후 황제가 혜능대사를 모셔오려고 조서詔書를 내렸다.

▲ 측천무후(則天武后)
당나라 제7대 황제로, 또한 무주(武周)의 황제로서 690~705년까지 통치한 중국 역사상 최초이자 유일무이한 여황제이다. 고종의 황후이자 중종 · 예종의 모후이다.

무측천은 이미 이전에도 신수대사는 물론 지선智詵, 현약玄約, 노안老安, 현색玄賾 등 중국 당대의 십대고승들을 낙양으로 초청하여 법문을 들었다.

그러나 혜능은 무측천의 정중하고 간곡하게 거듭되는 초청을 번번이 늙고 병들었다는 핑계로 사양하였다.

무측천은 혜능이 입궐하라는 자신의 청을 거절하였다는 표문表文; 황제에게 표로 올리는 글을 읽고 대노하였다.

"감히 짐의 조서를 거절하다니!
그를 입경케하여 죄를 묻겠노라."

이때 무측천은 국사 신수대사가 헛기침하는 소리를 들었다.

무측천은 신수대사의 감화도 많이 입고 있었지만, 또한 태생적으로 대단한 재치와 순발력이 있는 지혜로운 여인이었다.

무측천은 신수대사의 깊은 의중를 깨닫고는 즉시 분노를 거두고 곧 웃음 지으며 말하였다.

"중서사인中書舍人; 중서성에서 황제께 올릴 표문/表文이나 황제의 칙령·조서/詔書 등의 작성을 맡는 관리 오존유吳存穎는 조계로 가서 혜능대사에게 짐의 성지를 전하라."

무측천이 친히 어필을 들어 글을 써 성지를 내렸다.

중서사인 오존유가 즉시 성지를 받아 조계로 가서 흠사欽賜; 황제가 하사함한 어사지물과 함께 육조대사에게 전하였다.

현재 대부분의 책은 물론, 심지어는 육조단경에도, 사료에 대한 확인 없이 천편일률적으로 '중종이 대사에게 마납가사와 수정발우를 공양하였다'라고 되어 있다.

그러나 실제로는 '무측천어사금수천불가사화성지武則天御賜錦繡千佛袈裟和聖旨에서도 확인할 수 있듯이, 공양물을 보낸 사람은 중종이 아니라 무측천이었다.

또한 공양물의 이름과 언급 순서도 수정발우와 마납p176 참조으로 되어 있음을 알 수 있다.

"… 이에 중서사인 오존유에게 맡기어 수정발우 1부, 마납 1조, 백전 양서, 향차 5각, 돈 3백관의 적은 물건들이나마 대사께 공양하고, 이로써 짐의 정성을 표하오

今遣中書舍人吳存穎, 專持水晶鉢盂一付, 摩衲一条, 白氈兩端, 香茶五斛, 錢三百貫。前件物微, 少伸供養, 以表朕之精誠, ….",

◀무측천어사
금수천불가사화성지
(武則天御賜
錦繡千佛袈裟和聖旨)

"… 수정발우 1부, 마납 1조, 백전 양서(흰 모직 2벌), 향기로운 차 5각, 돈 300관의 적은 물품이지만 대사께 공양하고, 이로써 짐의 정성을 표하오. …≪성지 중에서≫

무측천은 국사 신수대사의 가르침에 불교적 소양이 깊었으며 스스로의 수행을 통하여 부처님의 지혜에도 눈을 떴다.

오늘날 우리는 모든 경전의 본문을 읽기에 앞서, 반드시 개경게開經偈라는 경건한 뜻을 지닌 게송을 먼저 독송한다.

개경게(開經偈)

無上甚深微妙法 무상심심미묘법
百千萬劫難遭遇 백천만겁난조우
我今聞見得受持 아금문견득수지
願解如來真実意 원해여래진실의

위없이 높고 깊은 부처님의 미묘한 법,
백천만겁 지나도 만나기 어려워라.
제가 이제 듣고 보고 지니오니,
부처님의 진실한 뜻 깨닫게 하소서.

그러나 이 유명한 개경게를 지은 사람이 중국 역사상 유일무이한 여황제였던 무측천武則天; 측천무후/則天武后이었다는 사실을 아는 사람은 많지 않다.

당나라 때 역경승訳經僧 실차난타実叉難陀, Sikasananda/시크샤난다, 652~710가 산스크리트 본 화엄경을 뤄양으로 가져와 번역한 화엄경을 무측천에게 가장 먼저 바쳤는데, 무측천은 그것을 읽은 후 너무나 큰 감명을 받아 이 게송을 지은 것이다.

이처럼 개경게는 그녀에게 어느 정도의 근기根機; indriya/인드리야 Skt.; 부처님의 교법을 받아들일 수 있는 자질이나 이해능력가 있었음을 여실히 보여주는 게송이 아닐 수 없다.

🎴 측천무후(則天武后)인가, 무측천(武則天)인가?

측천무후(624년~705년)는 당나라 고종 이치(李治)의 황후이며 무주(武周) 당나라 왕조의 제7대 황제로 중국 역사상 최초이자 유일무이한 여황제이다. 중국에서는 보통 그녀를 무측천(武則天; Wu Zetian)이라 부른다.

권력욕이 강하고 간악하여 황위를 찬탈한 요녀(妖女)라는 비난과 민생을 보살펴 나라를 훌륭히 다스린 여걸(女傑)이라는 칭송을 동시에 받고 있다.

그녀는 이주 광원(利州 廣元; 오늘날의 쓰촨성 광원시 무미/武媚) 태생이다. 아명(児名)은 출생지명을 따 무미랑(武媚娘)이라 하였으며, 이름은 무조(武照)였다. 후에 황제에 즉위할 때 무조(武曌; Wu Zhao)로 개명하였다.

그녀는 14세 때 태종 이세민의 후궁으로 들어갔으나 승은도 입지 못하였다. 태종이 649년 사망하자, 무조는 후사를 두지 못한 선제의 후궁은 비구니가 되어야 하다는 법도에 따라 머리를 깎고 비구니가 되어 감업사(感業寺)로 강제 출가하게 되었다. 그녀에게 감업사는 창살 없는 감옥이었다.

절망의 순간, 기회는 온다. 당 태종의 9남인 이치(李治)가 황제에 올라 고종이 되었다. 그가 분향차 감업사에 들렀는데, 거기서 무조를 본 순간 옛정이 떠올랐다. 고종이 태자일 때, 부황 이세민을 간호하던 무조를 본 적이 있었는데, 이때 서로에게 반하였던 것이다. 이 세상에 태어나 이성의 감정을 느끼고 연정을 주고받은 사람은 황태자 이치가 유일하였다.

감업사 비구니 생활에서 벗어나 궁으로 복귀하기만을 꿈꾸던 무조가 이 절대절호의 기회를 놓칠 리 없었다. 무조는 지난날 연인이었던 고종 이치에게 몰래 《여의낭(如意娘)》이라는 유명한 애모(愛慕)의 시를 지어 보냈다.

如意娘	여의낭
看朱成碧思紛紛	간주성벽사분분
憔悴支離為憶君	초췌지리위억군
不信此來長下淚	불신차래장하루
開箱驗取石榴裙	개상험취석류군

붉은 색이 푸르게 보일 정도로 생각이 어지러운 건,
그대 생각하다 초췌해진 때문이죠.
끝없이 흐르는 이 눈물 믿지 못하겠거든,
상자 열어 눈물 젖은 붉은 치마를 보옵소서,

후일 이백(李白)이 《장상사(長想思)》를 짓고 난 연후에, 무측천이 지은 이 시를 보고 놀랐다는 이야기가 있다.

이보다 더 호소력이 있는 애모(愛慕)를 노래한 시도 드물 것이다. 아울러 무조의 문학적 소양과 폭넓은 독서량을 가늠해 볼 수 있게 하는 시이다.

원문의 '간주성벽(看朱成碧)'은 남북조시대의 양(梁)나라 왕승유(王僧儒)의 《야수시제빈(夜愁示諸賓)》의 '수지심안난 간주홀성벽(誰知心眼亂 看朱忽成碧)'에서, 그리고 '석류군(石榴裙; 젊은 여인들이 즐겨 입던 석류 빛 도는 붉은 치마)'은 동시대의 제(齊)나라 하사징(何思澄)의 《남원봉미인(南苑逢美人)》의 '풍권포도대 일조석류군(風捲蒲桃帶 日照石榴裙)'에서 시구를 각각 차용하여 쓴 것이다.

앞의 시는 봄날 꽃 봉우리가 떨어지고 여름날 푸른 잎으로 변하는 세월의 변화를 그린 것이며, 뒤의 시는 여인의 치마를 의미하는 것이다.

무조는 황후 왕씨와 당시 고종의 사랑을 독차지하던 소숙비와의 암투 때문에 어부지리로 재입궁하게 되었다. 황후 왕씨는 고종이 무조와 밀회한 사실을 알고 고종의 마음을 소숙비에게서 떼어놓기 위해 무조를 이용하였다. 왕씨는 무조에게 다시 머리를 기르게 하고 무조를 후궁으로 삼게 하였다. 무조는 다시 입궁하여 황후 왕씨와 소숙비 다음가는 지위인 소의가 되었다. 그러나 이것은 여우를 잡기 위해 호랑이를 불러들인 격이 되고 말았다.

무조는 고종과의 사이에서 모두 4남 2녀의 자녀를 낳아 황제의 사랑을 차지하기 시작했으며, 결국 황후 왕씨와 결탁하여 소숙비를 폐출시켰다.

이번에는 황후 왕씨와 무조가 암투가 벌이게 되었는데, 황후 왕씨는 궁중으로 무당을 불러들여 주술로 무후에게 해를 가하려다 고종에게 발각되어 결국 스스로 파멸을 불렀다. 고종은 황후 왕씨를 폐서인시키고, 무조를 황후로 삼으니, 이때가 654년 10월 13일이었다.

고종의 황후 무씨는 황태자였던 이충에게 여러 죄를 뒤집어씌우고 폐위시켰다. 그리고 그 자리에 자신의 장남을, 다음에는 차남을 앉혔다가는, 모두 폐하고 셋째 아들 이현(李顯)을 새로이 황태자로 삼았다. 그는 총명한 형들과는 달리 유약하였고, 어머니의 말에 절대 순종하였기 때문이었다.

3년 뒤인 683년, 고종이 사망하고, 황태자 이현이 황제에 오르니 이가 중종(中宗)이다. 하지만 얼마 안 되어 무씨는 그를 폐위시키고 자신의 소생 중 막내아들인 이단(李旦)을 황제에 올리니 이가 바로 예종(睿宗)이다.

690년 9월 9일 중양절을 기해, 무씨는 예종을 폐하고 자신이 황제에 올랐다. 이로써 중국 역사상 유일무이한 여황제가 탄생하였다. 무씨는 자신을 측천금륜대성신황제(則天金輪大聖神皇帝)라 칭하고 국호를 대주(大周), 연호를 천수(天授)라 하였으며 도읍을 장안에서 신도(神都; 낙양)로 천도하였다.

역사에서는 그녀가 세운 주나라를 하(夏)·은(殷)·주(周)의 주(周)나라와 구분하기 위하여 그녀의 성 무씨를 따 '무주(武周)'라 불렀다.

무씨는 황제에 오르자마자, 과거제도를 다시 개편하여, 여기서 뽑힌 신흥 세력들을 대거 중용하여, 자신의 지지기반으로 만들었다. 또한 기존 문자를 혁파하여 측천문자를 만들었다. (그녀의 치세에만 쓰였다.)

그녀가 재위에 있었던 기간은 16년이지만 실제로 국정을 장악한 것은 40년에 달하였다. 그녀가 다스리던 시기는 태종 이세민이 다스리던 시대에 버금갔고, 백성들의 생활은 풍족하였다. 무씨는 또한 불교를 중흥시켜, 전국에 많은 불교 사원을 세우고 많은 승려들을 양성하였다. 일부 역사가들은 그러한 그녀의 치세를 '무주의 치(武周之治)'라 불렀다.

6년 뒤인 705년, 무씨가 병이 들자, 중종 이현이 다시 황제에 복위하였다. 이로써 당 황조가 15년 만에 복권되었다. 신룡원년(705년) 중종이 복위한 뒤, 무씨가 상양궁(上陽宮)에 머무는 동안 황제의 칭호가 거두어졌다. 그리고 최초의 여성 태상황이 되었다.

705년 11월 2일, 거의 40년 동안 천하를 다스렸던 여걸 무측천은 장안 상양궁 선거전에서 82세의 나이로 사망하였다.

무씨는 본래 이씨(李氏)의 당(唐)나라를 멸망시키고 이를 대신하여 무씨(武氏)의 주(周, 690~705)나라를 세웠기 때문에 당 제국에는 역적이다. 그러므로 원칙적으로는 태묘(太廟)에서 제사될 수 없었다.

그러나 그녀의 두 아들이 황위에 올랐고, 특히 그녀의 막내아들 예종의 후손들이 황위를 계속 물려받았기 때문에 무주의 황제, 즉 무측천이 아닌 당나라의 황후, 즉 측천무후로서 태묘에 봉안되어 제사를 받을 수 있었다.

무측천과 중종의 초청 따위야 어찌 되었든, 육조스님의 행화行化; 교화를 행함는 광동 땅에서 착실히 뿌리를 내리고 있었다.

세월이 흘러 어느 덧 혜능대사의 세수 67세가 되었다.

당 중종 신룡中宗 神龍 원년705년 정월 15일上元日/상원일; 정월 보름에 측천測天; 고종황후이자 중종의 모후과 중종中宗; 당 제4대 황제; 고종의 7子이 조서詔書를 내려 혜능대사를 모시려 하였다.

그러나 혜능은 측천무후의 거듭되는 초빙마저 거부하고, 당시 '변방의 오랑캐들'이라고 멸시받던 고향 땅 사람들을 일깨우고 교화하는데 힘을 다 하였다.

측천무후와 중종이 조서로 이르기를,
"짐朕이 숭악혜안국사嵩岳慧安國師와 옥천신수대사, 이 두 분을 청해서 궁중에서 공양하고, 나라의 정사를 보살피는 여가에 매양 일승一乘을 탐구합니다.

두 스승이 미루어 사양하기를 '남방에 혜능선사가 있어 가만히 홍인弘人대사의 의법依法을 받았고 부처님 심인을 전하여 이었으니 그를 청하여 법문을 들으라' 하십니다.
이에 중사中使; 內侍/내시 설간薛簡을 보내어 조서를 전하여 청하옵나니 원컨대 스승은 자비하신 마음으로 속히 상경해서 우리가 스님의 법문을 들을 수 있도록 해 주십시오." 하였다.

이에 대사께서 천자에게 표를 올려 회답하였다.
그는 겸손해 하면서, 천자의 덕을 찬탄하고, 자신은 풍병에 걸렸기 때문에 산에서 요양하면서 도를 계속 닦음을 용서하기 바란다는 취지의 정중하게 사양하는 글을 올렸다.

韶州曹溪山釋迦惠能辭疾表

惠能生自偏方。幼而慕道。忍大師囑付如來心印。傳西國衣鉢。授東土佛心。奉 天恩遣中使薛簡召能入內。惠能久處山林。年邁風疾。

陛下德包物外。道貫萬民。育養蒼生。仁慈黎庶。旨弘大。欽崇釋門。恕惠能居山養疾。修持道業。上答 皇恩下及諸王太子。

謹奉表。

釋迦惠能頓首頓首。

소주 조계산 석가혜능이 병 때문에 사의를 표하는 글을 올리나이다.

혜능은 변방에서 태어나 어려서 도를 흠모하다가 과분하게도 홍인 대사에게서 여래의 심인(心印)을 부촉 받고, 서국의 의발을 전해 받아, 동토의 불심을 전수 받게 되었습니다. 천은(天恩)으로 중사 설간을 보내시와 혜능을 궁으로 들라 하시는 부르심을 받자오나, 혜능은 오래도록 산림에 거처하였으며 늙고 풍질을 앓게 되었습니다.

폐하의 덕은 만물을 감싸시고, 도는 만민에 퍼지사, 창생을 양육하시며 백성에 인자하십니다. 뜻은 넓고 크시옵고 석문(釋門)을 흠숭하십니다. 혜능으로 하여금 산에 머물며 병을 고치고 도업을 닦고 지녀, 위로는 황제의 은혜에 보답하고 아래로는 여러 왕, 태자에게까지 미치도록 허락하여 주시기 바랍니다.

삼가 표를 올리나이다.

석가혜능은 머리 조아려 사룁니다.

설간이 대사께 여쭈었다.

"경성京城; 당의 수도 장안/長安 의 선덕禪德; 선사스님; 禪僧/선승들이 모두 말하기를 '깨달음을 얻으려면 반드시 좌선坐禪하여 선정禪定을 익혀야 한다. 선정이 아니면 해탈할 수 없다'라고 가르치는데, 스님께서 설하시는 법은 어떠하옵니까?"

장안의 선사들이란 현재 경성에서 가르침을 펴고 있는 국사國師 대통신수大通神秀와 그의 제자들을 가리키는 것으로, 그들의 가르침이란 북종선을 의미한다.

이에 대해 대사께서 말씀하시기를,

"도란 마음으로 깨닫는 것인데, 몸이 앉는 것과 무슨 상관이 있겠느냐?

경전금강경에 말씀하시기를 '만일 여래가 앉는다거나 눕는다고 말한다면, 이는 사도邪道; 삿된 도를 행하는 것이니라.

왜냐하면 여래는 오고 감이 없기 때문이다. 생겨나지도 않고 없어지지도 않는 것이 여래의 깨끗한 선淸浄禪/청정선이요, 모든 법이 텅 비어 고요한 것이 여래의 깨끗한 좌淸浄坐/청정좌이니, 구경에는 증득함도 없거니 어찌 하물며 앉아 있는 데 있겠느냐?"하셨다.

설간이 또 사뢰기를,

"제자가 서울에 돌아가면 주상主上께서 반드시 물으실 것이오니, 원컨대 스님께서는 자비를 베풀어 마음의 요체를 가르쳐주소서.

양궁兩宮; 측천과 중종께 아뢰고 또 경성의 도道 배우는 자들에게 전하여서, 마치 한 등불이 백 개, 천 개의 등을 불붙이듯이 마음이 어두운 자를 다 밝게 하고 그 밝음이 다함이 없도록 하여 주소서."하였다.

대사께서 말씀하시기를

"도에는 밝고 어둠이 없나니, 다만 상대적인 것에 대한 이름뿐이니라. 정명경淨名經; 유마경; Vimalakirtinirdesa Sutra에 말씀하시기를 '법은 비교할 것이 없나니 상대가 없기 때문이다.'라 하셨느니라."

설간이 여쭈었다.

"밝음은 지혜를 비유하고, 어둠은 번뇌를 비유합니다. 도 닦는 사람이 만약 지혜로써 번뇌를 비추어 없애지 않는다면, 끝없는 생사윤회에서 무엇에 의지하여 벗어나겠습니까?"

대사께서 말씀하셨다.

"번뇌가 곧 보리라, 둘이 아닌 불이不二이며 다름이 없다. 만약 밝은 지혜로써 어두운 번뇌를 부수어 없앤다고 한다면, 그것은 이승二乘의 견해, 즉 분별심에 사로잡힌 말이고 불이중도의 말이 아니다. 상근기라면 이러하지 않으니라."

설간이 또 여쭈었다.

"어떤 것이 대승의 견해입니까?"

대사께서 말씀하셨다.

"범부는 밝음과 어둠을 둘로 분별하여 보지만, 지혜로운 자는 그 자성이 둘이 아닌 것으로 보나니 둘 아닌 성품이 바로 실성이다. 대승大乘의 법은 언제나 불이법이다.

또 진실한 자성은 불이법이므로, 자성에는 범부와 부처의 다름이 없다.

네가 만일 심요心要를 알고저 하거든 모든 선善과 악惡에 분별심이 없으면 자연히 청정심체淸淨心体에 들어가게 되어 맑고 고요한 속에 묘한 작용이 한량없으리라."

▲ 당 제4대 황제 중종(中宗)

설간이 대사의 가르침을 입고, 활연대오豁然大悟; 크게 깨달음하였다.

설간이 조사께 예배를 올리고 하직한 후 표를 가지고 수도 낙양으로 돌아가니 신룡 원년705년 5월 8일이었다.

그 해 9월 3일에 이르러 대사께 회답 조서가 내려졌다.

"대사께서 늙고 병들었다 사양하시와 짐을 위해 도를 닦겠다 하니 나라의 복밭福田/복전 이외다.
대사는 마치 정명거사浄名居士; 維摩居士/유마거사가 비야리성에서 병을 칭하고 대승을 드날림과 같이, 모든 부처님의 마음을 전하시고 둘 아닌 법을 말씀하셨습니다.
또한 설간을 통해 대사께서 가르치신 여래지견如來知見을 전하게 하시니, 짐朕이 선善을 쌓은 보람이며 숙세宿世에 선근善根을 심은 인연으로 대사께서 세상에 나오심을 만나게 되어 바로 최상의 불심을 깨닫게 되니, 짐은 대사의 은혜에 감사하여 마지않나이다."

조서의 내용은 이렇게 《유마경維摩經; Vimalakirtinirdesa Sutra》을 빌어서 육조스님을 찬양하고 있는 것이다.
유마거사維摩居士; 浄名居士/정명거사는 과거세의 부처로 비야리성毗耶離城; Vaisali Skt./베살리에서 늘 칭병하고 누워서 문병 오는 불제자들에게 병을 가지고 설법하였다.

병을 칭했던 것에 육조스님이 병을 칭하며 법문만 전하고 황궁에 오지 아니한 것을 비유한 것이다.

이것은 황제가 불교 교학에도 통달하여 이렇게 유식한 서간문을 쓴 것은 아니다. 황제가 말하는 취지를 받아서 문장가 신하들이 조서의 글을 미려하게 지은 것이다.

중종中宗은 회답 조서를 내려, '짐을 위해 대사가 도를 닦으니 나라의 복전福田; 복밭; 공양하여 복을 얻는 일을, 밭에 씨를 뿌려 곡식을 거두는 일에 비유함이외다'라고 찬양하였다.

중종은 또한 천불가사千佛袈裟를 흠사欽賜; 황제가 하사함하고, 대사께서 사시던 신주新州의 옛 집터에 국은사國恩寺라는 새로운 이름을 내렸다.

이에 앞서 당 고종 때인 683년, 혜능대사 고향 신주의 옛 집터에 보은사報恩寺가 창건되었는데, 이번에 조정으로부터 새로운 이름을 받아 국은사로 개명하게 된 것이다.

📚 납의(衲衣)와 무측천이 내린 마납(磨衲) 가사는 어떻게 다른가?

납(衲)은 기웠다는 뜻이다. 그러므로 납의(衲衣)는 세상 사람들이 내버린 낡은 헝겊을 모아서 누덕누덕 기워 만든 옷이란 뜻으로, 승려가 입는 법의(法衣)의 한 가지이다.

납의는 납가사(衲袈裟) 또는 분소의(糞掃衣)라고도 한다.

한편, 마납(磨衲)은 마(磨)로 만든 납(衲)이다. 마(磨)는 자마(紫磨)로서 자주 빛 비단의 일종이다.

무측천이 내린 마납(磨衲) 가사는 납의라고는 하나, 육조대사에게 공경하는 뜻으로 만든 것이니 만

▲ 납의(衲衣)

큼 일반 납의와는 달리 자마(紫磨)라는 자주 빛 비단으로 납의를 지어 공양하였던 것이다.

중종中宗은 705년에는 소주자사에 칙명을 내려 육조대사가 주석하고 계신 보림사에 중흥사重興寺라 사액하고, 다시 707년에는 법천사法泉寺로 개명하게 하였다.

이 모두가 대사에 대한 조정의 존경과 관심, 그리고 황은을 보이고자 함이었다.

보림사가 오늘날 남화선사南華禪寺로 불리게 된 것은 당나라의 절도사였다가 송을 건국한 태조 조광윤이 개보 3년開寶三年; 970년 사액한 이래로의 일이다.

사실 혜능이 거듭되는 당조의 조서를 받들어 입경하지 않았던 이유는 전법의 활동지를 옮기면 지금까지 쌓아온 교단의 체계가 흔들릴 우려가 있었기 때문이다.

게다가 신수파가 지배하고 있는 낙양에 들어가기에는 혜능에게 신변상의 위험이 컸다는 점도 있었던 것이다.

중종이 내린 천불가사(千佛袈裟)란?

천불가사는 정교한 자수기법으로 결가부좌한 천불의 상을 수놓은 가사이다.

금실로 수를 놓아 불상의 이목구비와 머리카락이 선명한 형상으로 나타나며 남색이나 주홍색 색실로 선이 세밀하게 표현된다. 테두리에 교룡을 수놓아 생동감을 주기도 한다.

천불가사는 천불사상을 나타낸다. 즉 과거 · 현재 · 미래의 3겁에 각각 천불이 나는데, 현세의 구원불인 석가모니 부처님은 이 현겁천불 가운데 8번째 부처님이고, 그 다음 올 미래불인 미륵불은 9번째 부처님에 해당한다고 한다.

이렇게 차례로 천불이 오고 마지막 1000번째 부처님 루지불이 오게 되면 현겁이 끝나고 미래겁으로 전환한다고 한다.

20장
고향으로 돌아가 열반에 들 준비를 하다

공통력共通曆; CE; Common Era 713년.

육조 혜능대사는 75세가 되자 육신의 한계를 느꼈다. 대사께서는 자신이 열반할 때가 머지 않았음을 알고 고향 신주의 국은사로 가실 생각을 하게 되었다.

거기엔 부모님이 잠들어 계신다.
삶의 가을이 오면 생물이 본능적으로 자기가 태어난 곳으로 돌아가는 것이 자연의 법칙일터, 이제는 회귀할 때인 것이다.

조계 보림사는 제2의 고향과 같은 곳이다. 육조대사께서는 36년 간을 이곳에 머물며 행화를 하셨다. 사실상 자신의 삶의 가장 많은 시간을 이곳에서 보냈다.

육조대사께서는 36년 간 보살펴 온 보림사 곳곳을 돌아보셨다. 보림사 곳곳에 자신의 손길이 닿지 않은 곳은 없었다.

육조대사께서는 나무 한 그루, 풀 한 포기까지도 쓰다듬고 만져보셨다. 마치 하나 하나와 석별의 정을 나누듯이.

'아! 이것들을 보는 것도 이제 마지막이겠구나! 다시는 보지 못하겠구나!'

육조대사의 이때의 상황과 심정은 석가모니 부처님께서 열반을 앞두고 베이샬리Vesali를 떠나 쿠시나가르Kushinagar로 가실 때와 흡사하였다.

붓다께서는 여든의 노쇠한 몸을 이끌고 베살리에서 지내시게 되었다.
붓다께서 아난다에게 말씀하셨다.
"아난다야! 나는 이제 여든 살, 늙고 쇠하였다. 내 육신은 마치 낡은 수레가 가죽끈에 매여 간신히 움직이고 있는 것과 같으니라."

붓다께서는 베살리 각 지역에 흩어져 있던 제자들을 모이게 한 뒤 말씀하셨다.
"나는 석 달 후 쿠시나가르에서 열반에 들리라."
그 날 붓다께서는 성안으로 걸식하러 나가서서 거리의 여기저기를 코끼리처럼 천천히 몸을 돌려 돌아보시며 말씀하셨다.

"아난다야, 이것이 내가 베살리를 보는 마지막이로구나!"

대반열반경(大般涅槃經; MAHAPARINIRVANA SUTRA) 16.6.4
《예수와 붓다 p79 참조, 법진 · 이원일 공저》

육조혜능대사는 설법으로 수많은 이들을 제도하면서도 늘 부모님의 은혜를 잊지 않았다. 그는 원래 소문난 효자였다. 몸은 출가하였으나 부모에 대한 정을 잊지 않았으며, 효를 무엇보다 중시하였다.

이러한 점은 출가자는 가족과 단절하는 인도에서의 종교관습과는 매우 다른 것이었다. 이것은 인도에서 건너온 외래 종교 불교가 효孝를 중시하는 전통적 중국문화와 융화되어 토착화, 중국화 되었음을 보여주는 단면이다.

대사께서는 열반할 때가 가까워지자, 자신의 고향 집터에 세워진 신주 국은사新州 國恩寺에 부모의 은덕을 숭모하는 보은의 뜻을 담은 탑을 세우고 싶어졌다.

그리하여 신주 국은사에 보은탑報恩塔을 세우기로 하고 소문을 내었더니 여기저기서 관련업자들이 모여들었다.

하루는 대사께서 오조 홍인선사로부터 법을 전수 받으면서 신표信標로 전해 받은 그 전법 가사를 빨려고 하였다.
아주 중요한 가사여서 대사께서는 좋은 물을 찾아 손수 빨려고 하였으나 좋은 샘이 없었다.

그래서 마땅한 샘을 여기저기 찾던 중, 절 뒤로 5리쯤 올라가니 울창하고 무성한 숲 속에 상서로운 기운이 서려 있는 곳을 발견하게 되었다.

◀울창한 산림 속에 있는 탁석천
오늘날에도 연중 끊이지 않고 물이 솟아 흐르고 있는데, 지금도 변함 없이 물맛이 좋다.

그래서 '아, 여기서 좋은 물이 솟아나겠구나!' 하고 주장자拄杖子를 땅에 내려꽂으니 거기서 샘이 터져 용솟음쳐 올라왔다.

그 샘이 흘러나와 모여 하나의 못이 되었는데, 오늘날에도 연중 끊이지 않고 물이 솟아 흐르고 있는 탁석천卓錫泉; 속칭 구룡천/九龍泉이 바로 그것이다.

대사께서 무릎을 꿇으시고 돌 위에서 가사를 빨고 있었는데, 어떻게 알고 문득 한 스님이 와서 절하며 사뢰었다.

"저는 방변方変; Fangbian이라는 서촉西蜀; 오늘날의 쓰촨성/四川省 사람이온데, 국은사 불사에 동참하고 싶어 이렇게 멀리서 와서 뵈옵니다.
그리고 또한 원컨대 그 의발을 보여 주소서"

대사께서 가사를 내어 보이시고 물으셨다.
"그대는 무슨 일을 하는 사람인가?

방변이 대답하였다.
"소상塑像; 찰흙으로 빚어서 만든 사람의 형상을 잘 만듭니다."

이에 대사께서는 얼굴을 바로 하시고 말씀하셨다.
"그러면 어디 내 모양을 만들어 보아라."

방변이 처음에는 대사의 말씀에 당황하는 듯 하다가는 이내 소상 작업을 시작하였는데, 처음 이틀 동안은 육조스님의 모습이라든지 특징 등을 살펴보기만 하는 것이었다.

　그는 육조스님의 모습에서 풍겨 나오는 인품과 정신까지도 소상에 실어 나타내려 듯 관찰에 관찰을 거듭하였다.

　며칠 후, 방변이 대사의 얼굴을 소조한 상을 만들어 왔는데 그 높이 가 7촌약 21cm(1寸은 약 3cm; 1척尺의 1/10; 1푼分의 10배) 정도였다.

　방변이 육조스님 상을 어찌나 흡사하게 만들었는지 육조스님의 미묘한 특징까지도 섬세하게 아주 잘 표현되어 있었다.

　대사께서 방변이 찰흙으로 빚어서 만든 자신의 소조 상을 보시고는 허허 웃으시며 말씀하셨다.
　"그대가 소성塑性; 찰흙의 성질은 잘 알지만, 불성佛性은 모르는구나."

　그리고 대사께서는 손을 뻗어 방변의 이마를 어루만지며 축원하셨다.
　"영원히 인간과 천상의 복전이 될지어다!"

　방변이 사람 모습을 소조하는 솜씨가 뛰어나니, 불상도 많이 조성하고 조사상祖師像도 많이 조성하여, 널리 천하 사람들의 복전福田이 되라는 칭찬과 격려이자 축원인 것이다.

방변이 찰흙으로 빚은 대사의 소조 상▶
후에 사람들이 그 위에 금을 입혔다.
남화사 장경각 소재

대사의 열반 1년 전인 태극원년太極元年; 당 제5대 예종의 연호; 712년 임자壬子 칠월이었다.

대사께서는 제자들에게 명하셔서 자신의 고향 집터에 세워진 신주 국은사新州 國恩寺에 가서 탑을 세우게 하셨다.

대사께서는 열반이 가까워지자 마음이 급하셨다. 대사께서는 공인들에게 공사를 재촉하여 다음 해713년 여름이 끝날 무렵 탑을 낙성하게 하셨다.

이것이 국은사 보은탑報恩塔이다. 불조佛祖와 부모 그리고 나라의 은혜에 보답한다는 의미였다.

◀ **부모양육지은 보은탑**
(父母養育之恩 報恩塔)
높이 29m, 8각7층의 탑으로,
각층마다 복도가 있어 밖으로
나가 절의 전경을 볼 수 있다.

대사께서는 동시에 이 탑을 자신이 열반 후 들어가실 묘탑으로 준비하였을 가능성도 있다.

중국에서는 조사들을 봉안한 묘탑이 많았으며, 실제로 나중의 이야기이긴 하지만 남화사 영조탑도 육조대사의 묘탑으로 축조되어 진신을 모셨었다.

《선원청규禪苑淸規》〈존숙천화尊宿遷化〉편에 의하면 일반승려는 다비茶毘; jhapita/자피타; 火葬/화장하는 것이 원칙이다.

그러나 '존숙尊宿; 고승이나 대종사 등은 다비를 하거나 입탑入塔; 탑 안에 육신을 그대로 모시는 일종의 매장 형식을 한다'고 규정하고 있다. 화장과 매장 중에서 선택할 수 있도록 한 것이다.

또한 존숙은 천화遷化; 고승의 입적 한 후 진영眞影; 얼굴을 주로 나타낸 그림이나 사진을 조사당祖師堂; 조당/祖堂에 봉안토록 하였다. 불립문자 교외별전不立文字 敎外別傳; 선의 진수는 문자로는 나타낼 수 없으며, 경전이나 교설을 떠나 따로 이심전심으로 전함을 종지로 하는 선종에서는 법맥이 매우 중요하였기 때문이다.

 《선원청규禪苑淸規》제7권 〈존숙천화尊宿遷化〉편

선원청규(禪苑淸規): 선원의 운영과 규칙을 정리한 책. 송(宋)의 종색(宗賾)이 숭녕(崇寧) 2년(1103년)에 백장 회해(百丈懷海, 749-814) 선사의 백장청규(淸規)를 토대로 하고, 여기에 시대의 변화에 따른 여러 선원의 실정을 파악하여 선원의 운영과 규칙을 10권으로 정리한 책이다.

존숙(尊宿): 학문과 덕행이 뛰어나 남의 본보기가 될 만한 노승(老僧), 또는 방장스님 등 대종사를 일컫는 말.

천화(遷化): 문자 그대로의 뜻은 변(變)하여 바뀜. 이승에서의 교화(敎化)를 마치고 다른 세상(世上)에서의 교화(敎化)를 위해 옮긴다는 뜻으로, 고승(高僧)의 죽음을 일컬음.

대사께서는 자신이 한 달 후 곧 열반에 드실 것을 미리 알고 계셨다.

그리하여 선천 2년先天二年; 당 제6대 현종/玄宗의 연호; 713년 7월 1일에 제자들을 다 모으시고 말씀하셨다.

"내가 팔월에 고향 신주로 가서 세상을 떠나려 한다. 하니, 그대들은 모르는 게 있거든 빨리 물으라. 그대들의 의심을 풀어 미혹이 없게 해 주리라.

내가 간 뒤에는 그대들을 가르칠 사람이 없으리라."

법해法海; Fahai; 육조스님의 법문을 기록하고 모아 육조단경을 편집한 분 등이 듣고 모두 우는데, 오직 신회神會, 684~758; 훗날 하택종의 창시자만이 정신이나 마음에 전혀 동요함이 없고 또한 울지도 않았다.

대사께서 말씀하셨다.

"신회만이 마음에 동요가 없구나. 신회만이 좋으니 안 좋으니 하는 따위 헐뜯고 칭찬하는데 움직이지 않으며, 슬픔도 즐거움도 내지 않을 만큼 초탈하게 되었을 뿐이고, 나머지는 다 그렇지 못하니 몇 해 동안 산중에 있으면서 무슨 도를 닦은 것이냐?

그대들이 지금 슬피 우는 것은 누구를 위함인가? 내가 가는 곳을 그대들이 몰라서 근심하는 것인가? 만약 내가 가는 곳을 모른다면 그대들에게 이렇게 미리 말할 수 있겠는가?

그대들이 슬퍼하는 것은 바로 내가 가는 곳을 모르기 때문인 듯 한데, 만약 내가 가는 곳을 안다면 울 것이 없으리라.

(나는 이미 법성화 되었으니) 법성은 본래 나고 죽고 가고 옴이 없는 것이다.

그대들은 모두 앉아라.

내 이제 그대들을 위하여 게송 하나를 설하리니, 이름은 진가동정게 真仮動静偈; 참되고 거짓되고, 움직이고 고요한 게라.

그대들이 이 게송을 다 외워 뜻을 알면 내 뜻과 같을 것이요, 이 게송대로 수행하면 종지宗旨; 종교 교의의 근본이 되는 가장 중요한 뜻를 잃지 않으리라."

일체무유진　불이견어진　약견어진자　시견진비진
一切無有真　不以見於真　若見於真者　是見真非真

약능자유진　이가즉심진　자심불리가　무진하처진
若能自有真　離仮即心真　自心不離仮　無真何處真

···

"진리라는 것이 따로 있는 것이더냐. 진리라는 것은 보이지 않는 것인데 찾아다녀 무엇하랴? 만일 누가 진리를 보았다고 한다면 그것은 거짓이니라.

만일 진리가 있다면 그것은 거짓을 버린 것, 그것이 바로 마음의 진리이다. 자기 마음의 거짓을 떨어내지 않으면 진리는 없는데, 어디에서 진리를 찾으랴?"

제자들이 이 게송을 듣고 바로 대사의 뜻을 알았다. 그들은 모두 대사께 절하고 물러나 각각 마음을 잡고 법대로 닦아서 다시는 감히 다투는 일이 없었다.

21장
법보단경의 유통을 당부하시다

대사께서 세상에 오래 머물지 않으실 것을 알고 제일 큰 상좌인 법해法海; Fahai; 육조스님의 법문을 기록하고 모아 육조단경을 편집한 분가 재배再拜하고 여쭈었다.

"스승님께서 입멸入滅; 涅槃/열반하신 뒤에 의법衣法을 마땅히 누구에게 전하오리까?"

"내가 대범사에서부터 지금까지 설법한 것을 초록抄録; 필요한 부분만 뽑아서 적음, 또는 적은 것하여 세상에 유통하게 하되, 제목을 법보단경法寶壇經; 六祖壇經/육조단경이라 하라.

대사께서 다시 말씀하셨다.
"이제 이렇게 그대들을 위해 법을 설하고 그 가사는 전하지 않겠노라. 그것은 그대들의 신근信根; 믿음의 뿌리이 충분히 깊어 더 이상 가사를 신표로 삼을 필요도 없이 내가 조금도 의심치 않고 큰 일을 맡길 만하기 때문이다."

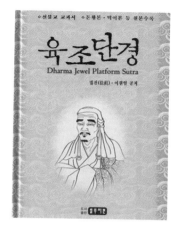

◀**육조단경의 기록 및 편집자 법해스님**
법해스님이 육조단경을 편집하였다는 것 이외에는 그에 대해 알려진 것이 없다.
법해 스님은 입적 시 육조단경 편집의 마무리를 그의 동료 도찬(道璨; Daocan) 스님에게 맡겼다.
법해는 소주 곡강현(Shaozhou Qujianxian) 태생으로, 육조스님의 제자였던 지해(智海; Zhihai)가 법해스님일 것으로 보고 있다.

"그리고 그대들이 잘 수호하고 서로 전하여 널리 중생들을 제도하도록 하여라. 이대로만 하면 그것이 정법正法이니라.

일찍이 불교가 동토東土; 중국에 전래된 뒤, 초조初祖 달마대사께서 2조 혜가慧可 대사에게 법을 전하시면서 일화오엽一花五葉의 게송을 남겨 놓으셨는데, 그 뜻을 가만히 의거해 보더라도 가사는 전하지 않는 것이 옳으니라.
그 게송은 이러하니라.

吾本來玆土 오본래자토
傳法求迷情 전법도미정
一花開五葉 일화개오엽
結果自然成 결과자연성

내가 본래 이 땅에 온 것은
법을 전하여 미혹에서 중생을 건지기 위함일세.
한 꽃에 다섯 잎이 벌어지니
열매 맺음은 저절로 이루어지게 되리라."

이 일화오엽의 게송에는 2가지 해석이 있는데, 우선, 육조혜능대사의 해석은 다음과 같다.

여기서 '1화一花; 한 송이 꽃'는 달마 자신을 상징한다.
또한 '5엽五葉; 다섯 잎'은 2조에서 6조 혜능까지의 다섯 분의 조사들혜가·승찬·도신·홍인·혜능을 상징한다.

그러므로 '한 꽃에 다섯 잎이 벌어지니, 열매 맺음은 저절로 이루어지게 되리라' 라는 말은
'나 초조 달마 이후 5조사가 전법하기에 이르면, 열매 맺음, 즉 중생들이 부처님 법을 받아들임은 저절로 이루어지게 되리라.' 라는 뜻이다.
(따라서 그 이후로는 전법의 신표로 가사를 전하지 않아도 저절로 전법이 이어지게 된다.)

그러므로 '가사는 더 이상은 전하지 않는다."라고 육조 혜능대사께서 달마대사의 게송을 그렇게 해석하신 것이다.

《경덕전등록五花景德傳燈錄─보리달마菩提達磨 편》에서는 일화오엽의 게송에 대하여 달리 해석하고 있다.
이것은 아무래도 남종선이 융성하여 후에 5가7종으로 분화 발전하자 후인들이 자신들의 입지를 유리하게 다지기 위한 견강부회牽強附會; 당치 않는 말을 억지로 끌어다 붙여 자기의 주장에 맞추려 함 식 해석으로 보이기도 한다.
그 내용은 다음과 같다.

"마치 한 송이 연꽃에서 다섯 잎이 벌어지듯이, 육조 혜능은 한 송이 꽃, 그리고 그의 법계에서 갈려져 나온 5분파는 다섯 잎오엽/五葉이다."

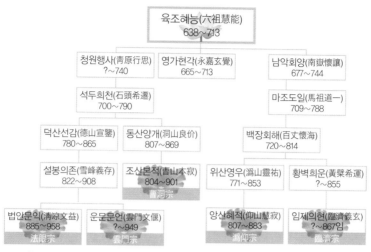

	육조혜능(六祖慧能) 638~713		
청원행사(靑原行思) ?~740	영가현각(永嘉玄覺) 665~713		남악회양(南嶽懷讓) 677~744
석두희천(石頭希遷) 700~790			마조도일(馬祖道一) 709~788
덕산선감(德山宣鑒) 780~865	동산양개(洞山良价) 807~869		백장회해(百丈懷海) 720~814
설봉의존(雪峰義存) 822~908	조산본적(曺山本寂) 804~901 曹洞宗	위산영우(潙山靈祐) 771~853	황벽희운(黃檗希運) ?~855
법안문익(淸凉文益) 885~958 法眼宗	운문문언(雲門文偃) ?~949 雲門宗	앙산혜적(仰山慧寂) 807~883 潙仰宗	임제의현(臨濟義玄) ?~867임 臨濟宗

▲ 일화오엽(一花五葉)

즉 육조혜능의 남종선 법계에서 갈려져 나와 온 천하에 퍼져나간 조동종曹洞宗, 임제종臨濟宗, 운문종雲門宗, 위앙종潙仰宗, 법안종法眼宗의 5분파를 오엽五葉에 비유한 것이다.

713년 여름

마침내 신주 국은사新州 國恩寺 보은탑報恩塔이 완공되었다. 조사께서는 이제는 36년 동안 주석했던 조계를 떠나 고향으로 돌아갈 때가 되었다고 생각하였다.

수구초심首丘初心; 호사수구/狐死首丘이라!

여우도 죽을 때는 자기가 살던 굴이 있는 구릉을 향해 머리를 둔다고 하였다. 죽어서라도 고향 땅에 묻히고 싶어하는 귀소본능歸巢本能의 발동인 것이다.

그것이 어찌 여우나 연어 뿐 만이랴. 모든 생물은 태생지인 고향을 그리워하고 다시 찾는 귀소본능이 있는 것이며, 그것은 대자연의 섭리의 한 부분인 것이다.

대사께서 칠월 팔일에 문득 문인門人; 제자들에게 이르셨다.
"내가 신주로 돌아가겠으니 속히 배를 준비하여라."

조계의 대중이 슬피 울며 좀 더 계시기를 굳이 애원하는지라, 대사께서 말씀하셨다.

"모든 부처님들이 세상에 출현하신 것도 열반을 나타내기 위함이니, 온 것은 반드시 가는 것이 당연한 이치이다.
나의 이 몸도 반드시 가야 하느니라."

대중이 여쭈었다.
"스승님께서 이제 가시면 언제 다시 돌아오시나이까?"

대사께서 다시 말씀하셨다.
"잎이 떨어지면 뿌리로 돌아가는 것이라. 다시 올 때에는 아무 말이 없을 것이다다시 올 때에는 열반하여 내 육신만이 무언으로 돌아올 것이다."

한 제자가 대사께 여쭈었다.
"정법안장正法眼藏; 淸淨法眼/청정법안; Treasury of the True Dharma Eye, 즉 법을 누구에게 부치시나이까?"

이 말은 '법은 누구에게 전하시겠습니까?'라는 뜻이었다.

대사께서 다시 말씀하시길,
"도 있는 이가 얻을 것이고, 망상심 없는 이에게 통하나니라." 하셨다.

육조대사께서는 제자들의 여러 물음에 일일이 답하시면서, 두 가지 예언도 하셨다.

"뒤에 무슨 어려움은 없겠나이까?" 하니,

"내가 입멸하고 5~6년 뒤에 어떤 사람이 와서 내 머리를 취해 가져가리라. 내 예언을 잘 들어보아라.

頭上養親 두상양친
口裏須餐 구리수찬
遇滿之難 우만지난
楊柳爲官 양유위관

머리 위로는 어버이를 봉양하고,
입 속에는 음식이 들어가야 한다.
만(滿)의 난을 만나서,
버드나무(楊柳)를 관리로 삼는다.

 비결(秘訣)로 된 육조스님의 예언 풀이

이 예언은 육조의 예지력을 부각시켜 육조를 신비스러운 존재로 격상시키고 있다. ≪상세한 이야기는 p248 참조≫

① 두상양친(頭上養親): 신라의 김대비(金大悲) 스님이 정상(頭相; 육조스님의 머리)을 신라로 가져가 어버이처럼 봉양할 의도에서, 돈 2만 량을 주고 육조스님의 머리를 취해오도록 사주하였다.

② 구리수찬(口裏須餐): 입 속에는 밥이 들어가야 한다, 즉 밥 먹고살기 위해 돈 2만 량을 받고 보림사 영조탑(靈照塔)에 들어가 육조스님의 머리를 잘라오려다 발각된 장정만(張淨滿)이란 자의 처지를 말한 것이다.

③ 우만지난(遇滿之難): 장정만(張淨滿)이 육조의 목을 잘라가는 난을 만나서

④ 楊柳爲官(양류위관): 양류(楊柳)는 버드나무라는 뜻이지만, 양간(楊侃)과 류무첨(柳無忝) 두 사람을 가리킨다. 당시 현령 양간과 자사 류무첨이 이 사건을 맡는 관장이 될 것임을 예언하셨던 것이다.

또 예언하시기를,

"내가 입멸하고 나서 칠십 년 후에 두 보살이 동방으로부터 올 터인데, 하나는 출가出家하고 하나는 재가在家하면서 동시에 교화하여 내 종宗; 선종/禪宗을 세우고 크게 법을 일으켜 많은 제자들을 길러내어 이어가리라."하셨다.

훗날 육조스님 열반하시고, 70년 후 과연 두 보살이 출현하였는데, 출가한 보살은 마조도일馬祖道一, 709~788 스님이며 재가한 보살은 방거사龐居士; Pangjushi, ?~808이다.

▲ 중국의 유마거사라 불린 방거사

▲ 마조도일 선사

도일 스님은 성姓이 마馬씨이므로 마조도일이라 하는데, 육조혜능, 남악회양에 이어 선종 제8대 조사이다.

그는 강서성 홍주江西省 洪州 개원사開元寺에 머물며 선풍을 크게 일으켰는데, 그가 이룬 홍주종파洪州宗派는 후에 임제종臨済宗으로 발전하였다. 그는 '평삼심시도平常心是道; 평상심이 도이다'를 주창하였다.

벽암록에 나오는 게송 중에 '마구답살천하인馬駒踏殺天下人; 마대사 망아지가 천하의 사람들을 밟아 죽였다'이라는 표현이 있는데, 미친 말이란 별명의 마조스님이 말발굽으로 많은 사람들의 허상을 짓밟아버려 사람을 제도한 것을 가리키는 말이다.

방거사龐居士; Pangjushi, ?~808는 자는 당나라 형주 형양衡州 衡陽 사람으로 자는 도현道玄, 성명은 방온龐蘊이다.

그는 탐욕스럽고 속된 것을 싫어하여 재물을 모두 동정호洞庭湖에 던져 버렸다는 일화가 있다.

그는 당나라 정원貞元; 당 제9대 덕종/德宗의 연호; 785~805년 연간에 석두희천石頭希遷에게 선지禪旨를 깨우쳤으며, 단하천연丹霞天然, 마조도일馬祖道一 등에게 사사한 후 법을 이었다. 300여 편의 시를 남겼는데, 그 일부가 《방거사어록龐居士語錄》에 전한다.

방거사는 출가하지는 않았지만 《조당집祖堂集》에서는 방거사를 재가의 보살在家之菩薩로 묘사하고 있다.

실로 이 모두가 육조스님의 예언 그대로 되었던 것이다!

방거사는 '중국의 유마거사'라고도 일컬어진다. 여기서 방거사가 인도의 유마거사維摩居士와 비슷할 것이라는 생각에서 방거사가 거부巨富라는 오해가 생겨나기도 하였다.

인도에서 거사居士; Kulapati/쿨라파티 (Skt.)라고 하는 호칭은 '덕망이 있으면서 동시에 재산이 많은 사람'을 의미하였다.

유마거사는 비야리성羅耶離城; Vesali Pal./베살리 최고의 장자長者였고, '자재무량資材無量'이라고 불릴 정도의 거부였다.

▲ 방거사와 딸 영소녀 진영 병풍, 도쿄박물관 소장

22장
법이 전하여 온 역대 전등법맥을 설하시다

전등傳燈이란, 마치 하나의 등불에서 다른 등불들로 불을 붙여 계속 이어지듯이, 부처님의 교법이 스승에서 제자로 전해져 부처님의 법맥이 이어지는 것을 비유하는 것이다.

이처럼 부처님의 법의 등불을 이어받은 계통을 전등법맥傳燈法脈이라 한다.

대중이 또 여쭈었다.

"위로부터 부처님과 조사께서 응현應現; 불보살이 중생을 구하기 위해 여러 가지 모습으로 세상에 오심하신 이래로 전해 내려옴이 몇 대나 되는지 가르쳐 주소서."

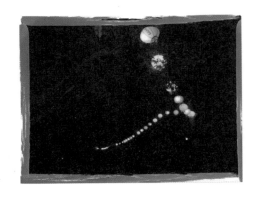

"예로부터 중생을 제도하기 위해 세상에 오신 부처님의 수는 이미 헤아릴 수 없이 많으니, 그 대강만 이야기하리라.

이제 칠불七佛; 과거 칠불; 과거 세상에 출현한 일곱 부처님; 과거 장엄겁의 3불과 현재 현겁의 4불을 통틀어 일컬음로부터 시작하리라.

과거 장엄겁過去 莊嚴劫에는 비바시불, 시기불, 비사부불이 출현하셨으며, 현재 현겁現在 賢劫에는 구류손불, 구나함모니불, 가섭불, 석가모니불이 출현하셨으니 모두 이렇게 칠불이 응현하셨느니라."

 3대겁(三大劫; Tri-maha-kalpa)과 과거 칠불(過去 七佛)

불교에서는 우주의 시간을 3대겁(三大劫; 40억2백만년)으로 나눈다. 즉 과거 장엄겁(莊嚴劫), 현재 현겁(賢劫), 미래 성숙겁(星宿劫)이다.

그리고 각 대겁은 20겁 동안씩 성주괴공(成住壞空), 즉 성립되고(成; vivarta-kalpa), 머물고(住; vivarta-siddha), 무너지고(壞; samvarta), 비어 있는(空; samvarta-siddha) 네 과정을 거친다.

그 중 현겁의 주겁(住劫) 기간 동안, 즉 현재 우리가 살고 있는 이 기간 동안 1,000명의 부처가 탄생한다고 한다.

과거 대겁	장엄겁(莊嚴劫) Vyuha-kalpaMahakalpa	① 비바시불 ② 시기불 ③ 비사부불	998번째 999번째 1000번째
현재 대겁	현겁(賢劫) Bhadra-kalpa '상서로운 영겁'이라는 뜻	④ 구류손불 ⑤ 구나함모니불 ⑥ 가섭불 ⑦ 석가모니불	1번째 2번째 3번째 4번째
미래 대겁	성숙겁(星宿劫) Naksatra-kalpa	⑧ 미륵불	5번째

과거칠불, 즉 이 일곱 분의 부처님들께서는 불교의 의미에 관하여 같은 말씀을 하셨는데, 이를 칠불통게七佛通偈라 한다.

諸惡莫作 제악막작 모든 악을 짓지 말고,
衆善奉行 중선봉행 많은 착한 일을 받들어 행하라.
自淨其意 자정기의 스스로 그 뜻을 청정하게 하면,
是諸佛教 시제불교 이것이 곧 모든 부처님의 가르침이니라.

이 게송은《법구경》의 182게,《증일아함경》권1 서품 및《열반경》권15 범행품으로도 알려져 있다. 이 칠불통게는 오늘날에도 널리 독송되고 있다.

그러면 여기서 과거칠불에 관하여 잠시 살펴보기로 하자.

❶ 비바시불(毘婆尸佛; Vipasyin Buddha)

比婆尸佛

과거 장엄겁(莊嚴劫)의 제998번째의 부처님이다. 산스크리트(Sanskrit; 범어/梵語) 비파쓰인(Vipasyin)을 음역하여 비바시불(毘婆尸佛) · 유위불(維衛佛)이라 하고, 의역하여 승관불(勝觀佛) · 정관불(淨觀佛)이라 한다.

그의 성은 꼰단나(Kondanna; 구루/拘樓)이다. (비바시불 · 시기불 · 비사부불, 이 세 부처님의 성은 모두 같은 꼰단나(Kondanna; 구루/拘樓))이다.

그는 인간의 수명이 84,000세일 때 출현하였다. 그는 반두마티성의 크샤트리야(Ksyatria; 찰제리/刹帝利; 무사계급) 왕족출신이며, 부친은 반두마(Bandhuma), 모친은 반두마티(Bandhumati)였다.

화엄경소 제17권에 의하면, 그는 파탈리나무(patali; bigmonia(Eng.)) 아래에서 성불하여 세 번 설법하였는데, 첫 번 째 설법에서 16만 8천 명, 두 번 째 설법에서 10만 명, 세 번 째 설법에서 8만 명을 교화하였다고 한다.

② 시기불(尸棄佛; Sikhi Buddha)

과거 장엄겁(莊嚴劫)의 제999번째의 부처님이다.

산스크리트 시키(Sikhi)를 음역하여 시기불(尸棄佛)이라 하고, 의역하여 정계(頂髻)·유계(有髻)라 한다.

시키(Sikhi)라는 말은 그의 터번(unhisa)과 머리가 sikha(시카; 불꽃/flame) 모양을 하고 있는데서 왔다.

그의 성은 꼰단나(Kondanna; 구루/拘樓)이고, 인도의 카스트 4성 중 왕족인 크샤트리야(Ksyatria; 刹帝利/찰제리) 출신이며, 아버지는 아루나(Arunava), 어머니는 빠바띠(Pabhavati)이다. 그는 부왕의 왕성인 아루나바띠(Arunavati)에서 출생하였다.

그는 출가하기 전에 아들을 두었는데 무량이라 하였고, 푼다리카 (pundarika; 분타리수/分陀利樹) 나무 아래서 성불하였으며, 많은 중생들을 교화하였다고 한다. (pundarika는 흰 연꽃 백련이란 뜻 외에 인도망고(Mangifera indica) 나무라는 뜻도 있다.)

③ 비사부불(毘舍浮佛; Visvabhu Buddha)

과거 장엄겁(莊嚴劫)의 마지막 1000번째 부처님이다.

산스크리트 비스바부(Visvabhu; Vessabhu(Pali))를 음역하여 비사부(毘舍浮)·비습바부(毘濕婆部) 등으로 부르고, 의역하여 변일체자재(遍一切自在)·일체승(一切勝)·변승(遍勝)·광생(廣生)이라 부른다.

비스바부(Visvabhu)의 문자 그대로의 뜻은, '비스바(Visva)'는 '변일체(遍一切)', '부(bhu)'는 '자재(自在)'라는 뜻이다. 즉 '모든 곳에 두루 존재하며 자유롭다'라는 뜻이다.

그의 성은 꼰단나(Kondanna; 구루/拘樓)이고, 무유성(無喩城)의 왕족으로 태어났으며, 아버지는 수파티타(Supattita), 어머니는 야싸바티(Yasavati)이다. 이 때 인간의 수명은 6만 세였다.

그는 사라수(娑羅樹; sal tree) 아래에서 성불하고, 첫 번째 설법에서는 7만 명, 두 번째 설법에서는 6만 명을 제도하였다고 한다.

현재 현겁 천불의 첫 번 째 부처님이다.

산스크리트 크라쿠찬다(Krakucchanda; Kakusandha (Pali))를 음역하여 구류손불(俱[拘]留孫佛)·가라가손타(迦羅迦孫陀) 등으로 부르고, 의역하여 영지(領持), 멸루(滅累) 등으로 불린다.

그의 성은 카샤파(Kasyapa)이다. (구류손불·구나함모니불·가섭불, 이 세 부처님의 성은 모두 같은 카샤파(Kasyapa; 가섭/迦葉)이다.)

그는 인도의 바르나(varna; 카스트/caste) 4성 중 브라만(Brahman; 사제계급) 출신으로, 그의 아버지 아지다타(Aggidata)는 그 곳 왕의 사제였다. 그의 어머니는 비사카(Visakha)이다.

그는 크마바티(Khemavati Park)에서 태어났는데, 그곳은 오늘날 고티하와(Gotihawa)로, 네팔 남부의 룸비니(Lumbini) 지역 카필라바스투(Kapilvastu) 구역의 남동쪽 4km에 위치해있다.

《고승법현전》에는 슈라바스티(Sravasti; 舍衛城/사위성) 동남쪽 12유순(180km) 지점에 구루진불(拘樓秦佛)이 태어난 곳이 있다는 기록이 있으며, 《대당서역기-겁비라벌솔도국》에는 "성의 남쪽 50여 리에 옛 성이 있는데 가라가촌타불이 인간의 평균 수명 6만 세 때 태어나신 곳이며, 성의 동남쪽 스투파에는 그 부처님의 사리가 있고 석주가 세워져 있으며 자세한 기록이 남아 있다"라고 하였다.

그는 고행하다가 브라만 사제 바지린다(Vajirindha)의 딸이 공양하는 우유쌀죽을 먹고 난 후, 시리사(sirisa)나무 밑에서 깨달음을 얻었다. 그는 마킬라(Makila)의 정원에서 첫 설법을 하였다.

아추타(Acchuta)라는 한 보시자가 구류손불을 위해 정사를 지어주었는데, 그 자리가 훗날 금강경 첫머리에 나오는 기수급고독원, 즉 급고독장자(Anathapindika)가 고타마 붓다(Gautama Buddha)를 위해 사서 바친 기수태자 소유의 삼림 제타바나(Jetavana Arama)이다.

5 구나함모니불(倶那含牟尼佛; Kanakamuni Buddha)

현재 현겁 천불(千佛) 중의 두 번째 부처님이다.

산스크리트 카나카무니(Kanakamuni; Konagamana (Pali))를 음역하여 가나모니(迦那牟尼), 구나함(拘那含) 등으로 음역하며, 의역하여 금선인(金仙人), 금색선(金色仙), 금유(金儒), 금적정(金寂靜)등으로 부른다.

그는 브라만 출신으로, 부친은 야나다타(Yannadatta; 야섬발다/耶睒鉢多)요, 모친은 우타라(Uttara; 울다라/鬱多羅)요, 그의 아내 이름은 루치가타(Ruchigatta)이며 출가 전에 아들을 두었는데 이름은 사타바하 (Satthavaha; 사/師)였다.

구나함모니불은 인간의 평균 수명이 점차 줄어들 무렵 사람의 수명 4만 세 때에서 태어났다. 그는 우둠바라(Udumbara; 오잠바라) 나무 아래에서 성도하고 한 번 설법에 3만 명을 제도하였다.

구나함모니불은 현겁 중에 출현하였으므로, 인도에는 이 부처님의 유적으로 알려져 있는 것이 많다. 중국의 서역구법승 법현(法顯, 337~422)의 《불국기(佛國記)》, 《대당서역기》등에는 슈라바스티(Sravasti; 舍衛城/사위성)에서 동남쪽으로 12유순(180km) 거리에 있는 나비가에 구류손불의 유적이 있다고 기록되어 있다.

▲ 아쇼카 왕이 구나함모니불의 출생지(Nigalihawa, Kapilvastu District, Nepal)에 세운 기념석주.

다시 그곳에서 다시 북쪽으로 12km에 구나함모니불이 태어난 옛 성 니갈리사가르(Nigalisagar; 오늘날 네팔 남부의 Kapilvastu District의 Nigalihawa)가 있으며, 이곳에 그의 스투파(stupa; 佛塔/불탑)가 세워졌는데, 부처님의 사리가 있었다는 기록이 있다.

이것은 그 주변에 세워진 아쇼카 왕 석주의 명문에 의해서 확인되었다.

⑥ 가섭불(迦葉佛; Kasyapa Buddha)

현재 현겁에 나타난 천불 중의 세 번째 부처이다.

산스크리트 카샤파(Kasyapa; Kassapa (Pali))를 음역한 말로, 이를 의역한 음광불(飲光佛)이라는 이름으로 더 잘 알려졌다.

석가모니 부처님의 상수제자 가섭(迦葉)과 이름이 같아 혼동하기 쉽다.

《장아함경(長阿含經)》에 따르면, 가섭불은 인도북부 카시(Kashi) 왕국의 바라나시(Varanasi; 波羅奈)의 이시파타나 녹원(Isipatana Deer Park)에서 태어났다.《열반경》3권에서는 각덕비구가 수행하여 성불한 뒤 가섭불이 되었다고도 한다.

그는 브라만 출신으로 아버지는 브라흐마다타(Brahmadatta; 梵德), 어머니는 다나바티(Dhanavati; 財主)이다.

그의 아내는 수난다(Sunanda)이며, 출가 전에 비지타세나(Vijitasena; 집군/集軍)라는 아들을 두었다.

그는 아내가 공양한 우유쌀죽을 먹은 후, 반얀(banyan; 니야그로다/Nyagrodha (Skt.); 니그로다/尼拘樓陀) 나무 밑에서 성도하였다.

그는 인간의 수명이 2만 세일 때 출현한 부처이며, 이 때부터 백년마다 평균수명이 한 살씩 줄어 100세가 될 때 석가모니 부처님이 태어났으므로, 지금부터 약 200만 년 전의 부처이다.

⑦ 석가모니불(釋迦牟尼佛; Sakyamuni Buddha)

현재 현겁(莊嚴劫)의 4번째 부처이다.

산스크리트 샤카무니(Sakyamuni)를 음역하여 석가모니라 부르고, 의역하여 능인(能仁), 능적(能寂) 등으로 부른다.

성은 샤캬(Sakya; 석가/釋迦)요, 크샤트리야(Ksyatria; 찰제리/刹帝利) 계급의 태자였으며, 아버지는 카필라 왕국의 숫도다나(Suddodhana) 왕이며, 어머니는 마야(Maya) 왕비이다. 아내의 이름은 야소다라(Yashodhara), 아들의 이름은 라훌라(Rahula)이다.

8 미륵불(彌勒佛; Maitreya Buddha)

　　현재 현겁(莊嚴劫)의 5번째 부처이다. 석존이 입멸한 뒤 56억 7000만 년 후, 도솔천(兜率天; Tusita/튜시타 Skt.)에서 다시 세상에 출현하여 용화수(龍華樹) 아래에서 성불하고, 미륵불의 세계인 용화세계를 열고 모든 중생을 교화한다.

　　산스크리트 마이트레야(Maitreya; Metteyya (Pali))를 음역하여 미륵(彌勒)이라 부르고, 의역하여 자비(慈悲; maitri)라는 뜻에서 자씨(慈氏)보살 등으로 부른다.

　　마이트레야는 성(性)이고 이름은 아지타(Ajita; 阿逸多/아일다)이다. 《법화경과 신약성서, p57 참조》

육조혜능대사께서 이어 말씀하시기를,

"석가모니불께서 먼저 마하가섭존자에게 전하셨고

다음 아난 존자

제삼 상나화수 존자

제사 우바국다 존자

제오 제다가 존자

제육 미차가 존자

제칠 바수밀다 존자

제팔 불타난제 존자

제구 복타밀다 존자

제십 협존자

제십일 부나야사 존다

제십이 마명대사

제십삼 가비마라 존자

제십사 용수대사

제십오 가나제바 존자

제십육 라후라다 존자

제십칠 승가난제 존자

제십팔 가나사다 존자

제십구 구마라다 존자

제이십 사야다 존자

제이십일 바수반두 존자

제이십이 마노라 존자

제이십삼 학륵라 존자

제이십사 사자 존자

제이십오 바사사다 존자

제이십육 불여밀다 존자

제이십칠 반야다라 존자

제이십팔 보리달마 존자

제이십구 혜가 대사

제삼십 승찬대사

제삼십일 도신대사

제삽십이 홍인대사요

혜능이 제삼십삼조이니,

이렇게 모든 조사祖師가 각각 이어 받은 것이다. 그대들은 뒷사람들에게 전하여 맥이 끊어지지 않도록 하여라." 하셨다.

역대 불조정맥(佛祖正脈): 서천28조 동토6조(西天28祖 東土6祖)

제 1대 조사(祖師)	마하가섭 (摩訶迦葉 Mahakasyapa) 존자	(?-BCE 490)
제 2대 조사(祖師)	아난다 (阿難陀 Ananda) 존자	(?-BCE 480년경)
제 3대 조사(祖師)	상나화수 (商那和修 Sanakavasa) 존자	(?-BCE 4C)
제 4대 조사(祖師)	우바국다 (優婆鞠多 Upagupta) 존자	(?-BCE 3C)
제 5대 조사(祖師)	제다가 (提多迦 Dhrtaka) 존자	(?-BCE 3C)
제 6대 조사(祖師)	미차가 (彌遮迦 Miccaka) 존자	(?-BCE 2C)
제 7대 조사(祖師)	바수밀다 (婆須蜜多 Vasumitra) 존자	(BCE 131-BCE 124)
제 8대 조사(祖師)	불타난제 (佛陀難提 Buddhanandi) 존자	(?-BCE 1C)
제 9대 조사(祖師)	복타밀다 (伏馱蜜多 Buddhamitra) 존자	(BCE 90-?)
제10대 조사(祖師)	협(脇 Parsva) 존자(?-1C)	
제11대 조사(祖師)	부나야사(富那夜奢 Punyayasas) 존자	(?-1C)
제12대 조사(祖師)	마명(馬鳴 Asvaghosa) 존자	(80-150)
제13대 조사(祖師)	가비마라(迦毘摩羅 Kapimala) 존자	(?-2C)
제14대 조사(祖師)	용수(龍樹 Nagarjuna) 존자	(150-250)
제15대 조사(祖師)	가나제바(迦那提婆 Aryadeva) 존자	(?-?)
제16대 조사(祖師)	라후라다(羅候羅多 Rahulata) 존자	(3C)
제17대 조사(祖師)	승가난제(僧伽難提 Sanghanandi) 존자	(?-74)
제18대 조사(祖師)	가야사다(伽耶舍多 Gayasata) 존자	(1C)
제19대 조사(祖師)	구마라다(鳩摩邏多 Kumarata) 존자	(2C)
제20대 조사(祖師)	사야다(舍夜多 Jayata) 존자	(3C)
제21대 조사(祖師)	바수반두(婆藪槃頭 Vasubandhu) 존자	(320-400)
제22대 조사(祖師)	마나라(摩拏羅 Manorhita) 존자	(?-5C)
제23대 조사(祖師)	학륵나(鶴勒那 Haklena) 존자	(?-5C)
제24대 조사(祖師)	사자비구(師子比丘 Aryasimha) 존자	(?-5C)
제25대 조사(祖師)	바사사다(婆舍斯多 Basiasita) 존자	(?-5C)
제26대 조사(祖師)	불여밀다(佛如蜜多 Punyamitra) 존자	(?-5C)
제27대 조사(祖師)	반야다라(般若多羅 Prajnatara) 존자	(?-457)

제28대(동토1조) 보리달마(菩提達磨 Bodhidharma) 존자   (?-534)
(달마대사는 인도의 제28대 조사인 동시에 중국으로 와서 불법을 전하여 중국선종의 초조(初祖)가 됨.)

제29대(2조) 조사(祖師)	혜가(慧可 Daza Huike) 대사	(487-593)
제30대(3조) 조사(祖師)	승찬(僧璨 Jianzhi Seungcan) 대사	(?-606)
제31대(4조) 조사(祖師)	도신(道信 Dayi Daoxin) 대사	(580-651)
제32대(5조) 조사(祖師)	홍인(弘忍 Daman Hongren) 대사	(601-674)
제33대(6조) 조사(祖師)	혜능(慧能 Daijian Huineng) 대사	(638-713)

불조정맥(佛祖正脈): 서천28조 동토6조(西天28祖 東土6祖)

불조정맥佛祖正脈은 부처님 법의 등불을 이어받은 역대조사의 계통이다. 전등법맥傳燈法脈이라고도 한다. 우리가 예불문에서 '역대전등 제대조사'라 일컬으며 기리고 찬송하는 바로 그 분들이시다.

역대 불조정맥佛祖正脈은 흔히 서천西天; 인도 28조祖, 동토東土; 중국 6조祖라고 한다.

일찍이 석가모니 부처님께서 가섭존자에게 법을 전하신 이래, 보리달마菩提達磨 존자까지 인도에서 선불교의 맥을 이은 28분의 조사들을 서천西天; 인도 28조라 일컬으며, 인도에서 중국으로 와서 법을 전한 중국 선종의 초조 보리달마菩提達摩에서 6조 혜능慧能까지의 6분의 조사들을 동토東土; 중국 6조라 일컫는다.

① 제1조(第一祖) 마하가섭 존자(摩訶迦葉 尊者)

순천 선암사(仙巖寺) 팔상전 33조사도, 보물 제1554호, 비단 바탕에 채색(11폭). 1753년. 140cm×191.5cm

삼처전심(三處傳心)을 통해 심인(心印)으로 붓다의 법을 이음. 석존 입멸 후 경전결집을 주재하였다.

전법게(傳法偈)

法法本來法	법이라는 본래 법은,
無法無非法	법도 없고 법 아닌 것이 없음이니,
何於一法中	어찌 한 법 가운데
有法有不法	법과 법 아닌 것이 있으랴.

② 제2조(第二祖) 아난 존자(阿難 尊者)

붓다의 사촌동생 겸 시자. 가장 많은 설법을 들어 다문제일(多聞第一)이라 불렸으며, 천재적 기억력으로 제1차 불전결집 때 경을 암송함.

전법게(傳法偈)

本來付有法	본래 있음의 법을 전했더니,
付了言無法	전한 뒤엔 없음의 법이라 하더라.
各各須自悟	제각기 깨달았으니,
悟了無無法	깨달은 뒤엔 없음의 법도 없더라.

③ 제3조(第三祖) 상나화수 존자(商那和修 尊者)

Sanakavasa

라자그리하(Rajagriha; 王舍城/왕사성)에서 출생. 아난(阿難)의 권유로 출가하여 불교전파에 힘썼다.

非法亦非心	법도 아니요, 마음도 아니며,
無心亦無法	마음도 없고 법도 없도다.
說是心法時	이 마음의 법을 말할 때에,
是法非心法	이 법은 마음의 법이 아니다.

④ 제4조(第四祖) 우바국다 존자(優婆鞠多 尊者)

Upagupta

20세에 출가하여 불과(佛果)를 이루고 여러 곳을 다니며 교화에 힘씀. 아쇼카 왕의 스승이었다.

心自本來心	마음은 본래부터 마음이니,
本心非有法	본래 마음에는 법이 없도다.
有法有本心	법도 있고 본래의 마음도 있으나,
非心非本法	마음도 아니요 본래의 법도 아니다.

⑤ 제5조(第五祖) 제다가 존자(提多迦 尊者)

Dhrtaka

인도 마가다 국 출생. 외도의 스승이었던 미차가를 제도(濟度)하고 그에게 전법(傳法)함.

通達本法心	근본법과 그 마음에 통달하면,
無法無非法	법도 없고 법 아닌 것도 없다네.
悟了同未悟	깨달았다 하면 깨닫지않음과 같나니,
無心亦無法	마음의 법도 본래 없기 때문이라네.

⑥ 제6조(第六祖) 미차가 존자(彌遮迦 尊者)

Miccaka

중인도 출생. 한때 8,000명의 제자를 거느리던 외도였으나 불법에 귀의한 후 불교전파에 힘씀.

無心無可得	마음은 실체가 없어 얻을 수 없나니,
說得不名法	얻을 수 있다면 참된 법이 아니라네.
若了心非心	마음이 마음 아닌줄 깨달아 알면,
始解心心法	마음과 마음의 법을 알 수 있으리.

7 제7조(第七祖) 바수밀다 존자(婆須蜜多 尊者)

Vasumitra

세우(世友), 바수밀(婆須蜜)이라고도 함. 설일체유부(說一切有部)의 논사로, 협존자와 함께 4차결집.

心同虛空界	마음은 허공 같아,
示等虛空法	허공 같은 법을 보인다.
證得虛空時	허공의 묘한 법을 알면,
無是無非法	옳고 그름도 법도 없다.

8 제8조(第八祖) 불타난제 존자(佛陀難提 尊者)

Buddhanandi

나이가 40이 되어서야 바수밀을 만나 출가하게 되었으나, 이내 깨달음을 얻고 중생을 교화 제도함.

虛空無內外	허공이 안팎이 없듯,
心法亦如此	마음의 법도 그러하다.
若了虛空故	허공의 이치를 밝게 깨달은 것,
是達眞如理	그것이 참된 이치를 바로 안 것이다.

9 제9조(第九祖) 복타밀다 존자(伏馱蜜多 尊者)

Buddhamitra

뛰어난 방편으로 대중을 교화하고 외도(外道)의 그릇된 견해를 깨뜨림.

眞理本無名	진리는 본래 이름할 수 없으나,
因名顯眞理	이름에 의하여 진리가 나타나니,
受得眞實法	진실한 법을 받아 깨달으면,
非眞亦非僞	참도 거짓도 사라지고 없네.

10 제10조(第十祖) 협 존자(脇 尊者)

Parsva

노년에 출가하여 하루속히 성불하려 협(脇; 옆구리)을 땅에 대지 않고, 즉 자지도 않고 수행함.

眞體自然眞	진리의 본체는 자연히 참 된 것이니,
因眞說有理	진리로써 진리를 말한다.
領得眞眞法	참되게 진리의 법을 깨달으면
無行亦無止	행할 것도 그칠 것도 없다.

⑪ 제11조(第十一祖) 부나야사 존자(富那夜奢 尊者)

Punyayasas

파탈리푸트라(Pataliputra) 출신. 협존자(脇尊者)의 가르침을
받고 마명(馬鳴)에게 불법(佛法)을 전함

迷悟如隱顯　미혹과 깨달음은 숨음과 드러남이며,
明暗不相離　밝음과 어둠은 서로 나뉜 게 아니다.
今付隱顯法　이제 숨고 드러난 법을 전하노니,
非一亦非二　하나도 아니요, 둘도 아니니라.

⑫ 제12조(第十二祖) 마명 존자(馬鳴 尊者)

Asvaghosa

《불소행찬(佛所行讚; Buddhacarita)》의 저자로 유명함. 카니
시카 왕의 위호 아래 간다라에 포교.

隱顯卽本法　드러나고 숨음이 한 집안 소식이요,
明暗元不二　밝고 어두움이 원래 둘이 아니로다.
今付悟了法　이제 네게 깨달은 법을 주노니,
非取亦非離　갖지도 말고 버리지도 말라.

⑬ 제13조(第十三祖) 가비마라 존자(迦毘摩羅 尊者)

Kapimala

3,000여 명의 제자를 거느린 외도(外道)였으나 마명(馬鳴)에
의해 불교에 귀의, 그의 제자가 됨.

非隱非顯法　드러남도 숨음도 아닌법을,
說是眞實際　진실의 경지라고 한다.
悟此顯隱法　숨고 드러남의 이치를 깨달으면,
非愚亦非智　지혜롭고 어리석음을 넘어서리.

⑭ 제14조(第十四祖) 용수 존자(龍樹 尊者)

Nagarjuna

대승불교의 공(空)과 중도(中道)이론 등 교리를 체계화하여
대승8종(大乘八宗)의 종사(祖師)라 불림.

爲明隱顯法　숨고 드러나는 법을 밝히려고,
方說解脫理　해탈의 이치를 말하네.
於法心不證　법에는 마음도 얻을 수 없나니,
無瞋亦無喜　성냄도 기쁨도 본래 없는 것이라네.

⑮ 제15조(第十五祖) 가나제바 존자(迦那提婆 尊者)

Aryadeva

한쪽 눈이 멀어 kana(애꾸눈 Skt.) deva(제바)라불림. 외도의
칼에 죽음. 삼론종(三論宗)의 시조.

本對傳法人	사람에게 법을 전하는 뜻은,
爲說解脫理	해탈의 이치를 설하기 위함일세,
於法實無證	법에는 진실로 얻을 것이 없나니,
無終亦無始	끝도 없고 시작도 없다네.

⑯ 제16조(第十六祖) 라후라다 존자(羅候羅多 尊者)

Rahulata

가필라국 사람으로, 아버지와 함께 가나제바의 제자가 되었
다가, 마침내 법을 이어 받았다.

於法實無證	법에는 진실로 증득할 것이 없어서,
不取亦不離	취할 것도 버릴 것도 없느니라.
法非有無相	법에는 있다거나 없다는 상도 없거늘,
內外云何起	어찌 안이나 밖이 생기리.

⑰ 제17조(第十七祖) 승가난제 존자(僧伽難提 尊者)

Sanghanandi

슈라바스티성의 태자 출신. 가야사다와 풍경(風磬)문답을
하였으며, 입망(入亡; 선 채로 열반)하였다.

心地本無生	마음의 법이 본래 태어남이 없으나,
因地從緣起	심지로 인하여 연기가 쫓아 일어나네.
緣種不相妨	인연과 종자가 서로 방해하지 않듯,
華果亦復爾	꽃과 열매 역시 그러하네.

⑱ 제18조(第十八祖) 가야사다 존자(伽耶舍多 尊者)

Gayasata

불과 12세에 승가난제의 법을 잇고 교화. 전법 직후 허공에
떠올라 삼매의 불로 자신의 몸을 태움.

有種有心地	종자가 있고 마음 땅(心地)이 있으니,
因緣能發萌	인연이 싹을 나게 하도다.
於緣不相礙	싹이 나건 안 나건,
當生生不生	인연의 법칙은 걸림이 없도다.

⑲ 제19조(第十九祖) 구마라다 존자(鳩摩邏多 尊者)

Kumarata

오늘날의 파키스탄 탁실라(Taxila)의 브라만 출신. 경량부(經量部)의 논사. 신통력이 있어 제2의 석가라 불림.

性上本無生	성품에는 태어남이 없지만,
爲對求人說	구하는 이를 위해 말하는 것이다.
於法旣無得	법에는 이미 얻을 것이 없거늘,
何懷決不決	어찌 결정하고 못함을 걱정하리요.

⑳ 제20조(第二十祖) 사야다 존자(舍夜多 尊者)

Jayata

중도적 가르침을 폈다. 특히 변론만을 일삼던 바수반두(Vasubandhu, 世親/세친)를 크게 교화함.

言下同無生	말끝에 무생법(無生法)에 맞으면,
同於法界性	법계의 성품과 같아지리니,
若能如是解	이렇게 바로 알면,
通達事理竟	사(事)와 이(理)를 통달하리라.

㉑ 제21조(第二十一祖) 바수반두 존자(婆藪槃頭 尊者)

Vasubandhu

세친(世親). 소승일 때는 명저 《아비달마구사론》을 저술. 후에 형 무착의 유식학을 계승 완성함.

泡幻同無礙	거품도 허깨비도 걸림이 없거늘,
如何不了悟	어찌 알지 못하는가 법이
達法在其中	그 가운데 있는 줄 알면,
非今亦非古	지금도 옛도 아니리라.

㉒ 제22조(第二十二祖) 마나라 존자(摩拏羅 尊者)

Manorhita

30세 때 바수반두(Vasubabdhu; 世親/세친)를 만나 출가하여 그 법을 잇고, 법을 펴고 교화.

心隨萬境轉	마음이 만 경계를 따라 움직이니,
轉處實能幽	움직이는 곳마다 모두 그윽하다.
隨流認得性	흐름에 따라 본 성품 깨달으면,
無喜復無憂	기쁨도 없고 근심도 없으리라.

㉓ 제23조(第二十三祖) 학륵나 존자(鶴勒那 尊者)

Haklena

오늘날 파키스탄 간다라(Gandhara; 乾陀羅國/건타라국) 출생. 30여 세에 전법을 받고 교화함.

認得心性時	마음의 성품을 깨달아 알 때는,
可說不思議	가히 헤아릴 수 없다 말하나니,
了了無可得	분명하되 얻을 수 없고,
得時不說知	얻을 수 있을 때는 안다 할 수 없다.

㉔ 제24조(第二十四祖) 사자비구 존자(師子比丘 尊者)

Aryasimha

심법을 부촉한 후, 환난을 예견하고 제자를 피신시키고 죽음. 존자의 목을 치자 흰 젖이 치솟았다.

正說知見時	깨달음을 말할 때,
知見俱是心	지(知)와 견(見)이 모두가 마음이다.
當心卽知見	이 마음이 바로 지견이니,
知見卽于今	지견은 곧 지금의 상황이다.

㉕ 제25조(第二十五祖) 바사사다 존자(婆舍斯多 尊者)

Basiasita

한 동자가 출가하여, 전생의 이름 '바사'와 현생의 이름 '사다'를 합친 법명을 받으니 '바사사다'였다.

聖人說知見	성인이 지견을 말씀하시니,
當境無是非	경계 만날 적마다 그 아닌 것 없다.
我今悟眞性	내가 이제 참 성품을 깨달으니,
毋道亦無理	도(道)도 없고. 이치도 없도다.

㉖ 제26조(第二十六祖) 불여밀다 존자(佛如蜜多 尊者)

Punyamitra

남인도의 태자 출신으로, 불법을 갈망하여 출가 후 바사사다를 6년 간 시봉한 후, 전법을 받음.

眞性心地藏	참 성품이 심지에 저장되어 있으니,
無頭亦無尾	처음도 없고 또한 끝도 없도다.
應緣而化物	인연에 따라 중생을 교화하니,
方便呼爲智	방편으로 지혜라 부를 뿐이네.

⟨27⟩ 제27조(第二十七祖) 반야다라 존자(般若多羅 尊者)

Prajnatara

법을 펴며 칸치푸람(Kanchipuram; 香至國/향지국)에 이르러 3째 왕자 보리달마의 근기를 보고 전법함.

心地生諸種	마음 땅이 숱한 종자를 내네,
因事復生理	일이 일어나면 다시 이치도 생기네.
果滿菩提圓	수행 무르익어 깨달음이 원만해지니,
華開世界起	꽃이 피듯 한 세계가 열리네.

⟨28⟩ 제28조(第二十八祖), 중국선종 초조 보리달마 존자(菩提達磨 尊者)

Bodhidharma

남인도 동부해안 향지국 왕(王)의 셋째 아들. 출가 후, 중국에 법을 전하여 동토초조(東土初祖)가 됨.

吾本來茲土	내가 본래 이 땅에 온 것은,
傳法救迷情	법을 전해 미혹에서 건지기 위함일세.
一華開五葉	한 송이의 꽃에 다섯 잎이 벌어지니,
結果自然成	열매 맺음은 저절로 이루어지리라.

⟨29⟩ 제29조(第二十九祖), 중국선종 2조 혜가 대사(慧可 大師)

Huike

달마대사에게 눈 속에서 왼 팔을 잘라내면서까지 구도의 성심을 보여 받아들여진 전설로 유명하다.

本來元有地	본래부터 마음 땅이 있었기에,
因地種花生	그 땅에 씨를 심어 꽃이 피지만,
本來無有種	본래 종자도 있는 것이 아니며,
花亦不曾生	꽃도 나는 것이 아니다.

⟨30⟩ 제30조(第三十祖), 중국선종 3조 승찬 대사(僧璨 大師)

Seungcan

문둥병에 시달리다 혜가에게 출가, '법을 이어받는 구슬'이란 의미로 '승찬(僧璨)'이라는 법명을 받음. 고금의 명작, 선시(禪詩) '신심명(信心銘)'을 남김.

花種雖因地	꽃은 땅을 의지하여 심고,
從地種花生	땅에 의하여 심은 종자가 꽃 피지만,
若無人下種	씨를 뿌리지 않는다면,
花地盡無生	땅이 아무리해도 꽃은 나지 않는다.

㉛ 제31조(第三十一祖), 중국선종 4조 도신 대사(道信 大師)

7세에 출가하여 승찬의 해탈법문으로 크게 깨우치고, 법을 이어받은 뒤 기주 쌍봉산으로 가서 교화.

花種有生性	꽃씨는 피어나는 성품이 있나니,
因地花生生	땅에 의하여 꽃은 나고 또 난다.
大緣與信合	큰 인연과 믿음은 어울려 합하지만,
當生生不生	이 남은 남이 없는 남이다.

㉜ 제32조(第三十二祖), 중국선종 5조 홍인 대사(弘忍 大師)

7세 때 도신을 좇아 출가. 전법을 받은 후, 쌍봉산 동쪽의 빙무산(憑茂山)으로 옮겨가 동산법문을 엶.

有情來下種	유정(有情)이 와서 씨를 뿌리니,
因地果還生	인연의 땅에 열매 절로 열리네.
無情旣無種	뜻이 없으면 씨도 없나니,
無性亦無生	성품도 없고 태어남도 없다.

㉝ 제33조(第三十三祖), 중국선종 6조 혜능 대사(慧能 大師)

중국 선종(禪宗)의 제6조이자 남종선의 시조. 그의 설법을 기록한 것이 《육조단경(六祖壇經)》이다.

心地含諸種	마음 땅이 품고 있는 부처의 씨앗을,
普雨悉皆萌	법비가 모두 다 싹을 틔우네.
頓悟花情已	돈오(頓悟)라는 꽃이 지고 나면,
菩提果自成	보리라는 열매는 절로 이루어지리.

23장
육조 혜능대사, 국은사에서 열반에 드시다

선천이년先天二年; 당 제6대 황제 현종의 연호; 서기 713년 계축癸丑 팔월 초삼일8월 28일이었다.

대사께서 국은사國恩寺에서 재를 마치시고, 모든 제자들에게 말씀하셨다.

"그대들은 각각 계 받은 순서대로 앉아라. 내 이제 그대들과 작별하리라."

그러자 법해육조단경의 초록 및 편집한 큰 제자가 사뢰었다.

"스승님께서는 어떠한 교법敎法; Dharma을 가지고서 후대에 미혹한 사람들로 하여금 불성을 보게 하시나이까?"

이에 대사께서 대중들에게 법을 설하였다.

"그대들은 잘 들어라. 후대 사람들이 만약 중생衆生을 알면 곧 불성을 안 것이며, 만약 중생을 알지 못하면 만겁萬劫을 찾아도 부처를 만나지 못하리라.

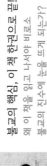

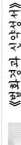

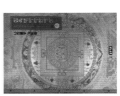

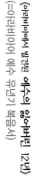

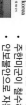

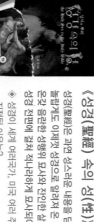

내 이제 그대들로 하여금 제 마음의 중생을 알게 하고, 제 마음의 불성을 보게 하리니, 부처 보기를 구하거든 오로지 중생을 알아라. 중생이 부처를 모르는 것이지 부처가 중생을 모르게 함이 아니니라.

자성自性을 깨달으면 중생이 곧 부처요, 자성을 모르면 부처가 곧 중생이니라. 또한 제 성품이 평등하면 중생이 부처요, 제 성품이 사악하면 부처가 중생이라. 그대들의 마음도 만약 험악하고 굽었다면 부처가 중생 속에 묻힌 것이며, 한결같이 생각이 평등하고 곧으면 곧 중생이 성불成佛하는 것이니라.

각자의 마음 속에 스스로의 부처가 있으니 그 자기의 부처가 참 부처이니라自佛이 是眞佛이니라.

만일 자신에게 마음 속 부처, 즉 불심佛心이 없다면 어디에서 참 부처를 구하랴. 그대들은 자신의 마음이 곧 부처이니, 이를 절대 의심하지 말라.

원래 자기 마음 외에는 한 물건도 부처의 속성이 있는 것이 없으며, 우리들의 근본 마음이 만법萬法을, 능히 모든 것을, 만들어 낸다. 이처럼 우리 마음의 능력이야말로 바로 부처의 능력인 것이니라.

그러므로 경經; 대승기신론/大乘起信論; Mahayana-shraddhotpada-shastra/마하야나-슈라돗빠다-샤스트라; 아슈바고샤/Asvaghosa; 마명/馬鳴이 지었다고 전해지는 대승불교의 교리 논서에 말씀하시기를 '마음이 나면 온갖 법이 생겨나고, 마음이 멸하면 온갖 법이 없어진다心生種種法生, 心滅種種法滅.'고 하시니라."

이어서 대사께서는 열반을 눈앞에 두고 문인門人; 제자들을 위해 '자성진불게自性真佛偈; 자성, 즉 자기 본 성품이야말로 참 부처이다 라는 게송'를 설하셨다.

이 게송에서 대사께서는,
'진여 자성真如自性이 참 부처이니 제 성품自性을 깨달으면 견성 성불하는 것이다.'
'자성이 곧 진불真佛이며, 삼신불三神佛, 곧 법신法身, 보신報身, 화신化身은 본래가 한 몸이다.'
'성품 속에 스스로 오욕五欲을 떠나면 찰나에 견성한다.'

등의 내용을 골자로 하여 불교의 궁극적인 진리와 대사께서 응축해 온 돈교법문 사상의 진수를 피력하시는 것이다.

"이제 게송을 하나 남기고 그대들과 작별하리니 이름이 자성진불게自性真佛偈; 자성, 즉 자기 본 성품이야말로 참 부처임을 밝히는 게송이니라.
후대 사람이 이 게송의 뜻을 알면, 스스로 자성自性을 보고 스스로 불도를 이루리라. 자성을 보는 것이 그대로 불도를 이루는 것이기 때문이니라."

"진여자성이 참 부처요真如自性이 是眞佛이요
사견삼독邪見三毒이 마왕이니
삿되고 미혹할 때는 마왕이 사는 것이며
바른 소견正見 쓸 때는 부처가 계심이라.
사특한 소견에서 삼독이 일어나면
마왕이 들어와 사는 것이요
올바른 소견으로 삼독심을 없애면,
마왕이 변하여 부처된 것이로다.
법신法身, 보신報身, 화신化身이여,
삼신이 본래로 일신이시라.
성품 속을 향하여 스스로 보면
이것이 곧 성불하는 보리인菩提因이니
화신에서 조촐한 성품이 나매
조촐한 성품이 화신 속에 항상 있다.
                ...

성품 속에 스스로 오욕五欲을 떠나면
견성은 찰나이니 이것이 바로 참眞이라.
이생에 만약 돈교문을 만나서
제 성품自性을 깨달으면 부처를 보는 것이거늘
수행하여 부처를 찾는다 하면
어디에서 참된 것을 구할 것이냐?
만약 능히 제 마음 속을 보아서
참됨이 있으면 성불하는 인因이거니와
제 마음自性을 보지 않고 밖으로 부처 찾아
마음을 일으키면 모두 다 어리석은 것이니라.
                ...

내가 이렇게 간절히 돈교법문頓教法門을 남기나니 그대들은 꼭 간직하
여 세상사람들을 널리 제도하여라."

잠시 대사께서 그동안 치열하게 구도의 길을 함께 걸어온 문인들을 애정과 염려가 섞인 눈으로 천천히 둘러보셨다.

이윽고 대사께서 마지막 법문을 하셨다.

"그대들은 잘 있으라. 내가 멸도滅度; 涅槃/열반한 뒤에 세속의 정으로 울지 말라. 남의 조문도 받지 말고 상복도 걸치지 말라. 그리하면 바른 짓이 아니며, 또한 내 제자가 아니니라.
　오직 자신의 본심을 알고 자신의 본 성품을 잘 보면, 움직임도 고요함도 없고, 생도 사도 없으며, 가고 오는 일도 없고, 옳고 그름도 없으며, 머물음도 떠남도 없느니라.
　그대들이 마음이 어두워서 내 뜻을 모를까 두려워서 다시 그대들에게 일러서 성품을 보게 하는 것이다.

　내가 가고 없더라도 이대로 수행하면 내가 있을 때나 다름 없으려니와, 만일 나의 가르침을 어긴다면 비록 내가 세상에 있더라도 무슨 유익함이 있겠는가!"

　그리고 열반게涅槃偈; 臨終偈/임종게를 읊으시니, 다음과 같다.

　　兀兀不修善 올올부수선
　　騰騰不造惡 등등부조악
　　寂寂斷見聞 적적단견문
　　蕩蕩心無着 탕탕심무착

　올올모든 것을 초월하여 태연함히 선善도 닦지 않고
　등등자재무애하며 당당함하여 악惡도 짓지 않는지라,
　적적고요하고 쓸쓸함히 하여 보고 듣는 것을 다 끊고
　탕탕마음을 넓고 넓게 함히 아무 것에도 집착이 없도다.

대사께서 게송을 설하시고 단정히 앉아 계시다가 삼경이 되자 문인들에게 고하시기를,

"내 이제 가노라!" 하시고 문득 천화遷化; 고승의 입적하셨다.

그 때 기이한 향기가 방안에 가득 차고 밖에는 흰 무지개가 땅에서 뻗쳤다. 숲의 나무들은 하얗게 변하고 새와 짐승들이 슬피 울었다.

대사의 세수 76세였다.

이 때가 선천2년713년 팔월 초삼일8월 28일이니, 지금으로부터 약 1300년 전의 일이다.

육조혜능대사께서 원적圓寂 하신 뒤, 원화 11년816년 당 헌종唐 憲宗이 대감선사大鑑禪師라 시호諡号하였다. 대감大鑑은 큰 대大, 거울 감鑑, 즉 만인이 큰 거울로 삼을 만한 사표師表; 학식과 덕행이 높아 남의 모범이 될 만한 인물라는 뜻이다.

송나라 태조太祖 조광윤가 즉위하면서 개국 초에 병화兵火로 타버린 대사의 탑묘를 5층 전탑塼塔; 벽돌 탑으로 새로 쌓고 시호를 더하여 대감진공선사태평흥국지탑大鑑真空禪師太平興國之塔이라 하였다.

송 인종仁宗이 천성 십 년天聖十年에 시호를 더하여 대감진공보각선사大鑑真空普覚禪師라 하였다.

송 신종神宗이 또 시호 더하여 대감진공보각원명선사大鑑真空普覚圓明禪師라 하였다.

이렇게 중국의 역대 황제들은 호를 하나씩 더 해갔다. 성인들에게는 호를 첨가하여 높이는 관례가 있었다. 존경심의 발로였던 것이다.

▲ 송 신종황제가 내린 육조대사 인장
(宋神宗欽賜六祖印章)

육조혜능이 태어나고 입적한 선종의 고향 용산 국은사(國恩寺)

국은선사(國恩禪寺)는 중국의 남단 광둥성 윤푸시 신싱현 집성진 용산(廣東省 雲浮市 新興県 集成鎭 龍山) 기슭에 있다. 용산(龍山) 자락에 위치하고 있어 용산사(龍山寺)라고도 부른다. 현주소는 Guoen Temple, 310 Country Rd, Xinxing, Yunfu, Guangdong, China.

광저우에서 서남쪽으로 고속도로로 약 세 시간을 달리면 중국의 석재(石材) 생산지인 운부시(云浮市/윈푸시)에 닿는다. 거기서 다시 지방도로로 남동쪽 약 40km 떨어진 곳에 신흥현 국은사가 위치하고 있다.

국은사는 육조육신보살(혜능, 638년~713년)이 탄생한 고향, 선종의 고향으로 육조혜능의 생가가 있던 곳이자 열반한 성지이다.

육조대사의 출생도량이자 원적도량인 국은사는 약 1300여 년의 역사를 갖고 있으며, 육조스님의 축발수계도량 광주 광효사(옛 법성사), 필생홍법도량 남화선사(옛 보림사)와 함께 육조의 3대 조정(祖庭)을 이룬다.임제종소속

국은사(國恩寺)는 당 고종 연간(서기 683년)에 창건되어 보은사(報恩寺)로 불리다가 당 중종(706년) 때 조정으로부터 국은사로 사액을 받았다. 명나라 목종 때(1567년) 현(県) 지사 등응평(鄧応平)이 국은사를 보수한 후 도량이 확장되었다. 청나라 순치 황제 때(1655년)에 이르러 방대한 도량이 되어 광동성의 최고의 사찰 및 중국 선종의 대표적인 사찰이 된다.

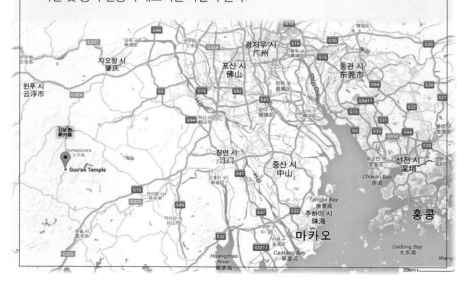

1 육조 탄생 및 원적도량 용산 국은사 성지순례 안내도
(Map for the Pilgrimage to Guoen Monastery)

장불갱(藏佛坑; the Cave Enshrined Eminent Monks)
욕신지(浴身池; the Open-air Bath)
탁석천(卓錫川; Zhuoxi Spring)
육조수식여지수(六祖手植荔枝樹; the Litchi the Sixth Patriarch Planted)
보은탑(靈照塔; Ling Zhao Pagoda)
사리보전(舍利寶殿; the Sacred Hall Sarira Enshrined)
육조부모합장묘(六祖父母合葬墓; the Tomb of Huineng's Parents)
육조전(六祖殿; the Sixth Patriarch's Hall)
대웅보전(大雄宝殿; the Main Hall)
비림(碑林: the Stele Forest)
천왕전(天王殿; the Hall of Celestial Kings)
제일지 패방(第一地 牌坊; the Arch of the First Place)
정문 불이문(正門 不二門; the Main Gate of Non-duality)
패방(牌坊; the Memorial Arch of Guoen Temple)

2 국은사 패방(牌坊)

◀ 사찰 경계에 세워져 있는
국은사 패방.
〈國恩禪寺(국은선사)〉라는 글
씨가 선명하다.
패방(牌坊; paifang) 또는 패루
(牌樓)는 중국 특유의 전통적
건축물로, 일주문(一柱門)의
일종이다.

3 국은사 정문

▲ 신흥현 입구에 이르면 '육조고향, 선종육조혜능고향(六祖故鄉. 禪宗六祖惠能故鄉)'이라
는 큰 글씨가 걸려있다.
사찰 입구에 도착하면 국은사 정문이 나온다.

4 제일지 패방(第一地 牌坊)

<第一地> 패방을 통과하면 천왕전
으로 들어서게 된다.

무측천 사액현판(武測天 賜額懸板) ▶
천왕전으로 통하는 입구에는 '勅賜國恩寺(칙사
국은사)'란 현판이 붙어 있다.
이것은 스스로 '생불'이라 칭했던 중국역사
유일의 여황제 측천무후가 내린 글씨이다.

5 천왕전

◀불공드리는 사람들이 피우는
향연기가 자욱하다.

⑥ 선종성지(禪宗聖地) 국은사 비림(碑林)

　　당(唐) 시인이자 관리였던 유종원(柳宗元)이 쓴 〈조계 제6조 사시 대감선사비 제1병서〉,
시인이자 화가인 왕유(王維)가 대사의 공덕을 찬양한 〈탑기〉,
문학가 겸 관리 유우석(劉禹錫)이 쓴 〈조계6조 대감선사비 제2병서〉등 5기의 비석이 있다.

　　유우석이 쓴 〈조계6조 대감선사 제2비 병서(전당문 권610)〉에는 "원화11년(816년) 모월 모일,
칙서에 따라 조계 제6조 혜능 공(公)을 대감(大鑑; 큰 대, 거울 감)이라 한다"라고 대사에게 대
감선사라는 시호를 칙명으로 내린 내용이 있다.

⑦ 대웅보전

　　대웅전 입구에서 본 사찰 건물은 대부분
청대(淸代) 양식이다. 대웅전 불전 양옆의
나한상은 보통 한국에서는 16나한, 중국에
서는 18나한인데, 여기에는 20나한이 모셔
져 있다. 이유인즉, 보림사에서 화재가 났
을 때 육조단경을 지켜낸 두 제자를 포함
하여 20나한으로 모셨다고 한다.

　　이처럼 중국 선종사찰은 통상의 나한 수
를 바꾸기도 하고, 조사나 선사들의 상을
모시는 조사전을 대웅전보다 높은 곳에 위치시키는 등, 한국이나 일본 사찰의 분위기와는 달
리, 불교의 중국이 아닌 중국의 불교를 느낄 수 있다.

8 육조전

대웅보전 뒤의 육조전 정문 위에는 예서체로 쓰인 육조전(六祖殿)이란 현판이 걸려있고, 안쪽에는 '전불심인(傳佛心印)'이라는 편액이 있다.

더 안쪽으로는 '육조혜능보살(六祖惠能菩薩)'이라는 편액이 남종선의 개조이신 육조혜능대사의 자리를 장엄하고 있다.

좌대에는 청나라 때 조성된 육조진신상이 모셔져 있고, 좌우 기둥에는 육조혜능대사의 핵심사상인 '무념(無念)·무상(無相)·무주(無住)'와 '불생(不生)·불멸(不滅)·불천(不遷)'이 쓰인 주련이 있다.

육조혜능대사의 진신육상(真身肉像)은 조계 남화선사(南華禪寺; 옛 보림사) 한 곳에만 모셔져 있고, 다른 사찰에는 진신상(真身像)을 모시고 있다.

좌우벽면에는 <육조단경>을 붓글씨로 쓴 액자가 있고, 그 밑에는 보리본무수 게송이 있다.

특이하게도, 육조대사의 좌대 옆에 육조부모의 위패가 모셔져 있다. 위패에는 성부휘행도노공(聖父諱行稻盧公) 모이씨지연위(母李氏之蓮位)라고 적혀있다. 이러한 점은 대사가 대단한 효자라는 점을 감안하더라도 한국사찰의 관례로는 이해하기 어려운 파격이다.

육조전에는 별도로 육조 기념당이 있는데, 벽면에는 혜능대사의 생애를 12장의 채색화로 나타내고 있다. 향대에는 백옥으로 만든 육조 부친의 상을 모시고, 그 아래 부친상 보다 작게 만든 육조진신상을 모셨다.

육조 기념당은 성보박물관의 기능도 하는데, 여기에는 육조대사께서 쓰시던 옹기 발우, 물그릇, 측천무후가 내린 성지(聖旨) 등이 진열되어 있다.

육조혜능대사 부모의 합장 묘도 국은사 사찰 경내에 있다. 육조전 옆의 담장 문을 나가면 나오는데, 육조스님의 효성 지극함을 알 수 있다.

비문은 〈육조 부 노공행도 모 이씨유인 합묘(六祖 父 盧公行瑫 母 李氏孺人 合墓)〉라고 되어 있다. 어머니 이씨의 이름은 기록이 없다.

비문의 '유인(孺人; 유교인)'은 직위나 벼슬이 없는 평민의 명정(銘旌)이나 신주(神主)에 쓰이는 유교식 통칭으로, 이것은 유교와 불교의 혼합으로 불교의 토착화 과정을 보여주는 것이다.

⑩ 사리보전

소문난 효자였던 혜능이 부모의 은덕을 기리기 위해 국은사에 보은탑 건설을 시작하였을 때, 기존의 탑 아래에서 부처님의 진신사리 7과가 발견되었다.

현재 부처님 진신사리는 사리보전에 모셔져 있다.

⑪ 국은사 보은탑(報恩塔)

보은탑(報恩塔; 국은사탑; 육조기념탑)은 국은사에서 가장 돋보이는 건물이다.

이 탑은 나중에 조계 남화선사(옛 남화선사)의 영조탑(靈照塔)의 모델이 되었다.

이 탑은 육조대사께서 부모님의 은덕과 절을 지어준 황실의 은혜를 기리고 보답하기 위하여 태극원년 7월(서기 712년) 건축한 것이다.

이 탑은 전망대로도 쓰이며, 육조스님의 유품과 법보단경이 보관되어 있다.

⑫ 육조수식여지수(六祖手植荔枝樹)

육조수식여지수(六祖手植荔枝樹), 즉 육조께서 손수 심으신 여지(荔枝) 나무라는 뜻으로, 표석에는 육조수식천년고려(六祖手植千年古荔), 즉 육조께서 손수 심으신 1000년 된 여지라고 쓰여져 있다.

▲ 영어로 litchi 또는 lychee(라이취)라고
불리는 여지(荔枝).
중국 광동(Guangdong)과 복건(Fujian)
지방 원산의 열대 및 아열대 과수이다.

▲ 육조대사께서 심으신 1300년 된
여지. 높이가 20.5m에 달한다.

⓭ 탁석천(卓錫川; Zhuoxi Spring)

▲ 1300여 년 된 마르지 않는 샘물,
   탁석천 우물의 모습

　울창한 보리수나무 곁에 〈탁석천(卓
錫泉)〉이 있다. 탁석천의 비석 명문에
의하면, "'노계통지(盧溪通誌)'에 따르
면, 육조혜능대사가 서기 712년 용산
국은사로 돌아왔을 때, 대중이 먹을 물
이 없어 대사께서 석장(錫杖)으로 땅
을 치니 물이 솟구쳤다. 그 후 1300여
년 동안 이 우물물은 마르지 않고 흘렀
다."고 한다.

　이 우물은 구룡천(九龍泉)이라고도 하는데, 이 탁석천에서 육조스님은 가사를 손수 빨았다고
한다.
　흥미로운 점은 탁석천이라는 이름과 유래, 그리고 내용까지도 조계 남화선사(옛 보림사)에 있는
탁석천의 경우와 같다는 점이다.《p192 참조》

▲ 탁석천의 유래를 묘사한 동상

14 욕신지(浴身池)

▲ 육조혜능대사께서 몸을 씻던 욕신지(浴身池)

▲ 욕신지(浴身池)의 우물

15 장불갱(藏佛坑)

장불갱(藏佛坑)은 '부처(의 몸)을 모셔 둔 동굴'이라는 뜻으로, 육조혜능대사께서 열반하신 후 100일 동안 법체를 모셔두었던 자연동굴이다.

육조의 상이 있는 석등 모양의 작은 정자 왼쪽으로 동굴입구가 보인다.

육조께서는 생전에 자신을 육신불(肉身佛; 等身佛/등신불)로 만들라는 유언을 남기지 않았다. 그러나 스승을 너무나 존경한 사부대중의 그 모습 그

대로 뵙고자 하는 열망에 의해 마지못해 육신불이 되신 것이다.

이 장불갱에서 진신육불로 화현하신 육조의 법체는 100일 후 조계 보림사(현 남화선사)로 옮겨져 처음에는 영조탑에 봉안되었다가 후에 육조전으로 모셔져 살아계신 듯한 모습으로 현재에 이르고 있다.

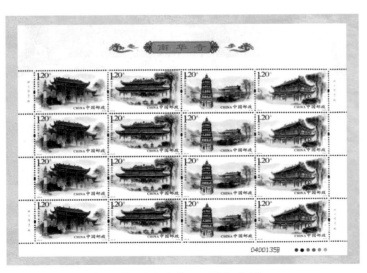

▲ 보림 남화선사 육조 혜능대사 탄생 1300주년 기념우표
영조탑과 육조전(Ling Zhao Pagoda & Liu Zu Hall, Nanhua Temple)

제 2 부

육조 혜능대사
열반 이후의 이야기

24장
육조 혜능의 진신, 육신보살로 모셔지다

육조 혜능대사께서는 생전에 자신을 육신불肉身佛; 等身佛/등신불; 即身佛/
즉신불로 만들라는 유언을 남기시지는 않았다.

그러나 스승을 너무나 존경한 사부대중의 그 모습 그대로 뵙고자 하
는 열망에 의해 마지못해 등신불이 되신 것이다.

지금도 마치 살아있는 듯 참례하는 대중들을 굽어보고 계시는 육조
대사의 육신불을 우러러보며 예나 지금이나 변함 없는 대중들의 그 열
망과 신심을 실감하게 된다.

고승대덕이 열반하면, 묘탑廟塔; 불상;고승의 사리 등을 안치해 둔 탑은 열반한
곳에 세워지는 것이 상례이다.

그런데 육조 혜능대사가 열반한 곳은 대사의 고향 신주 국은사인데,
오늘날 육조대사의 진신은 소관 남화선사옛 소주 보림사에 모셔져 있다.

우리는 대사의 법구가 옮겨지게 된 사연이 궁금하지 않을 수 없다.
거기에는 다음과 같은 사연이 전해지고 있다.

선천이년先天二年; 당 제6대 황제 현종의 연호; 서기 713년 팔월 초삼일, 영남에서 살아있는 부처生佛/생불로 존경받던 혜능대사가 열반에 들자, 대사의 법체法体; 고승대덕의 시신는 국은사 장불갱藏佛坑에 임시로 모셔졌다.

▲ 장불갱(藏佛坑)

장불갱(藏佛坑)은 '부처(의 몸)을 모셔 둔 동굴'이라는 뜻으로, 육조혜능대사께서 열반하신 후 100일 동안 법체를 모셔두었던 자연동굴이다.
육조의 상이 있는 석등 모양의 작은 정자 왼쪽으로 동굴입구가 보인다.

그 후 3개월이 지난 11월, 육조혜능대사를 육신보살肉身菩薩; ; incarnate bodhisattva; 보통 사람의 모습으로 화현한 보살; 역사적인 인물로서의 보살. cf) 관세음보살. 지장보살 등은 화현보살/化顯菩薩로 믿고 따르던 소주韶州와 신주新州의 문인들과 승속들이 서로 자기 지역으로 대사를 모시겠다고 주장하였다.

먼저 대사께서 오랫동안 머물렀던 소주의 백성들이 대사의 진신을 소주 조계로 모셔가고자 하자, 신주 주민들이 이에 반대하고 나섰다.
급기야는 소주자사와 신주자사까지 이 다툼에 가세하기에 이르러 서로 자기 관할지역의 절에 대사를 모시려고 하였다.
이리하여 대사가 입적한 지 100일이 지나도록 대사의 진신을 어디로 모실 지를 결정할 수 없었다.

결국 두 자사는 논의 끝에 향을 피워 향연기가 가리키는 곳으로 대사를 모시기로 하였다.

　　소주와 신주의 두 자사와 문인들, 그리고 백성들은 향을 피워놓고 빌었다.

　　"대사께서 가실 곳으로 향연기가 가게 하소서!"하니 향연기가 바로 조계로 뻗쳐갔다.

　　이리하여 마침내 열반하신 지 100일 후인 11월 13일, 혜능대사를 모신 신감神龕; 관과 받으신 의발衣鉢; 부처님으로부터 조사 대대로 전해 받은 그 가사와 발우을 광동성 북부 소주韶州/샤오저우; 오늘날 소관/韶關 조계曹溪/차오치에 있는 보림사寶林寺; 오늘날의 남화사로 옮겨갔다. ≪cf. Guoen Temple → Nanhua Temple≫

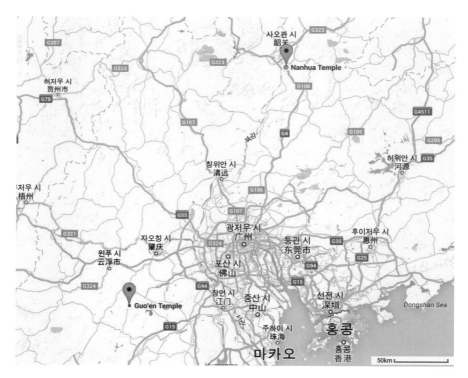

다음 해 칠월, 출감出龕; 관을 여는 것하고 제자 방변方辯; Fang Bian 화상이 육조혜능대사의 진신육상을 조성하는 불사를 맡게 되었다.

방변 화상은 서촉西蜀; 오늘날의 쓰촨성/四川省 사람인데, 국은사 불사에 동참하면서 육조스님과 인연을 맺게 되었다.

그는 흙으로 소조하는데 뛰어난 재주가 있었다. 일찍이 그가 보림사에서 7촌 크기로 육조대사의 상을 만든 적이 있는데 어찌나 잘 만들었는지 대사를 놀라게 하였다.

방변이 그 때 만든 진신상은 오늘날에도 남화사에 전해오고 있다.

제자 방변은 스승 육조대사의 진신을 입탑入塔; 탑 안에 육신을 그대로 모시는 일종의 매장 방식하기 위해, 진신에 향을 바르고 천을 두르고 옻칠을 하는 등 일련의 처리과정을 정성을 다하여 세심한 손길로 진행하였다.

그는 육조혜능대사께서 보림사에서 국은사로 떠나시기 전, 그러니까 열반하시기 불과 한 달 전, 문인들에게 하신 예언들 중의 하나를 잊지 않고 있었다. 그것은 '누군가가 육조스님의 머리를 베어갈 것이다' 라는 충격적인 예언이었다.

"내가 입멸하고 5~6년 뒤에 어떤 사람이 와서 내 머리를 취해베어 가져가리라."

방변은 대사께서 남기신 예언을 생각하고는, 목을 베어가지 못하도록 철엽鉄葉; 쇠로 만든 장식 판과 칠포漆布; 옻칠을 한 튼튼한 삼베로 목을 겹겹이 단단히 에워싸서 칼로도 자를 수 없도록 하였다.

이렇게 육조대사를 등신불로 조성하고, 목을 단단하게 보호조치한 다음, 묘탑인 영조탑靈照塔을 축조하고 그 탑 1층에 육조대사의 진신을 모셨다.

◀**영조탑에 봉안되었던 육조의 진신**
육조의 진신은 처음에는 영조탑(靈照塔)
에 봉안되었다.
나중에 영조탑 뒤편에 조전(祖殿; 六祖殿/
육조전)을 짓고 거기로 옮겨 봉안하여 현
재에 이르고 있다.

　육조혜능대사의 진신을 탑에 모시니, 홀연히 탑 속에서 방광放光; 빛을
발함이 있었으니, 흰 빛이 하늘로 뻗쳐서 올라갔다. 그리고 3일 후에 흩
어졌다.

　소주자사가 황제에게 아뢰어서 칙명이 내려와 비를 세워 대사의 도
행道行을 기록하니, 춘추는 76년이시고, 24세에 의법을 받으셨고, 39
세에 축발祝髮; 머리를 깎음; 스님이 됨하셨으며, 중생을 위하여 설법하시기를
37년이었다.

　종지를 얻어 법을 이은 자가 43인이었고, 도를 깨달아 범부의 경지
를 넘어선 사람들의 수는 이루 다 헤아릴 수 없을 정도로 많았다.

　달마대사에게서 전하여 내려온 의발과 무측천이 존경의 뜻으로 드
린 수정보발水晶寶鉢과 마납가사磨衲袈裟, 방변이 조성한 대사의 진신상,

그리고 대사께서 사용하던 도구들을 길이 보림도량에 두게 되었다.

육조혜능대사께서는 이 육조단경六祖壇經; 壇經/단경; 六祖法寶壇經/육조법보단
경을 적극 유포하고 전하는 일을 우리 모두에게 당부하셨다.
왜냐하면 이 육조단경을 널리 알리고 전해주는 것이야말로 혜능스님
의 종지宗旨; 근본취지를 나타내고 불 · 법 · 승 삼보三寶; 佛寶/불보; 부처님 · 法
寶/법보; 부처님의 가르침 · 僧寶/승보; 부처님의 가르침을 전하는 스님를 높이 일으켜서
널리 중생들을 이롭게 하는 크나큰 법보시이기 때문이다.

본디 의발은 달마대사 이래로 조사 대대로 전해 내려와 혜능에게까
지 이른 전법의 신표인데, 많은 의미와 상징성을 지닌 보물 중의 보물
이어서 항상 수많은 사람들이 차지하려 하였다. 따라서 의발은 많은 우
여곡절과 파란을 겪어왔다.

상원원년上元元年; 760년에 숙종肅宗; 당 제7대 황제이 사신을 조계에 보내어
대사의 의발을 청하여 황궁에 모셔다 놓고 공양하게 하였다.
영태원년永泰元年; 765년 5월 5일에 이르러 대종代宗; 당 제8대 황제의 꿈에
육조대사께서 나타나 의발을 돌려 놓으라 하시자, 대종이 7일에 진국
대장군鎭國大將軍 유숭경劉崇景을 시켜 조계로 돌려보내면서 자사에게 칙
명을 내려 본사에 잘 안치하고 잘 수호하도록 하였다.

이 역대조사 전래의 의발은 일찍이 과거 4조 도신대사 때에도 세 번
이나 도난 당한 적이 있고, 5조 홍인대사 때에도 또한 세 번 도난 당하
고, 육조 생전에는 무려 여섯 번이나 도난 당한 적이 있었다.

그 뒤에도 대사의 의발은 사람들에게 절취 당한 적이 있었으나, 바로
찾아오곤 하였다.

25장
육조의 정상을 해동으로 모셔오다

육조혜능대사께서 열반에 드신 지 10년 후인 개원십년開元十年; 723년 임술壬戌 8월 3일의 사건이었다.

밤중에 대사의 진신을 모신 육조탑六祖塔; 靈照塔/영조탑 속에서 쇠줄을 끄는 듯한 이상한 소리가 들리므로, 대중이 쫓아 나가보니 웬 상주喪主 복장을 한 사람이 탑에서 나와 달아나는 것이었다.

모두가 곧 탑 속으로 들어가 살펴보니 조사의 목에 상처가 나 있었다.

… 쇠줄을 끄는 듯한 이상한 소리가 들리므로, 대중이 쫓아 나가보니 웬 상주(喪主) 복장을 한 사람이 탑에서 나와 달아나는 것이었다. …

《본문 중에서》

육조스님의 목을 잘라가려 하다니!

육조 혜능대사가 누구이신가? 소주뿐만 아니라 동아시아 전체에서도 생불로 숭앙되는 분이신데, 그 분의 목을 베어가려 했다는 것은 상상조차 할 수 없는 일이었다.

이에 이 일을 고을에 알리니, 관아에서 수사에 착수하였다.

그리하여 현령 양간県令 楊侃과 자사 류무첨刺史 柳無忝이 수사에 착수한 지 불과 닷새만에 석각촌浙江省 湖州市 安吉県 石角村/저장성 호주시 안길현 석각촌에서 범인을 체포하였다.

심문하여보니, 범인은 장정만張浄満이라는 여주 양현汝州 梁県 사람으로 홍주 개원사洪州; 오늘날의 남창 開元寺에서 신라승新羅僧 김대비金大悲에게서 거금 2만 량을 받고 한 짓이었다.

그런데 신라스님 김대비가 그를 사주한 것은 다른 목적이 아니라 육조대사의 머리를 해동海東; 韓半島으로 가져가 공양하기 위해서였다고 실토 하였다.

소주자사가 몸소 조계에 출장하여 범인에 대한 처리 문제를 상의하며 스님들의 의견을 구하였다.

대사의 상족上足; 上佐/상좌 영도令韜 스님이 말하기를,

"만약 국법대로 한다면 마땅히 베어야 하지만 불교는 자비라, 원수나 친한 이나 모두가 평등한 것입니다.

더구나 그것이 대사를 공양하기 위한 목적으로 한 것이니 용서하는 것이 좋겠습니다." 하였다.

이에 유자사柳刺史는 불문佛門의 관대함에 탄복하여,

"내 이제 비로소 불법의 크나큰 자비를 알았다" 하며 범인을 놓아주었다.

신라에서 온 삼법三法 스님과 김대비 스님은 왜 목숨을 걸고 육조대사 진신의 목을 베어가려 하였을까?

목을 베어다 공양하는 것은 불공佛供일까, 불경不敬일까?

이 일화의 시대적 배경은 당나라와 신라 시대인데, 당시 육조대사는 동아시아에서 거의 부처님만큼 존경을 받고 있었다.

석가모니 부처님의 경우에는 열반에 드신 후 진신을 다비茶毘; jhapita/자피타; 火葬/화장하였다.

그러므로 부처님을 공경하는 사람들이 부처님의 진신사리를 8만4천으로 나누어 각자의 나라로 모셔다 공양을 올릴 수 있었다. 심지어는 부처님을 다비할 때 나온 재까지도 나누어 모셔다 공양하였다.

그러나 육조스님의 경우에는 육신을 그대로 입탑入塔; 탑 안에 육신을 그대로 모시는 매장 방식 하였으므로, 나누어서 다른 여러 곳으로 모셔다 공양을 할 수 없었던 것이다.

신라의 삼법 스님과 김대비 스님은 부처님의 진신사리를 모셔다 공양하는 것처럼, 육조스님 육신사리의 일부분, 그 중에서도 제일 중요한 목을 신라에 모셔다 놓고 공양을 올릴 수 있는 그런 인연을 짓고, 복을 짓고자 하는 의도였던 것이다.

육조스님께서도, 목숨까지 걸고서 육조스님의 정상 사리를 모셔다 공양하고자 하였던 신라 스님들의 뜨거운 신심과 지극 정성에서 나온 행위를 불공佛供으로 여기지 않으셨을까?

'조계에서 쌍계까지from 조계 to 쌍계'의 6000리가 넘는 구도의 길을 두 신라스님은 뜨거운 신심으로 왕복하였던 것이다.

무엇보다도 천년이 넘도록 지속적으로 가장 큰 궁금증을 불러일으켜
온 의문은 신라의 삼법 스님과 김대비 스님이 과연 실제로 육조대사 진
신의 목을 베어 해동으로 가져왔느냐 하는 점일 것이다.

《육조단경》에는 육조대사 진신의 목을 베어가려다 미수에 그치고 목
만 좀 상한 것으로 기술되어있다.
《경덕전등록景德傳燈録》, 《송고승전宋高僧傳》 등에도 육조대사의 머리를
절취하려다 실패한 것으로 기록되어 있다.

그러나 우리나라의 《육조혜능대사정상동래연기六祖慧能大師頂相東來縁
起》, 《조선불교통사朝鮮佛教通史》에는 이 거사가 성공하여 육조의 정상頂
相, 즉 머리를 가져와 석함石函에 봉안하여 모시고 그 위에 탑을 쌓았다
고 기록되어 있다.

그 탑이 바로 오늘날 지리산 쌍계사에 있는 육조정상탑六祖頂相塔; 육조
스님의 머리를 모신 탑이다.

◀육조정상탑
쌍계사 금당 안에 있는 7
층 석탑이다.
이 탑 아래에 묻혀있는
석함(石函)에 육조 혜능
의 정상(頂相; 머리)이 봉
안되어 있다고 전한다.

이 육조정상탑은 현재 쌍계사 금당 안 석감石龕; 육조혜능의 정상을 안치한 석함/石函 위에 세워져 있다.

이 7층 석탑은 1800년대에 용담龍潭선사가 근처 목압사木鴨寺; 화개면 운수리 목압마을에 있던 절의 석탑을 옮겨와 석함石函 위에 세운 것이다.

탑은 대웅전 앞에 양쪽으로 위치하는 것이 보통이다. 그런데, 이와 달리, 육조정상탑은 금당 안에 위치하고 있다. 탑이 법당 내부에 들어 있는 특이한 양식이다.

탑을 금당 안에 두는 그 파격이 육조스님에 대한 신라 스님들의 뜨거운 구도정신과 지극한 신심을 가늠케 한다.

◀쌍계사 금당
쌍계사 금당 안에는 육조정상탑이 있고, 그 탑 아래에 선종육조 혜능의 정상(머리)이 봉안된 돌함이 묻혀 있다고 전한다.

▲ 두 편액의 글씨는 조선의 명필 추사 김정희의 글씨다.
(현재 걸려 있는 것은 복제품이고, 원본은 쌍계사 성보박물관에 보관되어 있다.)

쌍계사 금당은 신라의 삼법 스님과 김대비 스님이 지극한 구도정신에서 선종 6대 조사 혜능의 머리를 가져와 봉안하였다는 비화秘話가 전해오는 성역이다.

육조정상탑 비화의 요지는 삼법三法 화상和尚; 수행을 많이 한 스님이 자신이 존경해 마지않던 6조 혜능선사慧能, 638~713를 친견하고 직접 가르침을 받고자 하였으나, 뵙기도 전에 6조 스님께서 입적해 버리자, 직접 중국으로 건너가 묘탑廟塔; 불상 · 고승의 사리 등을 안치해 둔 탑에 모셔져 있던 혜능의 정상頂相; 머리을 가져와 돌 함 속에 넣어 봉안한 뒤 공양하며 그 곁에서 수행하였다는 내용이다.

그러면 여기서 《선종육조혜능대사정상동래연기禪宗六祖慧能大師頂相東來緣起》를 간단히 보기로 하자.

신라 성덕왕 연간702~737의 일이었다.

의상대사의 제자인 삼법스님三法, 661~739은 당시 당나라에서 크게 선풍禪風을 일으키고 있던 선종 6대 조사인 혜능선사의 도와 덕을 흠모하여 그를 친견하고 가르침을 받고자 하였다.

그러나 뵙기도 전에 당 현종 개원 2년713년에 6조 혜능께서 입적하였다는 소식을 듣고는 애통하고 한스러워 하였다.

그때 금마국金馬國; 건마국/乾馬國; 지금의 전라북도 익산 금마면 일대에 있었던 삼한시대 마한 54소국 중의 하나 미륵사의 규정圭晶이라는 스님이 당나라에서 돌아오면서 《육조법보단경六祖法寶檀經》을 가지고 왔다.

이를 얻은 삼법스님은 향을 사르고 육조단경에 예를 올린 다음 공경히 단경을 열었다. 그는 구구절절 감명을 받고 깨닫게 되어 그 기쁨을 이루 말할 수 없었다.

그런데 단경을 읽던 중, 육조께서 "내가 입적한 후 5, 6년 뒤에 어떤 사람이 와서 내 머리를 탈취해 갈 것이다."라는 대목을 읽고는, '육조 스님의 머리가 다른 사람의 손에 들어가기 전에 내 힘으로 이 일을 도 모하여 우리나라 만대의 복전이 되게 하리라' 하고 생각하였다.

그리하여 그는 영묘사靈妙寺; 靈廟寺; 경상북도 경주시 성건동 남천(南川) 옆에 있었던 절의 법정 비구니法浄; 김유신의 아내로, 남편 사후에 출가함, 성 덕왕 11년(712)를 찾아가 뜻을 밝히고, "만일 육조혜능의 두상을 모셔다 가 우리나라에 잘 모시고 공양한다면 국가에 부처님의 복락이 많이 있을 것입니다" 라고 하였다.
법정은 즉시 2만금을 희사하여 이 일을 도모하게 하였다.

삼법스님은 돈을 받고 즉시, 당진唐津; '당나라 당, 나루진'이라는 지명에 서도 알 수 있듯이 당나라로 오가던 큰 나루가 있었던 해상교통의 거점에서 상 선을 타고 바다를 건너 당나라로 건너갔다.

3개월 후 삼법스님은 소주韶州 보림사에 이르러 육조혜능의 진신이 모셔져 있는 육조탑 주변을 살펴보니 경비가 삼엄하기 이를 데 없어, 마땅한 수가 없어 애만 태우고 있었다.
그러던 중, 신라 백율사栢栗寺; 경상북도 경주시 동천동(東川洞) 소금강산 에 있는 절의 김대비金大悲 선사가 당에 와서 마침 강서성 홍주 개원사 江西省 洪州 開元寺; 현 佑民寺/우민사 보현원에 머무르고 있다는 소식을 듣고, 대비선사를 찾아가 비장의 계획을 고백하니, 그도 기뻐하면서 뜻을 합하는 것이었다.

당시 개원사에는 담력이 크고 힘이 뛰어난 장정만張浄満이란 인부가 있었다. 어느 날 갑자기 그의 부모님이 돌아가셨으나 장례비가 없어 괴 로워하고 있었다.
이에 두 스님이 2만금을 부조하였더니 정만은 그 돈을 받고 크게 감격하였다. 그는 집으로 돌아가 장례를 잘 치르고 돌아왔다.

김대비 스님이 그에게 육조대사의 정상을 탈취해 올 일을 은밀히 부탁하니, 정만은 기꺼이 허락하고 보림사를 향하여 떠나갔다.

그 이튿날 장정만은 보림사의 육조탑에 도착하여 한밤중 사람이 없는 틈을 타 탑의 문을 열고 들어가 육조혜능의 목을 베어 가지고 재빠른 걸음으로 달아났다.

탑 속에서 나는 소리를 듣고, 보림사 대중들이 달려나와 탑으로 갔을 때는 이미 장정만이 정상을 취하여 달아난 후였다.

개원사에서 대기하고 있던 삼법스님과 대비스님은 개원사로 돌아온 장정만에게서 육조의 정상을 건네 받자마자, 그 밤으로 육조 혜능의 정상을 행낭 속에 간수하여 짊어지고 달렸다.

두 스님은 722년 11월 항주杭州/항저우; 중국 저장성(浙江省)의 성도(省都). 상하이(上海) 남서쪽 60km에 위치에서 배를 타고 귀국한 후 당진에 도착하여 운암사雲巖寺; 전남 영암군 소재로 돌아왔다. 두 스님은 비밀리에 영묘사로 갔다.

▲ 칡과 칡꽃

법정비구니는 크게 환희하고 맞이하여 삼가 신중히 육조의 정상을 단상에 모시고 매일 공양 올리고 예배 드렸다.

삼법스님이 영묘사에서 육조의 정상을 모시고 날마다 예배를 올리는데, 꿈속에 육조스님이 나타나, "나의 정상을 지리산 아래 눈 속에 칡꽃이 핀 곳雪裏葛花處/설리갈화처; 雪裏葛花之地/설리갈화지지에 봉안하라" 하시는 것이었다.

삼법화상은 꿈의 계시를 받고 그 이튿날 대비스님과 지리산으로 갔다. 이때가 12월로 온 산에 눈이 쌓여 있었다.

그런데 호랑이가 나타나 길을 인도하여 두 스님이 따라가니, 눈 덮인 지리산 중에 따뜻하기가 봄 같아 칡꽃葛花/갈화이 피어난 곳이 눈앞에 나타나는 것이었다.

그리하여 돌을 쪼개고 다듬어 석함石函을 만들어 깊숙이 묻어 안치하였다. 이곳이 오늘날 쌍계사 금당 자리이다.

그리고 바로 그 아래에 수행공간을 지어 날마다 선정을 닦았다. 절을 지어 이름을 옥천사玉泉寺라 하였다.

그 후 이 암자는 화재로 없어져 버렸는데, 신라 민애왕閔哀王; 신라 제44대 왕, 재위 838~839 때 진감국사眞鑑國師가 육조 혜능의 정상을 봉안한 그 위에 금당을 짓고 육조영당六祖影堂이라 이름하였다.

그 후 정강왕定康王; 신라 제50대 왕, 재위 886~887 원년, 한 고을에 같은 이름의 절이 두 개 있어 혼동을 일으키므로 문전에 흐르는 두 계곡에 연유하여 쌍계雙谿라는 이름을 하사하고, 고운 최치원孤雲 崔致遠으로 하여금 쌍계석문雙谿石門이라는 4글자를 쓰게 하여 바위에 각자刻字하였다.

이상은 삼법화상의 옛 글에 의거해 고려 때 각훈대사覺訓大師가 간략하게 엮은 선종육조혜능대사정상동래연기禪宗六祖慧能大師頂相東來緣起의 내용이다.

신라 스님들이 실제로 육조정상을 가지고 왔나, 미수에 그쳤나?

어찌 보면 엽기적이라 할 이 사건의 진실은 무엇일까? 중국과 우리나라에서의 기록들은 서로 상반되어 더욱 의문을 증폭시키고 혼란케 한다.

현재 중국 조계 남화선사의 조전에 모셔져 있는 육조 진신상은 머리가 온전한 상태로 보인다. 그렇다면 목을 베어 오려다 미수에 그친 것인가?

❶ 목을 베어왔을 경우

남화사에 있는 육조 진신상의 머리부분은 보수된 것이며 그것은 남화사에서 확인해야 한다.

육조정상 해동 봉안설은 육조단경의 내용과는 정반대로 김대비가 실제로 육조정상을 가지고 와서 쌍계사에 봉안하였다.

시간적으로 따져보더라도 '정만의 난(淨滿之難)'은 개원 10년(722)에 일어났고 쌍계사 창건은 신라 성덕왕(聖德王) 23년(724년)으로 2년의 차이가 나는데, 쌍계사를 건립하는데 걸리는 시간 등을 고려한다면 신빙성이 있다.

❷ 목에 상처를 내고 일부를 모셔 왔을 경우

부처님의 진신사리를 모셔 올 때는 작은 일부분이 온다. 마찬가지로 육조스님의 정상 전체를 다 가져온 것이 아니라 작은 일부분을 떼어 왔다. 육조단경에도 정만의 난으로 '대사 진신의 목이 상하여 있었다.'라고 적혀 있다.

❸ 목을 베어오지 못하고, 정상을 머리로 착각한 경우

정상은 초상화라는 뜻도 있다. 진감선사비(真鑑禪師碑)에서 육조영당(六祖影堂)을 지었다고 한 내용으로 말미암아 세인들이 쌍계사를 육조대사의 두골을 공양하는 곳으로 여기게 되었을 가능성도 있다.

이 경우가 옳다면 고려시대 각훈대사가 지은 《육조혜능대사정상동래연기》는 허구의 기록이 된다.

어쨌든 광둥성 남화사와 쌍계사 어느 쪽이 진짜 혜능의 정상을 봉안하고 있는 가? 라는 의문은 조사 신앙의 순수성과 혜능선의 진정한 가치와는 상관없는 것이다. 혜능의 가르침을 따르고 실천하는 것이 더 중요한 것이다.

《육조혜능대사정상동래연기》에는 통일신라시대부터 존재하였던 혜능에 대한 뜨거운 신앙과 함께 중국선이 장차 해동에 전해져 장차 해동이 선불교의 중심지가 될 것이라는 믿음이 밑바탕에 깔려있다고 생각된다.

26장
육조혜능보살 진신상의 수난

광동성 제2의 도시 샤오관韶關은 무엇보다도 남화사南華寺로 유명하게 되었고, 남화사는 선종 육조 혜능과《육조단경六祖壇經》으로 세계불교문화의 성지 중의 하나가 되었다.

지금도 남화사는 육조혜능의 진신에 참배하기 위해 매일 전국과 세계각지에서 몰려드는 불교신자들과 성지순례자들로 붐비고 있다.
육조전 앞에는 연중 참배객들의 발길과 향화가 끊이질 않아 장관을 이룬다.

광동의 후텁지근하고 비가 많이 오는 다습한 기후이다. 이러한 아열대의 환경에서도 713년 열반한 육조혜능의 육신이 지금까지 1300여 년 동안 부패나 변질되지 않고 살아있는 듯 생생한 모습을 유지해 온 것은 불가사의에 가깝다.

이리하여 실로 금강불괴金剛不壞; 금강석처럼 굳어서 깨지는 일이 없음의 육신이라 찬탄 받고 있는 것이다.

육조혜능 진신육불의 얼굴 표정까지도 1300년 동안 생생하게 보존되어 왔다는 것은 놀랍다.

마치 살아있는 사람이 명상에 잠겨 있는 듯한 모습이다.

중국 역대 왕조에서는 육조진신을 존중하고 수호하여 왔다. 역대 황제들은 육조에게 존숭의 의미로 시호를 내리고 또 시호를 거듭하여 더하였다.

▲ 육조혜능 진신의 옆 모습

육조의 진신은 육조혜능보살로 거의 부처님처럼 숭앙 받으며 계속하여
남화사에 좌정하여 왔으며, 근세에 이르기까지 진신상이 수난 당한 적은 없었다.

《육조단경》에는 육조진신에서 목을 베어가려다 미수에 그치는 이야기가 나온다.

육조가 사망한지 얼마 되지 않아, 신라인 스님들의 사주를 받고 한 범인이 밤에 육조진신의 머리를 베어가려 하였다. 육조의 머리를 해동海東; 한반도으로 모셔가 극진히 공양하기 위한 것이었다.
그러나 이것은 실제적인 수난과는 거리가 멀다.

1300여 년의 장구한 세월을 잘 보전되어 오던 육조 진신이 극심한 수난을 겪은 것은 근세에 들어와서 이었다.
현재 겉보기에는 온전해 보이지만, 육조 진신상의 겉과 골격은 심각한 손상을 입었고 내장은 완전히 손상되었다.

오늘날 사람들이 보는 것은 정교하게 수선된 진신이다. 뼈아픈 상처와 추악한 역사를 화려한 가사로 덮고 있는 것이다.

육조 진신에 절을 올리면서 이러한 수난의 역사를 알고 있는 사람들이 얼마나 될까?

육조 진신이 첫 번째 수난을 겪은 것은 역시 침략근성이 몸에 밴 일본에 의해서였다. 제2차 세계대전 중 일본이 중국을 침략했을 때 육조 진신은 수난을 당한다.

어느 날 일본군 떼거리들이 남화선사에 들이닥쳤다. 일본군은 보물을 약탈하는데 혈안이 되어있는 도둑 떼들이었다.

그들은 육조의 진신을 가짜 육신불이라고 여기고 복장유물을 약탈하려고 반항하는 승려들을 겁박한 채 살펴보았다.

그들 중의 한 군의관이 무엄하게도 수술 칼로 육조의 등 뒤쪽을 잘라 구멍을 내고 들여다보았다. 그들은 완벽하게 보존된 골격과 내장을 보았다. 그들은 장기가 여전히 손상되지 않은 채 있는 것을 보고 놀랐다. 그들은 진신임을 확인하고는 놀라서 경배하고 물러갔다.

남화사 스님들은 그 구멍을 꿰매고 수선해야 했다.

▲ 문화재와 보물들을 닥치는 대로 약탈하는 일본군

육조 진신이 두 번째 수난을 겪은 것은 소위 문화대혁명文化大革命; 마오쩌둥에 의해 주도된 극좌 사회주의운동, 1966년~1976년이라는 광기의 시대 동안이었다.

문화혁명철저한 문화파괴혁명을 문화혁명이라 한 것은 아이러니컬하다 못해 시니컬하다 때 사리판단이 미숙한 청소년들로 조직된 소위 홍위병紅衛兵; Red Guards에 의해 입은 2차 수난은 참혹한 것이었다. 육조혜능의 진신을 비롯한 단전선사丹田禪師와 감산선사憨山禪師의 진신도 크게 훼멸되었다.

근세에 남화사를 중흥시킨 인물은 허운화상虛雲和尙이었는데, 그의 제자인 남화사 주지 불원법사佛源法師가 문혁 중 겪은 수난에 대한 증언이 생생하다.

소위 홍위병들이 남화사에 난입하였을 때, 미쳐 날뛰던 십대 청소년 홍위병 하나가 쇠몽둥이로 육조진신의 등 쪽 가슴부위를 때려 사발 만한 구멍이 났다.
홍위병들이 진신인지 보려고 안을 들여다보았으나, 무지한 그들은 진신을 감싸고 있던 마포에 가려 늑골이 보이지 않자 뼈가 아닌 쇠를 집어넣어 만든 가짜라고 생각하였다.

무지막지한 그들은 오장육부를 끄집어내어 대불전에 버렸다. 손에 걸리는 늑골이든 척추골이든 마구 끄집어내어 버렸다. 그리고 이것은 사람 뼈가 아니라 동물 뼈이고, 육조 진신은 가짜라고 외쳤다.

단전선사의 진신도 똑같이 훼멸되었다. 감산선사의 진신도 등에 칼을 한 번 맞아, 등에 술잔크기 만한 구멍이 났다. 감산선사의 경우, 그나마 다행이라면 육조선사나 단전선사처럼 오장육부까지 끄집어내지는 않았다.

소위 홍위병들은 혜능선사, 단전선사, 감산선사 삼존의 진신을 짐짝처럼 손수레에 실어 3일간이나 길거리로 끌고 다녔다.

그들은 길거리로 유세하며 가짜 진신이니, 사기니 하면서 불태워 없애야 한다고 선동하였다.

삼존의 진신들이 완전히 파괴될 위기에 처하였다.

이 때 임득중林得衆이라는 사람이 기지를 발휘하여 구해낼 수 있었다.

"동무들, 즉시 멈추시오! 파괴해서는 안되오!

모두들 천년 동안이나 진짜 진신이라고 말하여 왔소. 만일 파괴해 버린다면 가짜라는 증거가 없어지는 게 아니겠소? 파괴하지 말고 남겨두어 모두가 진신이 가짜임을 보게 해야 하지 않겠소?"

이리하여 가까스로 삼존의 진신은 남화사로 돌아올 수 있었다. 오늘날 우리가 조전에서 이 삼존의 진신을 친견할 수 있게 된 데에는 임거사의 용기와 기지에 힘입은 바가 크다.

그러나 당시에는 여전히 홍위병들에 의한 문화와 전통 파괴가 극심하였다.

▲ 진신불을 짐짝처럼 손수레에 실어 끌고 다니는 홍위병들

▲ 불원법사

불원법사는 몰래 육조와 단전선사와 감산 선사의 영골을 수습하였다. 그러나 둘 곳이 없었다. 그는 영골을 항아리에 넣어 뒷산의 큰 나무 아래에 묻어 감추어 놓고 표시를 해 두었다.

홍위병들을 부추겼던 마오쩌둥毛澤東/모택 동; Mao Zedong이 1976년 사망하자, 문혁도 끝 났다.

그 뒤, 1979년 중국 공산당에서 남화사 주지였던 불원화상佛源和尚에 게 육조혜능을 포함한 삼존의 영골에 대한 강제 복원명령을 내렸다.

불원화상이 항아리 속에서 육조혜능의 영골을 꺼냈을 때, 땅 속에 묻혀 있은 지 십여 년이나 지났고 남방은 습기가 많아 늑골은 이미 곰팡이가 피어 변해 있었다. 척추골은 습기에 더 많이 손상되어 있었다.

단전선사의 영골은 묻혀있는 동안 습기의 침해를 받아 검게 변해 있었다. 감산선사의 얼굴부분은 본래의 뚜렷하던 윤곽을 잃고 두루뭉실 해졌다.

불원선사는 혜능과 단전 두 선사의 영골을 받들고 자신의 방으로 가서 숯불로 깨끗하게 말린 후, 척추골에서 늑골까지 하나하나를 연결시켰다. 다 연결한 후 다시 진신 내에 넣었다.

육조의 오장육부는 이미 썩어 있었다. 단단한 뼈와 달리 무른 살로 된 장기는 완전히 회복불능으로 썩어버린 것이다.
불원선사는 대성통곡을 하였다.

그는 할 수 없이 썩어버린 장기를 말려서 가루로 만들어 단향가루와 혼합하고, 오장육부의 형태를 만들어 육조의 몸통 내부에 넣었다.

육조진신의 바깥은 베와 칠로 봉하여 마무리하였다. 육조의 영골은 여전히 황금색이고 굳건하게 보였다.

불원선사의 신명을 다한 노력이 없었더라면 오늘날 육조대사를 포함한 삼존의 진신은 전설이 되고 말았을 것이다. 세계 각지의 수많은 순례자들도 숭모하는 육조대사를 친견할 수도 없을 것이며, 남화선사옛 보림사 역시 오늘날의 남화선사가 아니었을 것이다.

우리는 화려한 좌대 위에 가사를 걸치고 앉아 계신 육조와 단전선사 그리고 감산선사의 외양, 그 이면에는 뼈아픈 상처와 추악한 역사가 있으며, 또한 목숨을 걸고 삼존의 진신을 지켜내고자 하였던 노력이 있었음을 알아야 할 것이다.

인과응보는 비록 때는 늦춰질망정 결코 피해가지는 않는다고 한다. 당시 남화사와 육조진신을 훼손시킨 홍위병들은 지금 어디에서 어떤 응보를 받고 있는가?

27장
육조혜능의 남종선과 후세에 끼친 영향

    중국에 들어 온 불교는 혜능 이전까지 약 250여 년이 지나는 동안 꾸준한 역경 작업과 교학 연구를 바탕으로 토착화 과정을 거쳐 독자적인 중국불교로 발전하게 된다.

    그리하여 문화의 황금기인 당나라 때는 왕실의 불교보호정책에 힘입어 고승석학들이 배출되면서 불교가 전성기를 맞이하여, 도작道綽, 582 ~645 · 선도善導, 613~681의 정토종淨土宗, 도선道宣, 598~667의 남산율종南山律宗, 현장玄奘, 600~664 · 규기窺基, 632~682의 법상종法相宗, 신수神秀, 606~706 · 혜능慧能, 638~713의 선종禪宗, 선무외善無畏, 637~735 · 금강지金剛智, 669 ~741 · 불공不空, 705~774의 밀교, 법장法藏, 643~712의 화엄종 등 다양한 종파가 성립되기에 이르렀다.

    그 후 불교가 지나치게 사변적이고 현학적으로 흐르게 되자, 정토종과 선종 같은 실천불교를 지향하는 불교가 새로 일어나 흥하기 시작하였다.

선종은 인도의 보리달마菩提達磨, ?~528? or 536가 남북조시대에 중국으로 와서 면벽수행하며 선종을 일으킨 지 150여 년 만에 가장 영향력 있는 종파로 자리 잡게 되었다.

선종은 신수와 혜능 대에 이르러 선의 수행방식은 이른바 남돈북점南頓北漸의 두 방식으로 각기 특색을 달리하게 된다.

초조初祖 달마達摩에서 오조 홍인五祖 弘忍 그리고 신수로 이어지는 신수 계통의 선은 점교漸敎로 북종선北宗禪이라 하고, 육조혜능 계통의 선은 돈교頓敎로 남종선南宗禪이라 한다.

점수에서는 수행을 통하여 한 단계 한 단계 점차로 닦아 나아가서 마침내 깨닫는다는 시각이고, 돈오에서는 수행과정 없이 문득 단박에 깨달음을 이룬다는 시각이다.

피안: 뗏목을 선택하던 배를 선택하던 그 목적은 피안에 도달하는 것이다.

뗏목: 점수를 상징. 뗏목은 비록 느리지만 조종하기 쉽다. 부지런히 수행하기만 한다면 하근기의 사람도 피안에 도달할 수 있다.

수행자: 각 개인은 자신의 근기에 따라 자신에게 적합한 수행방법을 선택해야 한다.

배: 돈오를 상징. 배는 바람의 힘을 빌어 순식간에 피안에 도달할 수 있다. 그러나 누구나 쉽게 조종할 수 있는 것은 아니다.

점교에서는 깨달음을 얻기 위한 과정으로서 참선參禪 수행이 필요하지만, 돈교에서는 수행이 따로 없이 평상심平常心이 곧 도이고 오직 불성佛性이라는 참 성품을 보는 것이다.

초조 달마에서 오조 홍인 그리고 신수로 이어지는 인도의 색채가 짙은 전통적인 선은 점교였다.
일반적으로 참선이라 할 때 행하여지는 선정禪定을 통한 해탈의 추구가 바로 좌선관심坐禪觀心의 선법이다.

사조 도신四祖道信과 오조 홍인五祖 弘忍의 동산법문東山法門, 그리고 그 동산법문을 계승한 신수의 선은 이러한 이전의 전통을 충실히 계승한 것이다.

반면에 선정수행 없이 견성을 주창하는 혜능의 돈교頓教는 이전의 선법과는 전혀 다른 조사선祖師禪이라는 새로운 혁신적인 선법禪法을 전개하였다.

육조혜능에서 시작된 돈교, 즉 조사선祖師禪은 '마음을 직관함으로써, 자성을 보아 깨달음에 도달한다.'는 직지인심 견성성불直指人心 見性成佛이라는 혁신적인 돈오의 선법이다.

육조혜능의 사상적 핵심은 불성론佛性論과 돈오견성설頓悟見性説이라 할 수 있다.

불성론은 석가모니 부처님께서《열반경》에서 말씀하셨듯이, '일체중생에는 다 불성이 있다'라는 가르침을 재해석 한 것이며, 돈오견성설頓悟見性説은 진여 자성真如 自性이 참 부처이니 자기 본 마음을 알면 제성품自性을 깨달으면 이것이 곧 견성 성불하는 것이다"라고 주창한 것이다.

그는 선정해탈禪定解脫을 논하지 않았다. 그는 장좌불와長坐不臥의 좌선법은 선병禪病이라 하여 이를 배격하였다.

그는 선정을 익혀서 망념의 소멸을 기다리는 수행이 아니라, 오직 불성佛性이라는 참 성품 보기를 설하였다.

불립문자 교외별전不立文字 敎外別傳; 선의 진수는 문자로는 나타낼 수 없으며, 경전이나 교설을 떠나 따로 이심전심으로 전함이니, 더 이상 불교가 오랜 세월 축적해 온 팔만대장경의 가르침이나 교학이 성불로 가는 유일한 최상의 길은 아닌 것이 되었다.

이처럼 혜능의 남종선은 기존의 불교에서 보면 그동안 불교를 구성하고 있던 수많은 교학, 수행관, 사상체계를 뒤엎는 혁명과 같은 것이었다.

혜능은 스승인 오조의 법을 계승한 것이 아니라 스스로의 깨달음에 의거한 법을 펼친 것이다. 혜능은 오조 홍인의 가르침을 통하여 그 깨달음을 확인하고 인가를 받은 것이었다.

5조께서 금강경을 해설하여 내려가시는데, '응무소주 이생기심'이라는 대목에 이르러서, 혜능은 '말끝에 문득 크게 깨달았다言下便悟/언하경오.'는 바로 그 부분이다.

신수가 "그는 스승 없이 지혜를 얻어서 최상승의 진리를 깊이 깨달았으니, 나는 그에게 미치지 못한다."라고 말한 데서 알 수 있듯이, 혜능은 전통적 좌선이나 교학을 통하지 않고 곧장 독자적인 지름길을 찾아 진리에 도달한 것이었다.

오조 홍인이 혜능에게 전법을 한 이유는 혜능이 자신의 가르침을 잘 이해하거나 착실하게 받아들여서가 아니라, 혜능이 법을 보는 새로운 혁신적인 길을 열었기 때문이었다.

홍인은 혜능이 그 새로운 안목으로 말미암아 불법佛法을 크게 진흥시키리라는 것을 내다보았던 것이다.

선종은 인도에서 온 보리달마가 중국 불교 선종의 시조라고 하나, 실제로는 육조혜능이 남종선이라는 중국 자생의 선이라는 새로운 선문을 연 개조開祖라 할 수 있다.

혜능 이전까지 일반적으로 행해졌던 인도 색채를 띤 전통적인 선법은 좌선수련선정/禪定을 통하여 성불을 추구하는 수련의 점수법漸修法이었다.

비유하자면, 이전까지의 불교 수행관에서는 저쪽 언덕에는 깨달으신 거룩한 부처님들이 계시고, 이쪽 언덕에는 미혹 속에서 헤매는 한심한 중생들이 있어 부처님들을 닮기 위해 부단히 고된 수행을 해 나가는 그런 식으로 설정되어 있었다.

그러나 혜능이 창시한 남종선 돈교에서는 기존의 이러한 점수漸修 수행의 발상을 일거에 뒤엎어버렸다.

혜능은 전혀 달리 말한다.

"청정한 자성이 곧 불성이며, 자신의 마음自心/자심; 청정본심이 진정한 부처이다自佛이 是真佛.

다시 말해, 보통사람과 부처는 멀리 떨어져 있는 별개의 존재가 아니다. 우리 개개인의 자성自性 속에는 본래의 청정한 불성이 갖추어져 있다.

따라서 성불하기 위해서 길고 고된 수행을 거쳐야만 하는 것이 아니라, 본래의 청정한 자성으로 회귀하면 중생이 바로 부처가 되는 것이다."

육조혜능은 이렇게 마음의 중요성을 역설하며, 극락이니 지옥이니 하는 것마저도 마음의 세계로 보았다.

"자기 마음 속에서 부처를 찾지 않고 어디에서 부처를 찾고 있느냐, 네 자신이 곧 부처이다! 다른 곳에서 부처를 찾으라고 하는 사람들의 혀에 속지 말라."

"자신의 근본 마음이 능히 모든 것을 만들어 낸다. 자신의 심성이 청정하지 못하면 필연적으로 번뇌가 일어난다. 이 번뇌가 자성을 가리고 중생을 고통으로 이끈다. 이것이 지옥이다. 청정자성을 찾아 번뇌에서 벗어나면 고통은 사라진다. 이것이 바로 극락이다.

▲ 미륵보살반가사유상
　(弥勒菩薩半跏思惟像)
미륵보살이 모든 중생을 구제할 수 있는 진공묘유(真空妙有)의 방도를 생각해냈을 때의 그 안온한 모습과 천상의 미소는 평화와 희망을 준다.
깨달았을 때 갖게 되는 안락한 상태가 바로 서방정토 극락세계이다.

▲〈생각하는 사람(the Thinker)〉
　로댕(Auguste Rodin) 작
단테의《신곡》의 지옥에 비유되는 삶의 무게와 고뇌에 짓눌려 고통에서 벗어나려 하는 상이다.
이 두 조각상이 보여주듯이, 불교와 기독교에서 이 세상과 삶을 보는 관점은 너무나 다르다.
또한 그 생각하는 대상이나 차원에있어서도 너무나 현격한 차이가 난다.

심지어 그는 불교에서 오랫동안 설정해오고 갈망해 마지않는 서방
정토西方浄土 극락세계도 실재하는 곳이 아니라, 깨달았을 때 갖게 되는
안락한 상태로 해석하였다.

"서방정토는 따로 있는 것이 아니다. 그것은 바로 여기, 그대들의 마
음 속에 있다."라고 하며, 제자들에게 그는 "어디, 한번 서방정토를 찰
나에 옮겨다 그대들 눈앞에 놓아 보여주랴?"라고 하여 그들을 놀라게
까지 하였다.
　이것이 《육조단경》의 가르침이다.

　이러한 불교의 사상은 기독교에도 직접적인 영향을 주었으며, 기독
교에서 신약성서를 만들 때 그대로 삽입되었다.
　후에 신약을 대대적으로 편집할 때, 기독교에서는 불교에서 차용한
색채가 너무 강하다 하여 일부 삭제하였으나, 여전히 신약 곳곳에 차용
한 부분들이나 흔적이 상당부분 남아 있다.

　《도마 복음서》는 기독교의 성서 편집과정에서 극심했던 성서의 왜곡
을 겪지 않았는데, 여기서는 예수가 인도 · 간다라 · 티베트 등지로 유
학하여 배운 불교사상과 예수가 자신이 체
득한 불교사상을 히브리 현지 상황에 맞게
변용하여 직접 설한 원래의 말씀을 그대로
찾아 볼 수 있다.

◀《예수의 마지막 오딧세이》에는
예수가 인도 유학 시 택한 경로가 상세 지도로 나와 있다.
내셔널 지오그래픽에서도 방영된 바 있다.

여기에는 불교의 자성진불게, 불성론, 돈오견성설, 불성내재론佛性內在論; 인간과 동식물 등 모든 존재에는 불성이 들어 있다 등이 모두 녹아있다. 그 중한 예로 훈언 3장을 살펴보자.

> 예수께서 말씀하시길,
> 만약 너희를 현혹하는 자들이 말하길,
> 보라, 천국이 하늘에 있다 한다면,
> 하늘의 새들이 너희보다 앞서 갈 것이요.
> 만약 그들이 그것은 바다 속에 있다 한다면,
> 물고기들이 너희보다 앞서 갈 것이다.
> 그러나, 천국은 네 안과 밖에 있느니라.
> 너희가 너희 자신 스스로를 알 때
> 비로소 참된 자신을 알게 되며,
> 너희가 살아 있는 아버지의 자식임을 알게 될지니라.
> 그러나 만약 너희 자신 스스로를 알지 못 한다면,
> 너희는 궁핍에 있음이요, 너희가 궁핍이라.

이 말은 또한 누가 복음서에도 실려 있는데, 다음과 같이 간추려 졌을 뿐이다.

'보라, 천국이 여기 있다, 보라, 저기 있다고도 못하리니 천국은 너희 안에 있느니라.'〈누가복음서 17장 21절〉

이처럼 불교의 사상은 기독교 신약성서를 만들 때 그대로 차용되어 신약 곳곳에 여전히 선명하게 남아있다.

◀≪법화경과 신약성서, 법진 공저, pp10~19 참조≫
신약성서는 법화경을 원전으로 한 사실, 예수의 13-29세까지의 인도 · 티베트에서의 불교수행 등을 입증하고 있다.

중국의 선은 육조혜능이 창시한 남종선이 융성하면서 인도의 색채를 탈피하고 비로소 토착화, 중국화 되었다.

그 후 남종선의 법맥은 중국에서는 임제종臨済宗, 조동종曹洞宗, 위앙종潙仰宗, 운문종雲門宗, 법안종法眼宗의 이른바 오가칠종五家七宗으로 분화하며 발전하였다.

혜능의 사법嗣法; 제자가 스승에게서 불법을 이어받음의 제자에 하택 신회荷澤神會, 남양 혜충南陽慧忠, 영가 현각永嘉玄覚, 청원 행사青原行思, 남악 회양南岳懐讓 등 43인이 있었으며 그의 문하의 제자는 3천여 명에 달하였다. 이로써 남종 돈오선頓悟禪이 널리 퍼지게 되었다.

그 결과, 선종은 불교가 중국문명의 주류로 편입되게 하는데 결정적 역할을 하였으며, 이후 중국 문화의 거의 모든 방면에 깊은 영향을 주게 된다.

그 후 그가 창시한 남종선南宗禪, 곧 조계종은 선불교의 대표적 계통으로 발전하였으며, 동아시아에서 전개된 선불교의 원형이 되었다.

그리하여 그의 법맥은 중국의 5가7종, 한국의 구산선문九山禪門과 조계종曹溪宗, 일본의 조동종과 임제종, 베트남, 대만으로 이어졌다.

근세에 선종은 아시아를 넘어 유럽과 미국 등지로 전파되어 전 세계적 문화현상 내지는 종교로 자리잡고 있다.

육조혜능이 처음으로 유럽인들에게 성인으로 소개된 것은 1589년 남화사를 방문한 제주이트 교단Jesuit Order; 1534년 Ignatius of Loyola가 개신교에 대항하여 세운 카톨릭 교단의 마테오 리치Matteo Ricci를 통해서였다.

그 후, 육조단경은 세계 각 국 언어로 번역되고 많은 논문이 발표되는 등 꾸준히 지평을 넓혀오고 있으며 오늘날 육조혜능은 선종의 종조宗祖로서 세계적으로 숭앙되고 있다.

5가7종(五家七宗)

5가7종은 중국 불교 남종선 계통의 모든 유파의 총칭으로, 각 유파는 가풍의 차이에 따라 5가(임제종·조동종·위앙종·운문종·법안종)로 나누어진다.

7종이란 임제종의 큰 분파인 황룡파와 양기파의 2파를 더한 것이다.

남종선은 혜능을 시작으로 청원행사와 남악회양이 쌍벽을 이루었고, 당나라 중기에는 석두회천과 마조도일이 출현하여 개성이 풍부한 선사들을 배출하면서 흥성하게 되어 독특한 가풍을 이루었다. 그리하여 청원-석두의 계열에서 조동종(曹洞宗)·운문종(雲門宗)·법안종(法眼宗)이 성립했으며 남악-마조의 계열에서 임제종(臨濟宗)·위앙종(潙仰宗)이 성립했다.

이후 임제종은 송나라 시대에 황룡파(黃龍派)와 양기파(楊岐派)로 갈려 크게 번성하였다.

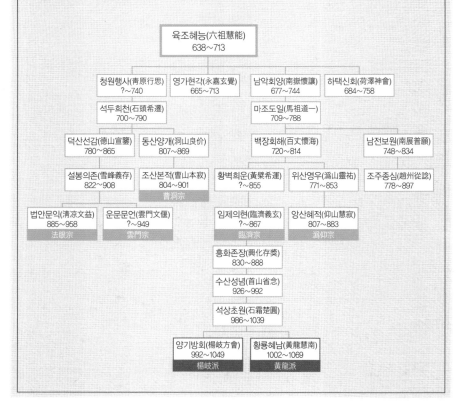

한국불교 선종도 혜능선사의 남종선을 잇고 있다. 한국 불교의 '조계종曹溪宗'이란 명칭 역시 바로 육조 조계 혜능대사에 연원을 두고 있다.

'조계曹溪'는 바로 육조 혜능스님의 근본도량 보림사寶林寺; 오늘날의 남화사/南華寺가 있는 '조계曹溪'라는 지역 명에서 따온 것이다.

소주 조계산 보림사寶林寺는 남종선의 창시자인 6조 혜능대사의 행화도량이며 제일의 선종 조정祖庭이다. 조계 보림사는 중국 역사상 가장 찬란한 문화의 황금기인 당ㆍ송 시대의 사상적 지주였던 선불교의 진원지였고, 오늘날에도 선종의 총 본산으로 자리잡고 있다.

오늘날 남화선사는 전 세계 선불교인들의 마음의 고향이다. 남화선사는 동아시아 한ㆍ중ㆍ일과 베트남 등지의 사부대중은 물론 전 세계의 불교인들이 평생 동안 적어도 한 번은 꼭 순례해보고 싶어하는 성지로 자리잡게 되었다.

지금도 육조 혜능대사의 진신이 모셔져 있는 남화선사 조전祖殿에는 대사의 가르침을 숭모하는 수많은 대중이 구름처럼 모여들고 있다.

육조 혜능대사 연표

0세 (638년) **태종 정관11년**	○당(唐)나라 영남 신주(嶺南 新州; 현 광둥성 신흥현/廣東省 新興縣)에서 출생. 부친은 전직 관리(간수)로 성은 노(盧)씨, 어머니는 그곳 신주 태생의 이(李)씨.
3세 (641년) **태종 정관14년**	○부친 별세, 어머니와 함께 남해(南海/난하이)로 이주. 가난하게 자라나 글을 배우지 못해 평생 문맹.
23세 (661년) **태종 정관34년**	○객점에 땔나무를 배달하러 갔다가 그곳에서 한 손님이 《금강경(金剛經)》 독송하는 소리를 듣고 홍인대사를 찾아 출가할 결심을 하게 됨.
24세 (662년) **태종 정관35년**	○30일을 서둘러 걸어 중국 호북성 기주 황매산 동선원에 주석하고 있던 선종의 제5대 조사 홍인대사를 찾아가 예배함. 첫 만남에서 5조 홍인대사는 혜능이 타고난 큰 법기(法器)임을 단번에 알아차림. ○8개월 동안 방아로 곡식을 찧는 소임을 하며 행자생활을 하던 중, 혜능은 '본래무일물(本來無一物)'의 게송을 지어 수상좌 신수를 제치고 홍인대사의 선법(禪法)과 의발을 계승하여 제6조가 됨. ○의발을 빼앗으려고 노리는 자들이 많아 목숨이 위태로워 혜능은 의발을 지니고 밤중에 황매산을 빠져나와 남방으로 피신 길에 오름. 스승 홍인이 그를 구강 나루터까지 전송하며 직접 배를 얻어 강을 건너게 해줌. ○피신하여 가던 중 대유령 고개에서 진혜명이라는 무장 출신의 성질이 거친 자의 추격을 받음. 혜능은 그에게 불사선 불사악이란 혜능 최초의 설법을 하여 감복시킴. ○남방으로 피신해 내려가 15년여를 하층의 사냥꾼이나 노동자들 틈에 섞여 숨어 지내며 포교 활동에 전념함.
28세 (667년) **태종 건봉2년**	○조계(曹溪)에 머물며 그곳의 선비 유지략(劉志略)과 결의형제를 맺고 많은 도움을 받음. 혜능의 어머니 별세.
31세 (670년) **태종 함형원년**	○의형 유지략의 고모인 무진장(無盡藏) 비구니가 외우는 《열반경》 소리를 듣고 대사가 그 뜻을 깨우쳤으며, 무진장 비구니를 위해 《열반경》을 풀이해 줌. ○마을 사람들을 불러모아 수나라 말에 병화로 타버리고 터만 남은 보림사(寶林寺)를 다시 짓고 거기에 머무름.

32세 (672년) **태종 함형3년**	○보림사에 머무른 지 9개월만에 악당들에게 쫓겨 달아남. 5조께서 예언으로 알려주신 대로 회집(懷集), 사회(四會)로 피신하여 4년 동안 하층민들과 섞여 숨어 삶.
39세 (676년) **고종 의봉원년**	○광동성으로 돌아가 광주 법성사(廣州 法性寺; 현 광효사/光孝寺)로 가서 인종법사를 만나 축발[삭발] 수계하고 정식으로 출가함. 풍번 문답의 일화. 황매 동산 5조 홍인대사의 계승자임을 공인 받고 향후 남종선을 펴기 위한 토대를 다지는 일생일대의 큰 전환점이 됨.
40세 (677년) **고종 의봉2년**	○혜능이 소주 조계로 돌아온 직후, 그 곳 자사 위거(刺史 韋據)의 청을 받고 대범사(大梵寺; 현 대감선사)에서 설법했는데, 이 설법을 엮은 것이 《육조단경》이다. ○소주(韶州) 조계 보림사(寶林寺)로 돌아온 혜능은, 그로부터 36년간 76세로 입적하기 직전까지 견성성불(見性成佛)의 돈오법문(頓悟法門)을 널리 펼침. ○소주(韶州)의 조계산 보림사가 중국 남종선(南宗禪)의 총 본산으로 자리잡음. ○혜능의 법통을 이어받은 제자에 하택신회(荷澤神會), 남양 혜충(南陽慧忠), 영가 현각(永嘉玄覺), 청원 행사(青原行思), 남악 회양(南岳懷讓) 등 43명이 있었으며, 그의 문하의 제자는 3천여 명에 달하였음.
67세 (705년) **중종 신룡원년**	○조정에서 관직을 내리고 초청했으나 받아들이지 않음. 중종이 조서를 내려 공경의 의미로 육조대사께서 계시던 신주의 고향 집터를 국은사(國恩寺)로 개칭.
76세 (713년) **현종 선천2년**	○7월에 신주 국은사(新州 國恩寺)로 돌아가, 8월3일 원적. ○11월 13일 혜능대사의 진신과 신감(神龕)과 전수 받으신 의발을 조계 보림사(오늘날의 남화사)로 옮김. ○당(唐) 헌종(憲宗)이 대감선사(大鑒禪師)란 시호를 내림. ○혜능의 미이라화 한(mummified) 진신은 광둥성 샤오관시(韶關; 옛 소주) 남화사(옛 보림사) 보존되어 있음.

▲ 소동파(蘇東坡)

소동파蘇東坡; Su Dongpo는 중국 송나라 최고의 시인으로, 시·서·화 3절詩書畵 三絶을 두루 갖춘 중국 문인 사대부 교양과 사상의 전형이자 당송팔대가唐宋八大家의 한 사람이다.

그는 일찍이 정쟁에 휘말려 유배 가는 도중 남화사에 들러 육조 진신상에 참배하고 저 유명한 선시禪詩《남화사南華寺》를 썼다.

그가 감회에 젖어 쓴 시를 여기에 소개하며 이 글의 여정을 마치고자 한다.

남화사(南華寺)

云何見祖師 운하현조사 어찌하여 조사를 알현하고자 하는가?

要識本來面 요식본래면 내 본래면목을 알고자 함이네.

亭亭塔中人 정정탑중인 우뚝 솟은 탑 속에 앉아 계신 조사께서는

問我何卯見 문아하묘견 내게 '무엇을 보았는가' 묻는다.

可憐明上座 가련명상좌 가련한 진혜명 상좌는 (조사의 법문을 듣고,)

萬法了一電 만법료일전 모든 법을 한 순간에 전광석화로 깨달았다.

飮水即自知 음수기자지 물을 마셔보고 스스로 차고 더움을 알 듯이

指月無復眩 지월무부현 달 가리키는 손가락을 다시는 달로 착각치 않네.

我本修乃人 아본수내인 나는 본래 수행인이라서

三世積修煉 삼세적수련 과거·현재·미래 삼세에 걸쳐 수련을 쌓아왔지만

中間日念失 중간일념실 그 사이 한 생각 잘못 일으켜

受此百年遺 수차백년유 일생 동안 무수한 시달림과 고난을 당했네.

摳衣礼直相 구의예직상 옷깃을 여미고 6조 진신상을 예배하니

感動泪雨霰 감동루우산 감동의 눈물이 비 오듯 싸락눈 내리듯 하네.

借師錫端泉 차사석단천 조사께서 석장 꽂아 파놓은 탁석천 물로

洗我綺語硯 세아기어연 미사여구나 늘어놓는 시 쓰느라 사용한 벼루 씻어내리.

🔖 소동파의 남화사(南華寺)

소동파의 시 《남화사(南華寺)》는 소동파가 남긴 많은 선시들 가운데 그의 수행자와도 같은 불교적 신심이 가장 절실히 나타나 있는 시이다.

소동파(蘇東坡, 본명 蘇軾/소식, 1037~1101)는 중국 북송 시대 최고의 시인이며, 문장에 있어서도 시(詩)·사(詞)·부(賦)·산문(散文) 등 모두에 능한 중국문예사상 가장 걸출한 인물이었다. 그는 아버지 순(洵), 아우 철(轍)과 함께 '3소(三蘇)'라고 불리며, 모두 당송팔대가(唐宋八大家)로 손꼽혔다.

당시(唐詩)가 서정적인 데 비하여, 그의 시는 철학적 요소가 짙었고 물질과 세속적 세계의 허무성과 무가치성을 간파하고 이를 벗어나 노닐고자 하는 초월적 인생관이 잘 나타나 있다. 그의 대표작인 《적벽부(赤壁賦)》는 불후의 명작으로 널리 애창되고 있다.

소동파는 59세 때인 송 철종 소성원년(1094), 급진적인 개혁을 추진하던 왕안석(王安石)의 신법에 반대하는 구법당(구법당의 영수는 '자치통감'의 저자인 사마광)에 섰다가 신구 당쟁의 소용돌이 속에서 신법당의 모함으로 남방의 영주(英州)로 좌천되어 가게 되었다.

그 해 10월 2일 대유령을 넘어 지나는 길에 광동성 곡강현 마패진 조계촌의 남화사(南華寺)에 들러 6조 진신상을 참배하고 읊은 시가 바로 이 《남화사(南華寺)》이다.

그는 이 시에서 새삼 경건한 선심(禪心)으로 수행인으로서의 자신의 진면목을 돌아보고 있다. 그는 정치와 관직 따위의 무가치한 것에 가졌던 집착, 미사여구나 늘어놓는 시작(詩作)에 매달렸던 어리석은 삶에 대한 회한을 토로하며, 선가의 지혜를 빌어 극복하고자 하였다.

소동파는 신법당과 구법당이 득세하기에 따라, 유배 갔다가 복권되기를 거듭하는 등 정치적 부침을 반복하여 겪었다. 그는 일생의 대부분을 유배생활과 각지의 지방관 생활로 보내다가 귀양길에서 돌아오는 도중 남경에서 66세를 일기로 사망했다.

성격이 고고하고 호방하였던 그는 굴곡 심한 생애를 살면서 투쟁과 모함이 가득한 관료계의 아귀다툼을 경멸하였으며, 그에 대한 내적 회한과 울분을 필묵 속에 용해시켰다. 선시 《남화사》도 그러한 작품 중의 하나이다.

▲ 보림 남화선사 육조 혜능대사 탄생 1300주년 기념우표
육조전(Liu Zu Hall, Nanhua Temple)

또 하나 선종의 거봉,
동산법문의 계승자 신수대사

28장
신수대사의 구도와 전법의 생애

한편, 혜능이 홍인의 전법을 받아 남쪽으로 간 후, 저 유명한 시법게송에서 혜능에게 진 신수대사의 뒷 이야기가 궁금해진다.

여기서 잠시 그의 이야기를 살펴보기로 하자.

육조단경 전체의 흐름을 이해하는데 필요할 뿐만 아니라, 크게는 남종 일변도의 시각에서 벗어나 남종선과 북종선을 균형 있는 눈으로 볼 필요도 있으며 또한 신수대사를 바로 보는데 도움이 되기 때문이다.

▲ 대통옥천 신수대사

혜능이 떠나고 3년이 지나 상원 2년675년 10월 오조 홍인이 원적하자, 신수는 호북성 형주 강릉江陵 당양산當陽山 옥천사玉泉寺로 옮겨 가 선법을 폈는데 수많은 제자들로 즉시 일문을 이루었다. 그의 선은 훗날 북종선北宗禪이라 일컬어졌다.

후세 사람들은 흔히 신수를 일컬어 '북종선의 창시자' 또는 '북종선의 시조'라고 한다.

그러나 사실 그것은 왜곡된 표현이며 그를 폄하하는 표현이다. 왜냐하면 그는 5조 홍인에게서 전수 받은 동산법문東山法門; 4조 도신과 5조 홍인의 설법과 가르침을 폈을 뿐 다른 종류의 선을 창시한 바가 없기 때문이다.

그에게는 북종선의 창시자가 아니라, '동산법문의 계승자'라는 호칭이 적합하다.

당나라 명문장가로서 현종 때 중서령을 지낸 장설張説이 쓴 '당옥천사대통선사비唐玉泉寺大通禪師碑'의 비문에 의하면, 대통선사大通禪師 신수神秀; 玉泉神秀, 606-706의 속성은 이李씨로 수隨나라 말엽大業/대업2년 하남성 낙양 위씨현尉氏縣에서 태어났다.

그는 신장이 8척에 얼굴이 귀인의 상을 갖추었을 뿐 아니라, 어려서부터 총명하고 학문을 좋아하였으며 중국 고전과 유불선儒佛仙에 두루 밝았다.
그의 집안은 황실과 연관이 있는 귀족가문이었으나, 선풍도골仙風道骨; 신선의 풍채와 도인의 골격; 신선과 같은 기질이나 풍채을 지니고 있었던 그는 세속에 뜻이 없어 일찍이 도교의 도사道士를 지낸 적이 있었다.

그는 13세 때 왕세충王世充의 난乱, 618년이 일어나 하남 · 산동 일대에 대기근이 들자 굶주려 죽어 가는 사람들을 도우러 갔다가 한 스님을 만나 불교에 감화되어 귀의하게 되었다.

그는 7년 간 중국의 명산을 순례하며 떠돌다가 당 고조 무덕 8년625년 불교의 중심지인 뤄양洛陽/낙양 천궁사天宮寺로 출가하여 구족계를 받았다.

출가 후, 그는 수행에 매진하여 경經·율律·론論 삼장三藏; Tripitaka/트리피타카에 정통하였으나, 이에 만족하지 않고 명상dhyana(Skt.)/드야나과 반야prajna(Skt.)/쁘라즈나의 수행을 계속하며 곳곳의 선지식을 찾아다녔다《전법보기傳法寶記》.

그러다가 신수가 50세 되던 해651년 기주 황매현黃梅縣 빙무산 동산사東山寺로 선종의 제5조 홍인弘忍, 601~674을 참배하고 그 문하에서 사사하기 시작하였다.

그는 그 후 3년 동안 나이 50이 넘은 노인의 몸으로 젊은 사미승들과 함께 나무하고 물긷는 등의 노역을 하면서 밤을 새워 선종의 정법을 구하였다.

마침내 5조께서도 감탄하시어, "부처님 말씀의 오묘한 뜻을 원만히 이해하는데 신수를 따를 자가 없도다!"라고 하셨다.

홍인은 그가 큰 법기일뿐만 아니라 대단한 인격자임을 알고 그를 700여 문하제자의 제1좌, 즉 잠정적 계승자로서 신수상좌神秀上座라고 하면서 교수사教授師로 삼았다.

오조께서는 생전에 어깨를 나란히 하고 앉을 정도로 신수를 아꼈다. 《불조역대통재佛祖歷代通載; 원나라의 염상/念常이 석가여래에서부터 1334년까지의 고승대덕들에 대한 전기를 편년체로 수록한 책》에 의하면, 신수의 불도가 깊은 경지를 이루어 일찍이 홍인께서 신수를 찬탄하기를, "동산법문이 다 신수에게 있다東山之法, 盡在秀矣/동산지법, 진재수의!"라고 하실 정도였다.

신수는 홍인 문하에서 6년 간 수학하였는데, 이 시기에 행자 혜능이 입산하였다. 이때 5조 홍인으로부터 전법을 받기 위한 혜능과의 시법게송示法偈頌; 게송시합은 유명한 일화이다.

오조 홍인 입적 후, 신수는 의봉 2년儀鳳二年; 677년 호북성 형주 강릉荊州 江陵의 당양산 옥천사當陽山 玉泉寺로 옮겨 가 선법을 펴기 시작했는데, 사방 멀리에서도 그의 높은 덕을 사모하여 수많은 사람들이 그의 문하로 찾아들어 큰 교단을 이루었다.

옥천사는 날로 수많은 사해 승속들이 운집하여 공전의 성황을 이루었다. 이때부터 그는 옥천신수玉泉神秀; Yuquan Shenxiu 대사라고 불리기 시작하였다.

▲ 당양산 옥천사

신수는 혼자 수행하기 위해 옥천사에서 동쪽으로 약 3km 떨어진 곳에 암자를 지었다.
(이 자리가 나중에 도문사 터로 훗날 측천무후가 신수를 위해 그 자리에 도문사를 지어준다.)

10년 뒤 그의 도가 높음을 듣고 가르침을 청하는 제자들이 수없이 몰려들었다. (그 중에는 신회Shen-hui, 684~758도 있었는데, 그는 훗날 자기의 스승이었던 신수를 배신하고 공격한다.)

측천무후測天武后; 武測天/무측천; Empress Wu Tse-tien, 재위 690~705도 그의 명성을 듣고 그의 덕을 흠모한지 오래되었다.

마침내 구시원년久視元年; 무측천의 연호, 700년에 송지문宋之問; 시인 겸 관료을 보내 신수를 국사로 봉하고 수도 동경東京 낙양 궁궐로 초청하여 설법을 구하였다.

신수가 완곡히 사절하였으나 무측천이 3번을 거듭 청하니 부득이 대족년大足年; 무측천의 연호, 701년에 낙양에 도착하였다. 이때 대사의 나이 90세였다.

측천무후의 초청을 받아 입궐할 때, 그가 받은 환영은 실로 극진함을 다한 것으로 실로 장관이었다.

《전법보기傳法寶紀》에 따르면, 신수대사가 가는 길에 꽃이 뿌려지고 대사가 황실가족이 사용하는 가마를 타고 입궐하자, 측천무후가 대사 앞에 무릎을 꿇고 이마를 땅에 대고 절하여 예를 올리는 역대 왕조에서도 전무후무한 예경을 하였다고 적고 있다.

왕들과 공경들과 귀족, 선비들이 다 무릎 꿇고 이마를 땅에 대고 엎드려 절하고, 그에게 귀의하였다.

측천무후가 대사의 뒤를 따라 전상에 오르고 우러러 받들고 물었다.
"대사의 법은 누구의 종지이며, 무슨 경전에 의거하십니까?"

신수가 대답하였다.
"기주 황매현 5조 홍인대사의 동산법문을 이었으며, 《문수설반야경文殊設般若經》의 일행삼매一行三昧; 염불에 의한 좌선관법에 의거합니다."

일찍이 5조 홍인께서 "동산법문이 다 신수에게 있다"라고 신수를 찬탄하여 말한 것을 독자들은 기억하고 있을 것이다.

무후가 다시 물었다.

"그러면 대사께서 추천하실 만한 뛰어난 선지식善知識; kalyamitra Skt.; 박학다식하면서도 덕이 높은 현자이 있습니까?"

"혜능이라는 동문이 있습니다."

겸손히 대답하는 신수는 평온한 얼굴이었다. 그도 인간, 혜능에 대한 시기와 질투도 있으련마는 탐貪; 탐욕 · 진瞋; 노여움 · 치痴; 어리석음 삼독三毒과 아만我慢; 교만심에서 남을 깔봄 따위는 이미 오래 전에 초탈해 있었다.

세속의 눈으로 본다면, 혜능은 신수 자신이 이어받게 될 의법을 가로채간 것이 아닌가.

무섭도록 영민한 무후가 이 사건을 모를 리 없었다.

그 후 측천무후는 혜능스님을 모셔오려고 세 번이나 불렀으나 번번이 병을 핑계로 거절당하였다.

혜능이 측천무후의 정중하고 간곡하게 거듭되는 초청을 거절한 실제적인 이유는 따로 있었다고 한다.

혜능은 고향에도 구제해야 할 중생들이 많은데, 권력이면 다 되는 줄 알고 있는 한낱 세속 욕심에 눈 먼 여인을 위해 그 먼길을 갈 가치가 없다고 판단했기 때문에, 게다가 신수파가 먼저 들어와 있는 낙양에 들어오기에는 신변상의 위험이 컸기 때문이라는 후문이 한동안 돌았다.

자고로 인간의 속물근성이란 벗어나기 어려운 것이어서, 하찮은 힘을 가진 자라도 자신의 권위가 무시당했다고 생각하는 순간 고양이처럼 잔뜩 발톱 날을 세우게 마련이다.

결국 분노한 측천무후는 명을 내렸다.

"혜능이 못 오면 역대조사 대대로 이어받아 왔다는 그 의발이라도 가져 오라!"

이리하여 역대조사 대대로 전하여 내려와 혜능에게 전하여 진 의발은 측천무후에게로 가게 되었다.

훗날 혜능스님은,
"나의 의발이 여인에게 돌아갔도다!" 하고 심히 개탄하였다고 한다.

《역대법보기歷代法寶記》에 의하면, 당시 측천무후는 신수와 더불어 지선智詵;Zhishen、현약玄約; Xuanyue、노안老安; Laoan、현측玄則; Xuanze 등 당대의 십대고승들을 낙양으로 초청하였다.

그때 신수와 함께 초청을 받아 낙양에 온 홍인의 또 다른 제자인 사천성四川省 덕순사德純寺의 자주지선資州智詵, 609~702선사는 한동안 낙양에 머물고 있었다.

얼마 후, 측천무후는 혜능에게서 가져온 그 의발을 자주지선資州智詵, 609~702 선사에게 하사하였다.

◀무미랑(武媚娘)이라 불리던 젊은 시절의 측천무후
[사극의 한 장면]
(원내는 만년의 측천무후)

  신수가 낙양의 내도량(內道場; 궐내에 설치된 법당)에서 첫 설법을 마치고 났을 때, 모두들 서로 속삭이며 찬탄하였다.

  "오늘 우리가 활불(活佛)을 보았네 그려!"
  "성불한다는 소리야 늘 듣는 소리지만, 실제로 성불한 수행자를 내 눈으로 보기는 처음일세!"

  이윽고 무후가 고개를 끄덕이고 모두에게 천명하였다.
  "만약 법을 논한다면, 단언하건대 신수대사의 동산법문을 능가할 것은 없으리라."

  항상 수많은 사람들이 오가는 궁궐이다. 수많은 숨은 눈들이 신수를 지켜보았다. 과연 고승대덕은 달랐다. 90세의 노구(老軀)에도 그는 항상 현재에 안주하지 않고 수행에 힘썼다.

  그는 담백하고 겸손하였다. 국사니 대사니 하는 허명(虛名), 세속의 평가와 명리 따위에 초탈해 있었다. 온갖 세속의 삼독으로 둘러 쌓인 궁궐 법당에서 그는 티끌 하나 없이 잘 닦여진 거울처럼 맑은 영혼을 가진 수행자로서 머물렀다.

첫 설법을 시작으로, 신수는 그가 이어받은 도신―홍인의 동산법문을 옥천사에 이어 낙양에서도 펴게 됨으로써 동산법문은 중국대륙의 중앙에서 세상에 퍼져 나가게 되었다.

그의 중국 중앙무대에서의 심혈을 기울인 설법과 포교, 그리고 후학양성은 초기 선종이 형성되고 선사상이 정립되는데 결정적 역할을 하였다.

《전등록傳燈錄》에서 신수는 달마 이래로 '마음으로 종지를 삼는다以心宗'는 동산법문을 계승하였으며, 신수는 '본성은 청정하고 본성 청정은 제불과 같다'라는 것을 근본 종지를 삼았다.

또한 그는 '일체불법은 자심에 본래 있는 것으로 스스로 자기 마음에서 찾아야 한다."라는 것을 수행방편으로 삼았다고 적고 있다.

그는 '일체불법은 자심에 본래 있는 것으로 마음 밖에서 구하는 것은 부친을 버리고 도망가는 것과도 같다'고 '청정 본심'을 강조하였다.

신수선사는 남종선이 압도하는 상황에서 쓰여진 《육조단경》의 영향으로 제대로 된 평가를 받지 못하였을 뿐 아니라, 그 이후에 나온 각종 선종사서에서도 항상 혜능의 돈오에 눌려 점수를 주장한 우둔하고 열등한 선사처럼 묘사되어 왔다.

이때 빠짐없이 등장하는 일화가 시법게송이다. 혜능 행자가 게송 한 편으로 신수대사를 능가하는 깨달음의 경지를 보여 의발을 전수 받고 6조가 된다는 드라마틱한 이야기이다.

그러나 신수와 혜능의 게송경쟁은 애초부터 없었으며 후세 남종선에서 후학들이 편집하여 넣었으며, 심지어 그 게송조차도 몇 번씩이나 수정되었다는 점이 밝혀지고 있다.

우리나라 불가佛家에서는, 선가禪家에서는, 아직도 《육조단경》에 나타나 있는 지극히 일방적인 묘사 때문에 신수대사는 지식만 많고 깨닫지 못한 덜 떨어진 선사라는 식의 인식이 뿌리깊이 박혀있는 것이 사실이다.

　자고로 역사는 승자의 입장에서 쓰여진다고 하지 않던가!

　남종선《육조단경》의 작자들은 신수의 존재를 홍인 문하의 교수사敎授師로 등장시켜 육조혜능의 출현을 돋보이게 하기 위한 조역자로 취급하고 있다.

　이러한 경우는 이례적인 것이 아니라, 세계의 거의 모든 종교에서 정통성 확보를 위한 투쟁이 일어났을 때 등장하는 가장 흔한 패러다임이다.

　예수교에서도 요한과 예수가 그러하였고, 이슬람교에서도 시아파Shias와 수니파Sunnis가 그러하였다.

 **예수의 스승 요한 그리스도를
예수의 종복으로 격하시킨 신약의 저자들**

≪예수의 마지막 오딧세이,
pp97-123 참조≫
≪법화경과 신약성서, pp122-134 참조≫

예수교에서도 예수 당시 요한은 그리스도라 불리고 있었다. 그러나 신약성서의 저자들은 예수를 신의 아들로 만들기 위해 예수의 스승이자 이종육촌형이었던 요한을 예수의 조역자로 폄하하였다.

즉 예수의 스승 요한 그리스도를 '세례(를 주는 역할만 하는) 요한', '장차 올 그리스도의 길을 준비하는 예비자' 또는 '예수의 신발 끈 풀기도 감당치 못할 자' 등과 같이 예수의 종복으로 둔갑시켜 모욕적인 격하를 하였던 것이다.

예수는 스승을 밟고 그리스도 칭호를 차지한 것이다.

그러나 실제로는 신수선사가 홍인 문하의 대표적인 수제자로서 도신-홍인-신수로 이어지는 동산법문을 폈다.

동산법문이 널리 알려지게 된 것은 신수가 당나라 측천무후의 초청을 받고 입궐하여 설법을 하기 시작한 이후부터이다.

그는 양경兩京; 당의 두 수도인 장안/長安과 낙양/洛陽을 중심으로 화베이華北, 허난河南 지방에서 선풍禪風을 선양하고 선종의 방편수행 더 넓히는 데 기여하였다.

신수 생전에 중부와 북방일대에서는 모두가 신수를 6조로 추앙하였다. 이에 비해 혜능의 남종선은 거의 무명으로 남쪽 변방에 머물고 있는데 불과하였다.

신수는 동경인 낙양의 궐내 도량에 머물면서 상시로 측천무후와 신하들에게 법을 설하였다. 그는 6년 간 양경兩京의 법주法主로 있었고, 무후, 중종中宗, 예종睿宗의 삼대에 걸친 황제의 국사國師였다. 이에 그는 '양경법주 삼제국사兩京法主, 三帝國師'라고도 불린다.

무측천은 정치가였다. 사실 정치꾼들에게 있어서 모든 것은 이용수단에 불과하다. 따라서 황위를 찬탈하고 황권을 쥐고 흔든 무측천 역시 자신의 정권의 적법성과 정통성을 꾸미기 위해, 불교와 유명한 고승들을 이용한 측면도 있었던 것이다.

예나 지금이나 쿠데타로 정권을 찬탈한 후진국 독재자들이 자신의 부정한 정권을 정당화시키기 위해 예외 없이 벌이는 낡은 수법이 하나 있다.

즉 종주국으로 삼는 미국이나 러시아로 달려가 대통령과 악수 한 번하고 돌아와서는 소위 정상회담을 하였노라 하고 허장성세를 부리며 자신의 정권이 종주국의 인정을 받았노라 하고 소극笑劇; comedy을 벌이는 것이다.

측천무후는 칙명을 내려 당양산當陽山에 도문사度門寺; 같은 당양산에 있는 옥천사 동쪽으로 약3km 떨어진 곳에 도문사가 있음를 세워 신수대사를 주지로 하여 불법을 선양하게 하였다. 신수는 입적할 때까지 25년 간 그곳에 머물렀다.

또한 신수가 태어난 고향 위씨현尉氏県에는 보은사報恩寺를 세워 신수대사의 공덕을 치하하였다.

신수대사는 좌탈입망坐脱立亡; 법력이 높은 고승이 앉은 자세나 선 자세로 열반/涅槃하는 것 하였다.

그는 백세의 장수를 누리고 자신이 주석하던 도문사에서 신룡2년706년 2월 28일 앉아서 참선에 든 채로 열반에 들었다.

《능가사자기楞伽師資記》에는 신수대사가 최후로 설한 유훈이 실려있다. 그가 열반하는 순간 남긴 세 마디는,

"굴屈! 곡曲! 직直!"

어쩌면 스완 송swan song; 백조의 노래; 백조가 죽을 때 마지막으로 부른다는 아름다운 노래; 최후의 걸작이라 할 수도 있는, 신수의 이 최후의 법문은 오묘한 뜻을 축약하여 지니고 있어 오늘날까지도 천고의 비밀로 남아있다.

◀고색 창연한 당양 도문사(當陽 度門寺)

'굴屈·곡曲·직直'은 깨달음으로 나아가는 중생들에게 제시해주는 비결로서, 그것은 바로 점법漸法과 돈법頓法을 겸한 수행의 묘법妙法인 것이다.

뱀이 기어가는 모습은 한 단면만 보면 굽어보이지만 전체적으로 보면 목적지를 향해 직선으로 나아가는 것이다.

즉, 굽은 것은 곧은 것과 함께 하고, 곧은 것은 굽은 것과 함께 하는 것으로, 이것은 점법漸法과 돈법頓法을 겸한 수행의 묘법을 비유하여 말한 것이다.

신수대사의 장례는 용문龍門; 황제들을 장례 지내는 곳에서 국장國葬으로 행하여 졌다. 국사의 사리를 모신 탑이 옥천사에 세워졌다.

중종中宗, 684~710; 당의 제4대 황제이 즉위한 다음 해, 706년 원적에 든 신수에게 대통선사大通禪師라는 시호를 내리고 그의 업적을 치하하는 당옥천사대통선사비唐玉泉寺大通禪師碑를 건립하였다.

29장
신회의 신수대사 폄하 왜곡 공격

　선종에서 그토록 추앙하는 《육조단경》은 법해法海스님이 기록하고 편집한 것임은 주지의 사실이다.

　그러나 그 후 《육조단경》은 여러 차례에 걸쳐 편집되고 수정을 겪었는데, 특히 하택신회何澤神會; Heze Shenhui, 670~758의 계열에서 많은 편집이 있었던 것으로 밝혀지고 있다.

　신회는, 당시 남종이 남부 변방에만 미미하게 머물러 있었으며 북종이 지배적인 상황에서, 이른바 '활대의 종론'에서 도전장을 내밀며 남종북벌南宗北伐에 앞장선 선봉이었다.
　그는 안록산의 난 때 도첩을 팔아 황실에 자금을 대주어 조정에 자신의 지지기반을 구축하고, 훗날 자신을 7조로 추인 받게 하는 등 정치적 수완을 발휘하였다.

　역사적으로 보면, 남종의 융성은 안사의 난安史之乱; 당 현종 천보 14년(755) 절도사 안녹산/安禄山과 그의 부장 사사명/史思明 등이 일으킨 반란(755~763)이 결정적 계기가 되었다.

안록산의 난이 8년 간이나 지속되자, 전국 도처에서는 백성들이 굶주려 아사자가 속출하였다.

이때 하택신회河澤神會를 중심으로 한 승려들은 백성들이 굶주려 죽어가는 와중에도 자신들의 영달을 위해 정치권력에 유착하여 조정 관료들의 비위 맞추는데 급급하였다.

신회는 군자금을 모금한다는 명목 하에 주동적으로 관청에 계단戒壇; 승려가 계를 받는 단을 설치하고 세속인 아무에게나 도첩度牒; 출가한 승려에게 발행해주던 신분 증명서을 팔아 향수전香水錢; 출가 수수료을 긁어모으는데 몰두하였다.

"이보게, 관청에서 돈만 내면 도첩을 판다는 얘기 들었나?"
"아니 대체 스님도 아니면서 도첩은 사서 뭐하나?"
"이렇게 답답하기는! 그걸 사놓으면 승려로 인정되니 군대나 노역이나 모두 면제 아닌가?

게다가 세금 한 푼 내지 않으니 얼마나 좋은가? 좀 비싸기는 하지만 본전 건지고도 톡톡히 남는 장사 아닌가?

우리도 하나 씩 사두세!"

수많은 재산가들이 병역, 노역, 세금을 면제를 받기 위해 도첩을 샀다. 그들이 승려로 행세하며 세금을 내지 않자, 국고는 텅 비게 되어 국가경제가 위협받게 되었다.

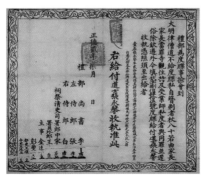

◀ 도첩
정치권력에 유착한 하택신회는 세속인 아무에게나 도첩(度牒; 승려 신분증)을 팔아 돈을 긁어모았다.
결국, 그 반작용으로 불교는 이른바 '회창폐불(會昌廃佛)'이라는 전례 없는 수난을 당하게 된다.

결국 훗날 그 반작용으로 당唐 무종武宗, 재위 841~846; 제15대 황제은 불교 세력을 축소시키기 위해 이른바 '회창폐불會昌廢佛; 회창(무종의 연호)의 불교탄압 정책'을 일으키게 된다.

회창 5년845년까지 4,600개의 사원이 헐리고, 26만 명의 승려들이 환속되고, 절의 땅은 몰수당하고, 불상은 녹여 농기구를 만드는 등 불교는 전례 없는 수난을 겪게 된다.

어쨌든 안록산의 난 평정 후, 신회는 그가 난중에 도첩을 팔아 황실 금고를 충당한 대가로 정치적 지원을 크게 받았다.

신회 자신은 선종 제 7조로 추인되고 또한 자신의 스승 혜능의 6조로서의 지위를 공고하게 하는 등 선종사에서 빼놓을 수 없는 아주 중요한 인물이다.

숙종肅宗, 711~762; 당의 제9대 황제은 궁내에 하택사를 지어 그가 주석하게 하는 등 극진한 예우를 하였다.

당 덕종德宗, 742~805; 당 제11대 황제 대력大曆 13년778년 조정 관료들의 지지를 얻어 하택신회는 7조 지위를 획득하였다.

또한 덕종은 정원 12년796년 황태자인 이송李誦; 훗날 당 제10대 황제에게 '누구의 종지가 정통인지 밝히라.'는 명을 내렸는데, 이 때에도 조정 관료들의 지지를 얻어 신회를 제7조로 재확인하고 《어제칠조찬문御製七祖贊文》을 지어 공포하였다.

결과적으로, 신회가 사후 38년이 지나 선종의 7대 조사로 추인 됨에 따라, 신회의 스승인 혜능은 자동적으로 6조 지위를 얻게 되었다. 혜능은 이때부터 정식으로 6대 조사가 된다.

이와 같이 선불교 조사가 황제나 관료 따위에 의해 결정되는 사태가 과연 바람직한 것인가, 의미가 있는 것인가?

만일 안록산의 난이 일어나지 않았더라면, 신회가 조정 관리들에 의해 7조로 공인 받을 수도 없었을 것이며 혜능도 자연히 6조로 인정받지 못하게 되었을 것이다.

육조 혜능의 존재는 변방의 미미한 존재로 있다가 사라졌을지도 모르는 일이다. 육조 혜능의 지위는 오늘날과 같지 못하였을 것이다.

그 후 당 헌종憲宗; 제11대 황제 10년815년에 혜능에게 '대감선사大鑑禪師'라는 시호와 함께 '원화영조지탑元和靈照之塔'이라는 탑호를 하사함으로서 비로소 6조의 지위가 공식화되었다.

마침내 남쪽 조계 보림사에서 낙양으로 올라 와 혜능이 달마의 법통을 이어받은 정통임을 주장하면서 육조현창운동六祖顯彰運動; 육조로 부각시키는 운동을 하는 세력이 등장하는데, 그 주도적 인물이 바로 혜능의 제자 하택신회荷澤神會, 684~758; 훗날 하택종의 창시자 선사였다.

북종선을 공격하면서 일어선 신회의 속성은 고高씨이며 양양襄陽 사람이다. 그는 본래 30대 전반에 3년 동안 형주荊州 옥천사 신수의 제자였다.

그런데 신수대사가 측천무후測天武后; 武測天/무측천, 재위 690~705의 초청을 받고 국사가 되어 옥천사를 떠나 낙양 궁에 들어가 설법하게 되자, 신수는 신회에게 광동 소주韶州에 있는 혜능에게 가서 선법 수학하기를 권하였다.

그러나 훗날 신회가 육조 혜능慧能, 638~713의 적사嫡嗣; 정식 후계자의 지위를 얻게 되자, 신회는 스승이었던 신수를 왜곡하고 폄하하며 공격하였다.

신회는 옛 스승 신수 공격이 혜능을 제6대 조사로 현창六祖顯彰/육조현창; 육조로 부각시킴을 하기 위한 것이라고 공언하였다.

그러나 실제로는 혜능-신회로 이어지는 법통의 정통성을 확보하여 신회 자신이 7조의 지위를 얻기 위해 전날의 스승 신회를 배신하고 공격하였다는 의혹과 비난을 받아왔다.

이러한 의혹과 비난 등으로 하택신회荷澤神會는 지해종사知解宗師; 깊은 수행을 통해 반야의 지혜를 깨치지 못하고 세상 일반의 지식으로 진리의 세계를 이해하려는 사람라는 불리는 인물이다.

지해종사란, 세상 일반의 지식에 통달해 있으며, 이에 근거하여 불교를 이해하려는 사람을 말한다. 입만 열면 청산유수 같은 말솜씨로 대중을 사로잡거나 글로 감동시키지만 불교의 본질에는 도달하지 못하는 사람이다.

참다운 종사, 즉 명안종사明眼宗師; 지혜의 눈이 밝고 대기대용의 역량을 갖춘 불보살가 되지 못한 그가 안타까울 뿐이다.

육조 혜능이 입적713년한 지 20년 후인 현종玄宗 개원開元 20년732년 정월 15일, 신회는 스승 혜능의 위상을 정립하겠다는 명분으로 낙양부근 활대滑台; 현 하남성 활현의 대운사大雲寺에 무차대회無遮大會; 본래는 가난한 백성들에게 재물과 불법을 보시하는 자리이나, 승려들간의 대토론의 자리 역할도 함를 개설하였다.

◀하택신회 선사
그는 자신이 7조의 지위를 차지하기 위해 전의설을 꾸며내고, 안록산의 난 때는 정치권력에 유착하였으며, 한 때의 스승이었던 신수를 점오라고 왜곡하여 낙인찍고 공격하였다는 비판을 받아 왔으며 지해종사라고 불리어 왔다.
그로 인하여, 신회는 오늘날에도 비난과 논란의 대상이 되어 왔으며, 그의 초상화조차 온전히 전하여 지는 것을 찾기 어렵다.

그는 널리 천하의 도학자들과 수행자들이 모인 가운데 '북종의 신수는 방계傍系이며, 남종의 혜능이 보리달마의 정법正法을 이은 조사'라는 주장을 제기하였다.

이것이 이른바 '활대滑台의 종론宗論'이다.

북종세력에 둘러 쌓인 상황에서 신회는 목숨을 걸고 신수계의 북종선을 향하여 포문을 열었다.

"신수의 사자전승은 방계傍系이고, 신수의 법문은 점오이다師承是傍 法門是漸/사승시방 법문시점."

요컨대, 신회의 주장은 달마의 가사를 혜능이 전해 받았다는 '전의설傳衣設; 전법부의설傳衣付法設'을 근거로, 신수선사를 6대라고 인정할 수 없으며, 따라서 신수의 사자전승師資傳承; 스승에게서 제자에게로 법이 이어져 전하여짐은 방계傍系이고 조계 혜능이야말로 직계直系이다.'라는 뜻이다.

신회의 '활대에서의 종론'은 중국 선종사에 있어서 '북종北宗', '남종南宗'이라는 명칭을 사용한 최초의 계기가 되었다.

신회가 북방에 와서 활동을 하면서 법통의 정통성 논쟁은 격화되었다.

▲ '활대의 종론'이 벌어졌던 활대 유적지

활대(滑台)의 종론이 벌어졌던 대운사(大雲寺)는 측천무후가 무주혁명(武周革命; 무측천이 690년 스스로 황제가 되어 국호를 당(唐)에서 주(周)로 고침)을 기념하여 세웠다.

그는 신수와 보적이 입적한 후인 745년부터 낙양 하택사에 주석하면서 자신의 종파 하택종何澤宗을 열고 살아생전 목숨 받쳐 신수파를 공격하였다.

그는 선불교를 북종과 남종으로 분파하도록 촉발시킨 데 이어, 천보 4년755년 《현종기顯宗記》를 지어 '남능돈종南能頓宗 북수점교北秀漸教', 그리고 '남돈북점南頓北漸'이란 명칭을 창작하여 선종 역사에 종파주의와 분파주의가 싹트게 하였다.

그러나 일찍이 중국 한나라의 역사가 사마천司馬遷, BCE 145~BCE 85; 중국 한 나라 때의 역사가은 "역사는 흐르는 것이 아니라 반복한다"라고 말한 바 있다.
역사에서 흔히 일어나는 일이듯이, 어느 지위를 빼앗은 자는 곧 다른 자에게 빼앗기게 마련이며 그 과정은 반복된다.

신회의 경우도 실로 그러하였다.
신수계의 북종을 공격했던 신회와 그의 하택종何澤宗은 남종 돈교의 정통 다툼 과정에서 홍주종洪州宗; 남악회양의 제자 마조도일/馬祖道一이 개창한 선종의 한 파과 석두종石頭宗; 남악회양의 제자 석두희천/石頭希遷이 개창한 선종의 한 파에 공격당하고 제7조의 지위에서 밀려난다.

돈황본 《육조단경》에는 신회가 7조로 나타나 있다. 그러나 후에 편찬된 《육조단경》에는 남악회양南嶽懷讓이 7조로 되어 있으며, 신회는 7조의 방계로 밀려나 있다.

그러나 이마저도 훗날 선종이 5가로 분화되면서 남악회양계파의 임제종臨濟宗과 위앙종潙仰宗에서는 남악회양을, 청원행사靑原行思 계파의 운문종雲門宗, 법안종法眼宗, 조동종曹洞宗에서는 청원행사를 각각 7조라고 주장하였다.≪p274 5가7종, p302 육조 이후의 선종 계보도 참조≫

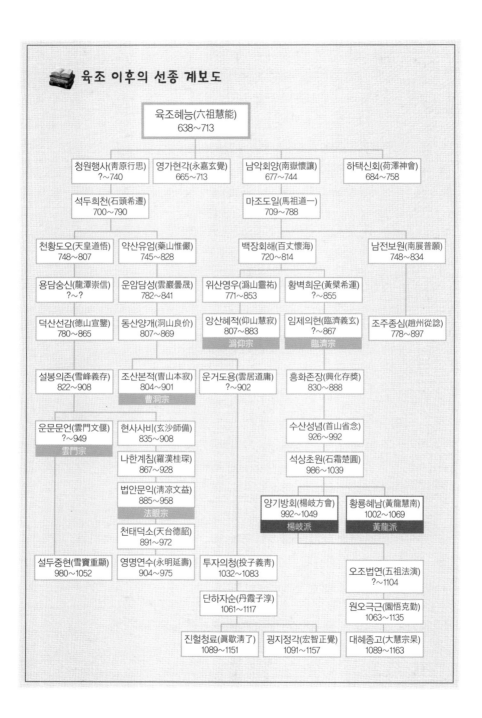

육조 이후의 선종 계보도

육조혜능(六祖慧能)
638~713

청원행사(靑原行思)
?~740

영가현각(永嘉玄覺)
665~713

남악회양(南嶽懷讓)
677~744

하택신회(荷澤神會)
684~758

석두희천(石頭希遷)
700~790

마조도일(馬祖道一)
709~788

천황도오(天皇道悟)
748~807

약산유엄(藥山惟儼)
745~828

백장회해(百丈懷海)
720~814

남전보원(南展普願)
748~834

용담숭신(龍潭崇信)
?~?

운암담성(雲巖曇晟)
782~841

위산영우(潙山靈祐)
771~853

황벽희운(黃檗希運)
?~855

덕산선감(德山宣鑒)
780~865

동산양개(洞山良价)
807~869

앙산혜적(仰山慧寂)
807~883
潙仰宗

임제의현(臨濟義玄)
?~867
臨濟宗

조주종심(趙州從諗)
778~897

설봉의존(雪峰義存)
822~908

조산본적(曹山本寂)
804~901
曹洞宗

운거도용(雲居道庸)
?~902

흥화존장(興化存獎)
830~888

운문문언(雲門文偃)
?~949
雲門宗

현사사비(玄沙師備)
835~908

수산성념(首山省念)
926~992

나한계침(羅漢桂琛)
867~928

석상초원(石霜楚圓)
986~1039

법안문익(淸凉文益)
885~958
法眼宗

양기방회(楊岐方會)
992~1049
楊岐派

황룡혜남(黃龍慧南)
1002~1069
黃龍派

천태덕소(天台德韶)
891~972

설두중현(雪竇重顯)
980~1052

영명연수(永明延壽)
904~975

투자의청(投子義靑)
1032~1083

오조법연(五祖法演)
?~1104

단하자순(丹霞子淳)
1061~1117

원오극근(圜悟克勤)
1063~1135

진헐청료(眞歇淸了)
1089~1151

굉지정각(宏智正覺)
1091~1157

대혜종고(大慧宗杲)
1089~1163

30장
접수로 누명 쓴 신수대사에 관한 진실

혜남종선에서 편집한 《육조단경》에 묘사되어 있는 신수대사는 아둔하고 열등하기 짝이 없다.

그렇게 아둔한 인물이 5조 홍인조사의 수상좌라면, 신수 아래의 700여 명의 수행자들은 얼마나 더 아둔하였을까? 정말로 그렇다면, 홍인조사께서는 과연 동산선원에서 아둔한 수행자들만을 모아서 가르치셨다는 말인가? 하고 반문해보게 된다.

이때 빠짐없이 등장하는 일화가 시법게송이다. 신수대사가 5조 홍인께 자신의 깨달음의 경계를 읊어 보인 시법시示法詩 신시보리수身是菩提樹 ≪p42 참조≫'라는 게송을 지었다는 것이다.

사실 이 게송에 관한 고사는 남종선에서 육조단경을 여러 차례 편집 수정하는 과정에서 날조하여 끼워 넣은 것이다.

이 게송 이야기는 유치한 조작에 불과한 것인데도 그동안 마치 사실인 양 무비판적으로 받아들여져 숱하게 인구에 회자되어 오며 오늘날에 이르렀다.

이 게송 하나가 신수를 우둔하고 열등한 자로 낙인찍고 북종을 비하하는데 그 무엇보다도 결정적 역할을 하였다.

어쨌든《육조단경》에서는 신수대사가 지은 게송의
'… 때때로 부지런히 털고 닦아서 먼지와 티끌이 앉지 않도록 하리時時勤拂拭/시시근불식 勿使惹塵埃/물사야진애.'
라는 내용이 점수선이라고 폄하하고 있다.

부지런히 마음의 탐貪/탐욕 · 진瞋/노여움 · 치痴/어리석음 삼독三毒; 깨달음에 장애가 되는 근본적인 세 가지 번뇌를 털고 닦으며 수행하는 것은 모든 수행자의 마땅한 자세로, 이것은 분명 점차적 깨달음과는 엄연히 다른 말이다.

그럼에도 불구하고, 남종선에서는 신수의 이러한 게송을 점차적으로 깨달음에 도달하는 근기가 낮은 점수선이라고 왜곡한 반면, 혜능의 남종선은 단번에 깨달음을 얻는 수승한 돈오선이라고 주장한 것이다.

남종선 육조 혜능의 제자 하택신회는 신수를 공격하며, 소위 '남돈북점론南頓北漸論'과 '정방론正傍論' 등을 주장하였다.
즉 신수 계열의 북종은 점법漸法이고, 혜능 계열의 남종이 달마선의 정맥을 이은 돈법頓法이며, 따라서 남종이 정계正系이고 북종은 방계傍系에 지나지 않는다는 것이다.

과연 그럴까?
1920년 돈황에서 발굴된 선종문헌 가운데는 신수대사의 법문도 다수 들어 있었다.
신수대사는 그의 저서 《관심론観心論; Treatise on the Contemplation of the Mind》에서 "깨달음은 순식간이다."라고 명확히 돈오頓悟를 강조하고 있다.

남종에서는 왜 이러한 내용은 일체의 언급을 회피하고 일방적으로 신수와 북종선을 점오라고 공격하였을까?

5조 홍인은 돈법의 종사이다.

그렇다면 동산법문을 이어받은 5조 홍인 선사의 수제자인 신수가 어찌 돈법을 행하지 못하였겠는가?

또 다른 돈황문서인《돈오대승정리결》에는 신수의 법손인 마하연摩訶衍이 당나라 덕종德宗 때 티베트에 들어가 강경講經할 때, 점법을 주장하는 인도의 브라만 승려들과 몇 차례의 대론, 즉 이른바 '티베트의 종론'을 펼치는 내용이 나온다.

여기에서 까말라실라Kamalasila; 蓮花戒/연화계, 740~795를 비롯한 점법론자들의 줄기찬 논박을 마하연은 돈법의 논리로 명쾌하게 굴복시키고 있다.

이와 같이 신수의 제자들이 돈법의 논사로 활약하고 있는데, 어찌 그 스승이 단지 점법 밖에 행하지 못하였겠는가.

돈오와 점오는 남종과 북종, 혜능과 신수를 차별화 시키기 위해 남종선에서 주장한 이분법적 논리다.

도신-홍인-신수로 이어지는 동산법문은 북종선의 근간을 이룬다. 신수의 북종선은 수행자의 근기와 상황에 따라 돈과 점을 동시에 추구하며 선과 교를 병행 합일하는 4조 도신-5조 홍인의 동산법문 전통을 이어 나아갔다.

신수선사의 선은 분명히 돈법頓法과 점법漸法을 겸한 것으로, 점법漸法이라고 폄하 왜곡한 남종선의 주장과는 크게 다르다.

신수는 돈오와 점수는 서로 보완적인 불가분의 관계로 보고 각 수행자의 근기根機; indriya/인드리야 Skt.와 오성悟性, 상황에 맞는 수행을 하도록 하였다.

그는 선교禪教; 참선과 교학 양쪽으로도 균형을 강조하였다.

선을 누구나 처음부터 돈법만으로 시작할 수는 없는 일이다. 돈법은 대승의 종지를 어느 정도 깊이 이해한 바탕 위에서 행할 수 있는 선법이다.

따라서 선의 입문자에게는 점법의 법문이 필요하다. 또한 처음에는 점법도 해보아야 돈법을 알게 된다. 돈법에만 의지하는 것은 균형을 잃은 선법이라는 비판과 논란이 오늘날에도 있다.

신수는 남종선에서 마치 선의 유일한 정도正道인 것처럼 주장하던 '불립문자 교외별전'만으로는 편향되어 부족함이 있다고 보고 결코 교학을 백안시하지 않았다.

 ## 불립문자 교외별전 직지인심 견성성불

不立文字 教外別傳 直指人心 見性成佛은 선의 진수는 문자로는 나타낼 수 없으며, 경전이나 교설을 떠나 따로 이심전심으로 전하니, 사람의 마음을 직관함으로써, 자성을 보아 부처를 이룸, 즉 깨달음에 도달한다는 뜻이다.

이 유명한 4자성어는 6조 혜능의 남종선의 종취를 나타내는 대표적인 말이다. 흔히 달마대사가 주창했다고 말하지만, 실제로는 당송(唐宋) 시대 때 나온 것을 달마대사의 말로 돌리는 경우가 많다. 보림전(寶林傳, 801)과 규봉종밀이 저술한 선원제전집도서(禪源諸全集都序)에서 처음 등장한다.

혜능의 남종선(南宗禪)에서는 교종(敎家)이 경론(經論)의 문자와 교설만을 주로 하고 불교의 참 정신은 잃고 있다고 비판하면서, 참된 부처님의 정법(正法)은 문자로 나타낼 수 없으며 교설과 같은 언어 문자의 수단에 의하지 않고 마음에서 마음으로 전해지는 것(以心傳心)이라고 주장하였다.

이 가운데 조사선(祖師禪; 혜능 문하의 남종선)이 중점을 두는 것은 직지인심이다. 선종의 종지는 마음이므로 스승과 제자 사이에 마음을 직시하기 위한 선문답을 통해 종지를 마음에서 마음으로 전달하는 것이 조사선의 특징이다. 즉 직지인심에 이미 불립문자와 교외별전이 포함되어 있으며, 직지인심으로 견성하여 성불하면 이심전심이 실현되는 것이다.

그와 반대로, 혜능은 문맹이었기 때문에 문자로 된 경을 백안시할 수밖에 없었으며, 문자에 대해 열등감과 혐오감을 가지고 있었다는 설도 많다.

혜능은 글을 몰라 교학을 젖혀두고 오로지 머리 속으로의 사유에 의존할 수밖에 없었기 때문에 돈오법頓悟法에 치중할 수밖에 없었다는 것이다.

글을 읽을 수 없는 사람들, 특히 맹인들에게는 기억력과 사유의 능력이 놀랍게 발달한다.

영국의 시인 존 밀턴John Milton, 1608~1674이 맹인이 되어 글을 읽을 수 없게 되자 기억력과 머릿속으로의 사유만으로 딸들에게 구술하여 대서사시 실락원失樂園; Paradise Lost을 지은 것은 유명한 이야기이다.

선의 진수는 문자로는 나타낼 수 없으며, 교설을 떠나 이심전심으로 전한다.
…
… 혜능은 문맹이었기 때문에 문자로 된 경을 백안시할 수밖에 없었으며, 문자에 대해 열등감과 혐오감을 가지고 있었다는 설도 많다.… ≪본문 중에서≫

육조파경도(六祖破經図; 경을 찢는 혜능)▶
Hui Neng Tearing up the Sutra
남송 양해(梁楷) 작, 1201년 경

북종선을 점오라고 왜곡하여 몰아붙인 남종선, 특히 신회의 공격은 논리적으로도 심각한 문제를 일으키게 된다. 왜냐하면 그것은 아이러니컬하게도 역대 조사들에 대한 폄하가 되기 때문이다.

동산법문은 도신─홍인─신수로 이어졌다. 일찍이 5조 홍인께서 신수를 찬탄하기를, "동산법문이 다 신수에게 있다東山之法, 盡在秀矣/동산지법, 진재수의!"라고 하신 것을 우리는 기억하고 있다.

신회는 동산법문東山法門; 4조 도신과 5조 홍인의 설법과 가르침을 '북종北宗; Northern School'이라 낙인찍은 것인데, 그렇다면 신수에 대한 점오라는 폄하는 동산법문을 연 4조 도신과 5조 홍인의 가르침도 남종에서 그토록 매도하는 북종의 점수가 된다.
그뿐이 아니라, 전법계보를 거슬러 올라가 심인을 이어받아 이어 온 마하가섭 존자 이하 홍인까지의 역대 조사들 모두를 점수로 매도하게 되는 실로 무서운 결론에 봉착하게 된다.

만일 중국 감숙성甘肅省/깐수성 돈황석굴에서 고문헌들이 출토되지 않았더라면, 중국 초기 선종사의 선구자로서 초기 선 사상의 기초를 만든 위대한 인물로서의 신수는 여전히 남종에 의해 왜곡된 채로 남아 있었을 것이다.

31장
선종사서에 나타난 전법계보와 법계조작

　사람들은 흔히 달마가 중국에 선을 처음 들여와 북종선이 시작되고 거기서 남종선이 갈려나온 것으로 생각한다. 그리하여 북종선과 남종선만 있었던 것으로 생각하는 경향이 있다.

　그러나 남북조시대 달마대사?~528 이전에 이미 중국에 선이 전해져서 수많은 선사들이 참선 수행을 했으며 각기 많은 독자적 선문과 종파를 이루었다는 기록이 있다.
　양梁나라 혜교惠皎, 495~554가 찬술한 《고승전高僧傳》이나 당唐 도선道宣, 596~667의 《속고승전續高僧傳》〈습선편習禪篇〉에도 달마 이전의 선사들과 참선수행에 관한 기록이 있다.

　중국 선종 초기에 기주 황매산 4조 도신의 제자 법융法融, 594~657이 남경 우두산을 중심으로 법융종을 열었으며, 낙양을 중심으로 신수의 북종선, 광동 소주 조계를 중심으로 혜능의 남종선, 사천성의 자주지선資州智詵, 609~702선사의 정중종 등 각기 개산종조開山宗祖가 되어 선법을 폈다.

이처럼 초기선종에서 각 조사들은 《육조단경》에 나오는 것처럼 법통을 단 한 사람에게만 비밀리에 전수하는 것이 아니라, 여러 명의 제자들에게 법통을 전하여 그들로 하여금 각 지역에서 교화활동을 하게 하는 형식을 취하고 있다.

오늘날 선종의 정통성과 법맥에 있어서 6조 혜능의 지위는 가히 절대적이다. 《육조단경》에는 남종南宗과 북종北宗의 대립, 즉 혜능을 정점으로 하는 남종선과 신수를 정점으로 하는 북종선의 대립에 대한 묘사가 나온다. 물론 남종선이 북종선보다 우월하다는 취지가 지배적이다.

이처럼 우리에게 알려져 있는 선종의 전법계보를 전하는 자료들은 대부분 남종선 계통에서 편집되어 일방적으로 폄하되고 왜곡된 채 전해진 것들이다. 육조단경 역시 혜능의 제자들에 의해 쓰여지고 수 차례 편집을 겪었다.

전법계보에 대해서 종전까지는 이러한 남종의 입장에서 서술한 편향 왜곡된 자료에 의존할 수밖에 없었다.

대표적인 예로, 우리에게 친숙한 서천28조 동토6조설西天28祖, 東土6祖說은 모두 육조 혜능 이후에 후학들, 특히 육조혜능의 제자인 하택신회荷澤神會, 684~758에 의하여 상당부분이 각색된 것으로 드러나고 있다.

1920년 스웨덴 고고학팀의 돈황발굴에서 초기 선종의 역사를 기록한 새로운 선종 사료들이 발견되면서 초기 선종사의 정확한 면모가 드러나게 되었다.

새로 발견된 돈황자료에는 기존 남종선에서의 주장과 서술을 뒤집는 것들이 많아, 종래의 많은 학설들은 크게 수정되지 않으면 안 되게 되었다.

중국의 근대 철학자 후쓰胡適; Hu Shih, 1891~1962; 실용주의 철학자로 백화(白話; 중국어 구어체)가 공식 문어로 정착되는 데 공헌함는 이 발굴로 인하여 기존의 선의 역사를 다시 써야 한다고까지 말하였다.

우선, 이 자료들을 통해 6조 혜능의 선종사적 지위가 자연스런 계승이 아니라, 당시 신수 계열과의 장기간의 법통 투쟁을 통해 힘겹게 얻어낸 전리품이라는 것이 밝혀지게 되었다.

그 중 당唐의 정각淨覚이 지은 《능가사자기楞伽師資記; Records of the Lankavatara Masters, 708년》는 달마 이래로 역대조사들이 《능가경》과 그들의 사자상승師資相承; 스승에게서 제자에게로 법이 이어져 전하여짐을 기록하였으므로 책이름을 《능가사자기楞伽師資記》라 하였다.

이 초기 선종의 사서에는 선사 8대의 전법계보와 각 선사들의 가르침을 기록하고 있는데, 다음과 같다.

제1조 구나발타라求那跋陀羅, 394~468; 능가경 번역 - 제2조 보리달마菩提達摩 - 제3조 혜가慧可 - 제4조 승찬僧璨 - 제5조 도신道信 - 제6조 홍인弘忍 - 제7조 신수神秀 - 제8조 (4명) ┌ 보적普寂
└ 경현敬賢
└ 의복義福
└ 혜복惠福

이 《능가사자기楞伽師資記》에는 혜능은 홍인의 전법 계승자가 아니라, 홍인의 10대 제자 중의 한 명으로 이름이 언급되어 있다.

이것이 남종선의 계보에서는 홍인 다음의 신수-보적 계보는 사라지고 혜능-신회로 되어있다.

돈황석굴에서 두비杜朏가 쓴 현존하는 가장 오래 된 중국 최초의 선종사를 기록한 《전법보기傳法寶記, 712년》의 필사본이 발견되었다.

여기에는 보리달마-혜가-승찬-도신-홍인-법여-신수로 편제된 전기가 나와, 조사의 법통이 어떻게 이어졌는지를 알 수 있게 해준다.

또한 《전당서全唐書; 당나라 역사를 다룬 책으로, 구당서와 신당서가 있음》와 이옹 李邕이 쓴 비문 《대조보적선사비大照普寂禪師碑》에서는 홍인-신수-보적 으로 이어지는 계보를 언급하고 있다.

《전당서》는 보적이 임종 시 문인들에게 훈시하기를,
"나는 대통선사의 부탁을 받고 이 밀인密印; 견성을 한 확실한 인증을 전 한다.
달마보살로부터 혜가-승찬-도신-홍인에게 전하고, 홍인은 대통신수 에게 전하였으며, 대통은 나보적에게 전하여 지금 7조가 된다"라고 기 록하고 있다.

이 외에도 많은 사료들이 등장하여 각각 서로 다른 법통을 말하고 있다.
여러 사료에 나와 있는 사자상승의 전법계보를 간단히 정리해 보면 다음 과 같다.

[능가]	구나발타라 - 보리달마 - 혜가 - 승찬 - 도신 - 홍인 - 신수 - 보적·경현·의복·혜복(4명)
[전법보기]	보리달마 - 혜가 - 승찬 - 도신 - 홍인 - 법여 - 신수
[전당서]	보리달마 - 혜가 - 승찬 - 도신 - 홍인 - 신수 - 보적
[보리달마남종정시비론]	보리달마 - 혜가 - 승찬 - 도신 - 홍인 - 혜능

당시에는 신수의 동산법문이 폭넓게 받아들여져 그들이 세운 법통이 보편적인 것이었을 뿐, 남종에서 말하는 달마에서 6조 혜능까지의 '역 대조사의 법통'을 논하는 자료는 없었다.
법통에 대한 의식이 선가에서 관심사가 되기 시작한 것은 하택신회 가 이 법통문제를 들고 나와 논쟁을 시작한 것이 발단이 되었다.

모든 종교에서 자신들의 정통성을 주장하고, 권위를 높이고, 자신들의 존재감을 확인하고 자긍심을 높기 위해 사용하는 가장 흔한 전형적인 수법이 있다.

그것은 바로 법맥을 꾸미는 일이다. 법맥이나 계보는 후세에 만들어진 것으로, 그 효과는 실로 크다.

자신들의 뿌리가 먼 과거 어느 위대한 종교의 개조에 있으며, 그 법맥에 수많은 뛰어난 조사나 지도자들을 수용하여 망라하여 과시함으로써 그 종파는 권위를 휘두르고 대중들로부터의 존경과 신앙적, 물질적 지지를 얻기가 쉬워진다.

이러한 점은 불교에서도 마찬가지이다. 오늘날 선불교에서 당연시되고 있는 법맥이란 것도 사실은 육조혜능 때까지만 해도 존재하지 않았던 개념이었다.

전등법맥(傳燈法脈)은 불교의 중국 토착화를 의미

전등(傳燈)이란, 마치 하나의 등불에서 다른 등불들로 불을 붙여 계속 이어지듯이, 부처님의 교법이 스승에서 제자로 전해져 부처님의 법맥이 이어지는 것을 비유하는 것이다. 이처럼 부처님의 법의 등불을 이어받은 계통을 전등법맥(傳燈法脈)이라 한다.

불교가 중국에서 토착화하면서, 황제가 통치하던 봉건주의 중국사회에서의 적장자주의가 불교 선종에도 영향을 끼쳐 적장자 제자가 올바른 법을 이어받아 법통을 이어간다는 생각과 전통이 생겨나게 되었다.

선종의 법맥 체계는 마치 중국의 황제들이 제후들에게 분봉(分封)하는 것과 같은 체계를 따라, 커다란 정통 종파 속에 작은 분파들을 생성하고 포용하고 이어나감으로써 정통제자와 무수한 방계제자들을 길러낼 수 있었다.

이처럼 의발전수(衣鉢傳授; 가사와 발우를 전하여 줌)라는 선불교의 전통은 인도(印度)식 법통(法統) 계승이 아니라 인도불교가 중국에 들어와 토착화하면서 중국인의 이념이 반영된 결과이다.

동토 6조의 법맥개념은 육조 이후 그의 제자인 하택신회가 만든 것이다. 이것은 당시에 그가 북종선을 공격하면서 자신이 속한 남종선의 정통성을 확립하기 위해 만든 것이었다.

이후 남종선 계통의 주장을 실은 서적이 많이 등장하기 시작하였다.
가장 대표적인 것이 육조단경, 그리고 신회가 쓴《보리달마남종정시비론菩提達磨南宗定是非論, 734년》로, 여기서 5조 홍인이 혜능에게 법을 전했다는 신회의 주장이 처음 시작되었다.
즉 신회에 의해 최초로 동토 6조설東土六祖說, 즉 선이 보리달마→혜가→승찬→도신→홍인→혜능으로 이어졌다는 남종의 주장이 제기되었다.
이처럼 남종의 선종 정통설과 6조설은 모두 하택신회가 필생 노력으로 쟁취한 선종 역사의 한 부분이다.

서천 28조설도 마찬가지이다. 서천 28조설을 보자면,《대범천왕문불결의경大梵天王問佛決疑經》의 염화미소拈華微笑 고사 중에 마하가섭이 제1조가 된다고 설명하는 대목이 있을 뿐, 그 외 어느 경전에도 서천西天; 인도 28조를 설하는 내용은 없다.

신회가 지은《현종기顯宗記; 전등록 권30에 수록된 하택신회대사현종기》에는 '세존 입멸 후로부터, 서천 28조가 공동으로 전한 무주심은 여래가 설한 지견과 같다'라고 추가되어 있다.

그는 선불교가 인도에서도 존재하였으며 그것을 보리달마가 중국으로 가져온 것이며, 따라서 선불교의 법통은 서천 28조에서 동토 6조로 이어진 것이라고 주장하였다.
그의 궁극적 의도는 자신이 혜능의 법통을 이어 동토 7조라는 것이다.

전의설 역시 신회의 창작으로 자신이 7조가 되기 위한 포석이라는 주장이 지배적이다.

신회가 지은 《돈오무생반야송頓悟無生般若頌》에는 다른 문헌에서는 찾아볼 수 없는 소위 전의설傳衣說; 정법을 전한 신표로 가사를 전해주었다는 설이 들어 있다.

"… 가사는 정법을 상징하는 신표이고, 정법은 가사를 의지한다. 가사와 정법은 서로 전하는 것으로, 별개로 부촉되는 것이 아니다. 가사가 아니면 정법을 펼 수 없고, 정법이 아니면 가사를 전수 받을 수 없다衣為法言 法是衣宗 衣法相傳 更無別付 非衣不弘於法 非法不受於衣 …"

그는 이처럼 가사를 정법과 동등시하고 있다. 만일 신회의 주장대로 가사가 선종 법맥 정통성의 필수 불가결한 신표라면 다음 정중종淨衆宗; 사천성 정중사/淨衆寺에 주석하던 무상/無相 선사의 선법을 말함; 지난 일들을 되새기지 않고, 생각을 일으키지 않으며, 항상 지혜를 간직하는 것을 종지/宗旨 로 함의 경우를 볼 필요가 있다.

 삼처전심(三處傳心)**과 염화미소**(拈華微笑; **염화시중**(拈花示衆))

마하가섭이 붓다로부터 세 곳에서 불교 선종의 근본적인 선지(禪旨)를 전등[마음으로 법을 이어받음]한 것을 삼처전심(三處傳心)이라 한다.

영취산회상에서 붓다께서 아무 말 없이 연꽃을 들어 보이셨는데 아무도 그 뜻을 알지 못하였다.

그때 마하카샤파(Mahakasyapa; 가섭존자)만은 그 참뜻을 깨닫고 빙그레 미소를 지으니, 이에 붓다는 불교의 진수를 가섭에게 전한다고 선언하였다.

◀ ≪예수와 붓다, p91 참조≫

《역대법보기歷代法寶記》에는 5조 홍인의 가사가 혜능대사에게 전해지고, 그 가사가 측천무후에 의해 회수되어 홍인의 또 다른 제자인 사천성四川省 덕순사德純寺의 자주지선資州智詵, 609~702선사에게 하사되었다고 나타나 있다.

그것이 다시 지선선사에게서 처적處寂, 665~732선사−정중무상淨衆無相, 684-762; 신라 왕족 출신선사−보당무주保唐無住, 714~774 ; 신라 왕족 출신선사에게 전해져서 정중종에서 소유하고 있다고 한다.

따라서 정중종에서는 자신들이 보리달마−혜가−승찬−도신−홍인−자주 지선−처적−정중 무상−보당 무주로 이어지는 선종 전법계보의 정통이라고 주장하고 있다.

그보다 뒤에 나온 당唐의 지거智炬가 지은《보림전寶林傳; 曹溪寶林傳/조계보림전, 801년; 원제 大唐韶州雙峰山曹溪寶林傳/대당소주쌍봉산조계보림전》에서는 종전의《부법장인연전付法藏因緣傳》에 나오는 서천西天; 인도 23대설에 5대를 추가하여 서천 28대로 편집하였다.

추가된 5대는 바수밀婆須密 · 바사사다婆斯舍多 · 불여밀다不如密多 · 반야다라般若多羅 · 보리달마菩提達磨이다.

이《보림전》은 과거부터 위서僞書라는 논란이 있어 왔다. 불교를 숭상한 요遼나라 황제 도종道宗; 제8대 황제은 전요詮曉에게 명하여《보림전》을 불태워버린 일이《석문정통釋門正統 제4》에 기록되었다.

이렇게 각 선문에서는 법통문제로 첨예하게 맞서며 아전인수 식으로 자신들의 입장에 유리한 조사들을 추가하거나 삭제하며 법통의 계보를 만들어 갔다.

마침내《조당집祖堂集, 952년》이나 송 경덕景德; 송 진종/眞宗 시대의 연호 원년1004년에 도원道原이 편찬한《경덕전등록景德傳燈錄; 과거 7불에서 시작해서,

서천 28조, 동토 6조를 거쳐 북송 초기에 이르는 1701명의 조사와 전등상승을 서술한 책, 30권》에서는 서천 28조+동토 6조를 합한 33조사三三祖師; 보리달마는 댓수가 겹치므로 34대가 아닌 33대가 됨이 정해지고, 동토東土; 중국는 6조 전등으로, 6조는 혜능으로 굳어지게 되었다.

이리하여 남종선 위주의 법맥상승체계가 확고하게 되었다.

 서천28조, 동토6조의 33조사설은 어떻게 나오게 되었나?

❶ 5세기 말 인도 출신의 학승 길가야(吉迦夜)·담요(曇曜)가 공역한 《부법장인연전(付法藏因緣傳); 부법장전(付法藏傳)은 석가모니 입멸 후, 서천(인도)의 역대 조사들의 법맥을 초조 마하가섭(摩訶迦葉) ~ 제23조 사자(師子)까지의 총 23대로 편제하고 각 조사에 관한 전기를 서술하였다.

❷ 당(唐)의 지거(智炬)가 지은 《보림전(寶林傳), 801년》은 《부법장인연전》의 23조에 5대(제24조 바수밀(婆須密) ~ 제28조 보리달마(菩提達磨))를 추가로 덧붙여 오늘날 일반적으로 받아들여지고 있는 서천(인도)의 역대 선종조사들의 법맥이 달마까지 28조(祖)라고 최초로 주장하였다.

❸ 734년 신회가 쓴 〈보리달마남종정시비론(菩提達磨南宗定是非論)〉에서 동토 6조설東土六祖說, 즉 선이 보리달마→혜가→승찬→도신→홍인→혜능으로 이어졌다는 주장이 최초로 제기되었다.

❹ 952년 조당집(祖堂集)은 과거칠불로부터 당나라 말 오대(五代)까지의 선사(禪師) 253명의 행적과 법어·게송·선문답을 담은 책이다. 여기서는 서천 28조와 동토 6조를 합한 33조사(三三祖師)로 편제하여 설명하고 있다.

- -

❶《부법장인연전》서천 23조: 제1조 마하가섭 ~ 제23조 사자(師子)
❷《보림전》서천 28조: 《부법장인연전》의 23조 + 5대를 추가 = 28조
❸〈보리달마남종정시비론〉동토6조: 보리달마-혜가-승찬-도신-홍인-혜능
❹《조당집》33조사: 《보림전》의 서천28조 + 《-시비론》의 동토6조 = 33조

당나라 왕조 연표

대수	묘호	시호	성명	연호	재위기간
제1대	당 고조 (唐高祖)	신요대성대광효황제 (神堯大聖大光孝皇帝)	이연(李淵)	무덕(武德) 618~626년	618~626년
제2대	당 태종 (唐太宗)	문무대성대광효황제 (文武大聖大廣孝皇帝)	이세민(李世民)	정관(貞觀) 627~649년	626~649년
제3대	당 고종 (唐高宗)	천황대성대홍효황제 (天皇大聖大弘孝皇帝)	이치(李治)	영휘(永徽) 627~655년 현경(顯慶) 656~661년 용삭(龍朔) 661~663년 인덕(麟德) 664~665년 건봉(乾封) 666~668년 총장(総章) 668~670년 함형(咸亨) 670~674년 상원(上元) 674~676년 의봉(儀鳳) 676~679년 조로(調露) 679~680년 영륭(永隆) 680~681년 개요(開耀) 681~682년 영순(永淳) 682~683년 홍도(弘道) 683년	649~683년
	당 의종 (唐義宗)	효경황제(孝敬皇帝) (당 중종 추숭)	이홍(李弘)	-	-
제4대	당 중종 (唐中宗)	대화대성대소효황제 (大和大聖大昭孝皇帝)	이현(李顯)	사성(嗣聖) 684년	684년
제5대	당 예종 (唐睿宗)	현진대성대흥효황제 (顯真大聖大興孝皇帝)	이단(李旦)	문명(文明) 684년 광택(光宅) 684년 수공(垂拱) 685~688년 영창(永昌) 689년 재초(載初) 689~690년	684~690년
무주(武周): 즉천무후 무조(武曌)가 무주의 황제로서 통치한 시대					690~705년
제4대 (복위)	당 중종 (唐中宗)	대화대성대소효황제 (大和大聖大昭孝皇帝)	이현(李顯)	신룡(神龍) 705~707년 경룡(경룡) 707~710년	705~710년
임시	-	(상황제/殤皇帝)	이중무(李重茂)	당융(唐隆) 710년	710년
제5대 (복위)	당 예종 (唐睿宗)	현진대성대흥효황제 (顯真大聖大興孝皇帝)	이단(李旦) 태극(太極) 712년 연화(延和) 712년	경운(景雲) 710~712년	710~712년
		양황제(讓皇帝) (당 현종 추숭)	이헌(李憲)	-	-
제6대	당 현종 (唐玄宗)	지도대성대명효황제 (至道大聖大明孝皇帝)	이융기(李隆基)	선천(先天) 712~713년 개원(開元) 713~741년 천보(天寶) 742~756년	712~756년
-	-	봉천황제(奉天皇帝) (당 현종 추숭)	이종(李琮)	-	-
제7대	당 숙종 (唐肅宗)	문명무덕대성대선효황제 (文明武德大聖大宣孝皇帝)	이형(李享)	지덕(至德) 756~758년 건원(乾元) 758~760년 상원(上元) 760~762년	756~762년

대수	묘호	시호	성명	연호	재위기간
-	-	승천황제(承天皇帝) (당 대종 추숭)	이담(李倓)	-	-
제8대	당 대종 (唐代宗)	예문효무황제 (睿文孝武皇帝)	이예(李予)	보응(寶応) 762~763년 참덕(雇德) 763~764년 영래(永泰) 765년 대력(大歷) 766~779년	762~779년
제9대	당 덕종 (唐德宗)	신무효문황제 (神武孝文皇帝)	이괄(李适)	건중(建中) 780~783년 흥원(興元) 784년 정원(貞元) 785~805년	779~805년
제10대	당 순종 (唐順宗)	지덕대성대안효황제 (至德大聖大安孝皇帝)	이송(李誦)	영정(永貞) 805년	804~805년
제11대	당 헌종 (唐憲奈)	소문장무대성지신효황제 (昭文章武大聖至神孝皇帝)	이순(李純)	원화(元和) 806~820년	805~820년
제12대	당 목종 (唐程宗)	예성문혜효황제 (睿聖文惠孝皇帝)	이항(李恒)	장경(長慶) 821~824년	820~824년
제13대	당 경종 (唐敬宗)	예무소민효황제 (睿武昭愍孝皇帝)	이심(李甚)	보력(寶曆) 825~826년	824~826년
임시	-	강왕(絳王)	이오(李悟)	-	826년
제14대	당 문종 (唐文宗)	원성소헌효황제 (元聖昭獻孝皇帝)	이앙(李昂)	대화(大和) 827~835년 개성(開成) 836~840년	826~840년
제15대	당 무종 (唐武宗)	지도소숙효황제 (至道昭肅孝皇帝)	이염(李炎)	회창(會昌) 841~846년	840~846년
제16대	당 선종 (唐宣宗)	성무헌문효황제 (聖武獻文孝皇帝) 원성지명성무헌문예지(元聖至明成武獻文睿智) 장인신총의도대효황제(章仁神聡懿道大孝皇帝)	이침(李沈)	대중(大中) 847~859년	846~859년
제17대	당 의종 (唐懿宗)	소성공혜효황제 (昭聖恭惠孝皇帝)	이최(李崔)	함통(咸通) 860~873년	859~873년
제18대	당 희종 (唐僖宗)	혜성공정효황제 (惠聖恭定孝皇帝)	이현(李儇)	건부(乾符) 874~879년 광명(廣明) 880년 중화(中和) 881~884년 광계(光啓) 885~887년 문덕(文德) 888년	873~888년
임시	-	폐황제(応皇帝)	이온(李温)	886년	
제19대	당 소종 (唐昭宗) (당 양종 /唐襄宗)	성목경문효황제 (聖穆景文孝皇帝)	이엽(李曄)	용기(龍紀) 대운(大順) 890~891년 경복(景福) 892~893년 건녕(乾寧) 894~897년 광화(光化) 898~900년	889년 888~900년
임시	-	성 황제(成皇帝) (덕왕<德王>)	이유(李裕)	-	900~901년
제19대 (복위)	당 소종 (唐昭宗)	성목경문효황제 (聖穆景文孝皇帝)	이엽(李曄)	천복(天復) 901~903년	901~903년
제20대	당 애종 (唐哀宗) (당 경종/唐景宗)	소선광렬애효황제 (昭宣光烈哀孝皇帝)	이축(李祝)	천우(天祐) 904~907년	904~907년